IJOMA MANGOLD

DAS DEUTSCHE KROKODIL

MEINE GESCHICHTE

ROWOHLT

Einige Namen wurden geändert.

5. Auflage Dezember 2017
Copyright © 2017 by Rowohlt Verlag GmbH,
Reinbek bei Hamburg
Satz aus der Warnock Pro
Gesamtherstellung
CPI books GmbH, Leck, Germany
ISBN 978 3 498 04468 8

Meiner Mutter

«Wahn, Wahn, überall Wahn.»

Hans Sachs in den «Meistersingern von Nürnberg»

TEIL I

DER JUNGE

Wenn der Junge das Telefon abnimmt, meldet er sich mit seinem vollen Namen. Manche Anrufer, die seine Mutter sprechen wollen, sind belustigt und ahmen ihn nach, als hätte der Junge in kindlicher Selbstverliebtheit etwas gesungen, das ein zärtliches Echo verdient. Wenn er seinen ganzen Namen ausspricht, kommt er auf neun Silben. Sie haben nicht nur Klang, sondern auch Rhythmus. Wie eine Wellenbewegung. Aber das ist nicht der Grund, warum er den Mund so voll nimmt; es ist der Versuch, sein Schicksal abzuschwächen. Sein zweiter Vorname, das ist seine Hoffnung, soll die Exotik seines ersten Vornamens mildern: Ijoma Alexander Mangold.

Wenn man es so betrachtet, steht es eigentlich zwei zu eins für Deutschland. Aber nur, wenn es ihm gelingt, den anderen die Existenz seines zweiten Vornamens in Erinnerung zu rufen.

Er dringt mit seinen Versuchen nicht wirklich durch. Obwohl sein zweiter Vorname auf offiziellen Dokumenten, zum Beispiel auf Sporturkunden, auftaucht, wird ihm nicht dieselbe Bedeutung zugemessen wie seinem Rufnamen. Kein Zweifel, die Erwachsenen sind der Überzeugung, dass Ijoma der Name ist, der den Jungen am besten bezeichnet – obwohl alle erst einmal über diesen Namen stolpern. Das Stolpern löst bei ihm Schamgefühle aus. Das scheint die anderen nicht zu stören. Es scheint ihnen sogar ein besonderes Vergnügen zu bereiten, die unalltägliche Schönheit seines Vornamens zu preisen; wenn der Junge dem folgen wollte, müsste er sich glücklich schätzen, nicht Matthias, Andreas oder Oliver zu heißen.

11

Er sieht das anders, sagt es aber nicht. Der Druck, das spürt er, sich zu seinem Vornamen zu bekennen, ist groß. Seine Mutter hat ihm zwar schon mehrmals erklärt, er könne sich im Kindergarten oder in der Schule auch Alexander nennen lassen; aber einen regelrechten Namenswechsel kann er sich nicht vorstellen. Man kann doch den Leuten nicht sagen, sie mögen einen von jetzt an anders nennen. «Was hast du denn? Warum willst du denn deinen schönen Vornamen loswerden?», würde es dann heißen. So weit will er nicht gehen.

Seine Mutter hat ihm erzählt, Alexander heiße er nach seinem Ururgroßvater, der ein Schneider mit einigen Gesellen in Berlin gewesen sei. Immer wieder einmal ist von dem Ururgroßvater die Rede. Der Junge hört diese Geschichten gern. Er schätzt seinen Berliner Vorfahren, der gewissermaßen eine schützende Hand über seinen zweiten Vornamen hält. Sollte sein zweiter Vorname immer weiter und weiter zurückgedrängt werden, könnte er sich zur Verteidigung auf seinen Ururgroßvater berufen.

■

Sein erster Vorname ist eine Hinterlassenschaft seines Vaters. Gemessen an dem Umstand seiner völligen Abwesenheit ist das, findet der Junge, eine ziemlich nachhaltige Einmischung. Über seinen Vater weiß er, dass er in Heidelberg Medizin studiert hat, aber bald nach der Geburt des Jungen nach Nigeria zurückgegangen ist. Fotos: Da steht der Vater neben der Großmutter und hält seinen Sohn in den Armen. In Anzug und Krawatte. Im Hintergrund Weinberge, der Odenwald. Der Junge interessiert sich nicht sonderlich für die Aufnahmen, aber wenn die Mutter sie mal wieder hervorkramt – er kann das schlecht verhindern –, ist er jedes Mal verblüfft über die reine Freude, die sich dort im Gesicht der Großmutter zeigt. Nimmt sie, fragt er sich, gar keinen Anstoß an der Anwesenheit des fremden Mannes? Warum ist sie nicht irritiert von seiner Fremdheit? Kommt es ihr nicht unstatthaft vor, dass sich der unbekannte Mann so raumfüllend aufs Familienfoto drängt? Anders als bei der Mutter, die stets für Überraschungen gut ist, kann er sich bei seiner Oma eigentlich auf normale Reaktionen verlassen. Wäre es nach dem Jungen gegangen, das Foto und ähnliche wären aus dem Album aussortiert worden. Selbst gegen eine Retouche hätte er nicht protestiert. Wen es im Leben nicht gab, der musste sich auch auf Fotos nicht zu Wort melden.

Der Junge grollt dem Vater nicht, aber ebenso wenig vermisst er ihn. Er hat keine Erinnerungen an ihn, deshalb kann er keinen Grund erkennen, dass er in Fotoalben auftaucht.

Die Mutter sieht das anders. Immer wieder schwärmt sie vom Vater. Der Junge durchschaut ihre Absicht: Sie möchte ein einnehmendes Vaterbild in seiner Seele verankern. Er soll nicht schlecht über ihn denken, nur weil er nicht da ist. Soll sich nicht sitzengelassen fühlen. Ab und zu erzählt sie ihm die Geschichte, wie der Vater mit der Unterstützung des Dorfes, aus dem er stammte, nach Deutschland zum Medizinstudium gekommen sei; für ihn habe es sich von selbst verstanden, dass er die hier erworbenen Fähigkeiten, zuletzt als Facharzt für Kinderchirurgie, eines Tages seinem Heimatland zurückgeben werde. Umgekehrt sei es für sie, seine Mutter, nicht vorstellbar gewesen, mit ihm und dem Sohn nach Afrika zu gehen. Bei aller Liebe zu Afrika, dafür sei sie doch zu sehr Deutsche. Man habe sich im Guten getrennt, für Vorwürfe gebe es keinen Grund.

Die Gespräche über den abwesenden Vater sind dem Jungen nicht angenehm. Mag die Mutter den Vater noch so sehr rühmen, als hätte alles seine Ordnung – am Ende ist er, anders als die Väter seiner Freunde, nicht da. Und warum soll er sich Geschichten anhören über einen Menschen, den es nicht gibt?

Zu seiner Erleichterung kommt es nicht allzu oft zu solchen Gesprächen.

Der Vater, und das ist die gute Nachricht, hat in Nigeria eine neue Familie gegründet. Um nicht die Eifersucht seiner Ehefrau heraufzubeschwören und damit den dortigen Haussegen zu gefährden, habe man, fährt die Mutter fort, beschlossen, erst einmal nicht in Kontakt zu bleiben. Die Eifersucht der neuen Ehefrau gefällt dem Jungen, so muss er nicht damit rechnen, dass der Vater plötzlich vor der Tür steht. In Anzug und Krawatte. Der Junge hat kein Interesse an Überraschungen. Der abwesende Vater ist eine Lücke, ein Makel, aber solange man ihn nicht erwähnt, fällt die Lücke gar nicht so sehr auf. Wenn die Mutter wieder einmal feststellt, der Junge habe dieselben schönen Klavierspielerhände wie sein Vater, verdreht er die Augen. Nicht die Abwesenheit des Vaters ist das Problem, sondern die Spur, die er hinterlassen hat, die Zeichen, die auf ihn verweisen. Am meisten anwesend aber ist der Vater in seinem Vornamen; wenn der Junge ihn nennt, kommt es fast jedes Mal zu Fragen, deren Beantwortung die Leute überhaupt erst darauf stößt, dass an den Verhältnissen des Kindes etwas komisch ist. «Ach so, du hast den Vornamen von deinem Vater und den Familiennamen von deiner Mutter?» Aus irgendeinem Grund fänden es die Leute andersherum einleuchtender.

Solche Situationen kann man überstehen, sie gehen schnell vorbei. Wenn die Mutter nur nicht so einen Kult um seinen Vornamen treiben würde! Welch ungewöhnlich schönen Klang er habe; dass er «Glücksfall» bedeute; dass er in Nigeria keineswegs exotisch sei; dass es den Wohllaut immer unterstütze, wenn ein Name über drei verschiedene Vokale verfüge. Dass dieser Name, in dem der Junge seine große Schwäche erkennt, nach Ansicht der Mutter nun, im Gegenteil, Anlass zu Stolz sein soll, das stellt die Dinge auf den Kopf. Aber der Junge sagt nichts.

Ohnehin ist er überzeugt, dass sein Vorname gar nicht so viel mit dem Vater zu tun hat, mehr mit der Mutter und ihrem Hang, immer alles anders zu machen als die anderen. Sich einen Nigerianer zum Vater ihres Kindes zu wählen – auf die Idee kann nur seine Mutter kommen. Ein Familienleben durchzuziehen ohne Vater – welche Frau macht das sonst? Und dann dem Kind auch noch einen Namen zu geben, der alles andere als eine Tarnung ist – das ist der Gipfel der Furchtlosigkeit.

∎

Zum Glück gibt es Dossenheim, einen Vorort von Heidelberg. Die Kraft der Wohlgeordnetheit ist dort so groß, dass sie den Jungen und seine ungewöhnlichen Verhältnisse mühelos umhüllt. Wenn die Mutter arbeitet, ist der Junge bei den Pflegeeltern. Tatie und Pfeifer-Papa. Sie sind Ur-Dossenheimer und haben selber vier Kinder, die aber schon erwachsen sind. Bei ihnen ist alles anders, manches zwar auch ein wenig unheimlich, aber doch von beruhigender Ordnung. Pfeifer-Papas linker Arm endet oberhalb des Ellenbogens. Im Krieg hat ihn ein Schuss getroffen, der Unterarm musste amputiert werden. Von welchem Krieg die Rede ist, ist dem Jungen unklar, doch dass man dabei seinen Arm verlieren kann, leuchtet ihm ein. Er kennt das. Er hat nämlich einen Onkel, mit dem man sich eigentlich nicht unterhalten kann. Der schaut einen immer so misstrauisch an, als wollte er einem gleich etwas verbieten oder hätte einen bei etwas Verbotenem erwischt; die Tante aber sagt, das liege nur daran, dass er so schlecht höre, im Krieg habe er einen Durchschuss durchs Ohr bekommen. Da ist Pfeifer-Papa mit seinem Armstumpf sympathischer. Der schaut nie grimmig. Allenfalls manchmal traurig, wenn er vom Leid der Welt spricht. Aber wie eindrucksvoll ist es zu sehen, mit welcher Geschicklichkeit er den Armstumpf zum Einsatz bringt, wenn er eine Konservendose öffnet, indem er sie zwischen Oberarm und Brust fixiert, um dann mit der gesunden Hand den Dosenöffner anzusetzen. Nur am Sonntag, zum Kirchgang, legt Pfeifer-Papa außer der Krawatte auch seine Prothese an. Das erinnert den Jungen an seine Oma, die ihre dritten Zähne auch nur einlegt, wenn sie Besuch erwartet. Klingelt es dann an der Tür, verschwindet sie im Bad und kommt mit einem so völlig veränderten Gesichtsausdruck zurück, dass der Junge nicht mit letzter Gewissheit beschwören möchte, ob es sich noch um ein und dieselbe Oma handelt: Ihre Wangen sind nicht mehr eingefallen, sie haben Volumen; ihre Lippen, sonst nach innen gekehrt, wölben sich nun nach außen; wenn sie lacht und die blendend weiße Zahnreihe zeigt, hat das etwas Festliches. Dem Jungen fehlt dann allerdings die verschmitzte Vertraulichkeit, die er von ihr kennt.

In Pfeifer-Papas Wohnung gibt es drei Dinge, die ihm nicht ganz geheuer sind. Er betrachtet sie aus respektvoller Entfernung und stellt keine dummen Fragen. Das eine ist das Mannschaftsfoto von Eintracht Frankfurt; es ist in einen Glasrahmen gefasst, und alle Spieler haben mit einem schwarzen Filzstift etwa auf der Höhe ihrer Beine unterschrieben. Über dem Foto hängt die Fahne des Vereins. Da Fußball bei ihm zu Hause keine Rolle spielt, ist ihm das fremd; hätte an Pfeifer-Papas Wand ein Skalp gehangen, es wäre ihm kaum wunderlicher vorgekommen. Pfeifer-Papa, der schnell gerührt ist und Tränen in die Augen bekommt, wenn er über die Schlechtigkeit der Welt und die Güte einzelner Ausnahmemenschen redet, lässt keinen Zweifel daran, dass im Dunstkreis dieses Fotos kein Raum für Flachsereien ist.

Das gilt, nicht allein wegen der unmittelbaren räumlichen Nachbarschaft, auch für ein anderes, ebenfalls gerahmtes Bild eines hochmerkwürdigen Mannes, der den Jungen trotz seines freundlichen Lächelns verunsichert. Vielleicht wegen des weißen Gewands, das er trägt? Er hat verschmitzte Augen, auf seinem silbernen Haarkranz liegt ein weißer Deckel. Er wirkt keineswegs streng. Was es mit ihm auf sich hat, ist dem Jungen unklar, obwohl Pfeifer-Papa von Zeit zu Zeit sein übermenschlich gutes Herz rühmt. Manchmal treten ihm dann wieder Tränen in die Augen.

Der Mann auf dem Foto bleibt dem Jungen ein Rätsel, er weiß aber, er steht kurz davor, es zu lösen. Er muss nur noch 1 und 1 zusammenzählen. Denn auch über dem Bett im Schlafzimmer hängt ein Bild, ein ziemlich großes, das einen alten Mann zeigt, allerdings keinen so freundlich lächelnden; sein wuchernder Bart jagt dem Jungen Angst ein, wenn er allein im Schlafzimmer spioniert. Auch besteht der alte Herr nur aus Kopf und Oberkörper, die untere Körperhälfte geht in einer Wolkenlandschaft auf. Das Bild löst eine solche Beklommenheit in ihm aus, dass er sich stets nur flüchtige Blicke darauf erlaubt, Blicke, die noch nicht einmal ausreichen, um abschließend zu klären, ob es sich um ein Foto oder ein Gemälde handelt.

Und obwohl er weder von dem Wolken-Mann im Schlafzimmer noch von dem Lächelnden im weißen Gewand sagen kann, wen er eigentlich darstellt, ist ihm klar, dass es zwischen beiden einen Zusammenhang geben muss. Nur welchen? Irgendwann kommt er dahinter: Der in den Wolken ist Gott-Vater, der im weißen Gewand der Papst, was, wie Pfeifer-Papa ihm erklärt, auch wieder Vater heißt, und Letzterer vertritt Ersteren hier auf Erden.

■

Der Junge ist vier, als Tatie stirbt. Zum ersten Mal ist er auf einer Beerdigung. Er weiß, etwas Schreckliches ist passiert, aber er kann dieses Schreckliche nicht in sich finden, nur in den Gesich-

tern der anderen. Pfeifer-Papa ist jetzt allein. Die Leute sagen: Er
ist ein Witwer. Unter dem Wolkenbild von Gott steht aber wei-
terhin das alte Doppelbett. Ob Pfeifer-Papa nur seine alte Bett-
hälfte benutzt, oder wechselt er ab? Jedenfalls ordnet er seinen
Bilderdienst neu. Ins Zentrum rückt nun eine Fotografie von
Tatie. Wenn der Junge ihn besucht, führt ihn Pfeifer-Papa zu der
Anrichte, auf der das gerahmte Foto, von einem ausklappbaren
Fuß an der Rückseite gestützt, steht. Dann sagt er, dass er jeden
Tag zum Grab gehe und mit ihr rede. Den Jungen macht diese
Vorstellung etwas beklommen, aber er nickt schuldbewusst – in
Erwartung des Fünfmarkstücks, das ihm gleich zugesteckt wer-
den wird.

Pfeifer-Papas Abendspaziergänge führen an dem Haus vorbei,
in dem der Junge mit seiner Mutter wohnt. Dabei raucht er eine
große Zigarre. Wenn er den Jungen trifft, sagt er: «Mehr brauch
isch ned: des Grab vun da Mamma un mei Ziggah.» Der Junge
betrachtet währenddessen konzentriert die qualmende Zigarre;
er bekommt die leeren Zigarrenschachteln, um darin Legosteine
oder Airfix aufzubewahren. Er kann die Zigarrenschachteln gut
gebrauchen, aber besonders faszinieren sie ihn, weil auf ihnen
das Wort *Fehlfarben* steht. Der Junge liebt Wörter, die er nicht
versteht. Wenn er bei seiner Oma ist, die anders als seine Mutter
einen Fernseher hat, und die Ziehung der Lottozahlen verfolgt,
heißt es immer *ohne Gewähr*. Je dunkler ein Wort, desto offizieller klingt es. Als liefen alle Fäden der unsichtbaren Macht,
die die Welt regiert, darin zusammen. *Ohne Gewähr* ist kein
Ausdruck, den er je über die Lippen brächte. Der konnte nur
im Fernsehen bei der feierlichen Verkündung der Lottozahlen
gesagt werden. Ähnlich verhält es sich mit dem wichtigsten
Buch, das der Junge besitzt: dem Märklin-Katalog. Hier ist
schon alles zu sehen, was ihm einst gehören wird. Die entscheidende Auskunft allerdings, was man für die Baureihe 103 (die

beige-rote IC-Lokomotive) oder das deutsche Krokodil, Baureihe 196 (nicht ganz so lang wie das Schweizer Krokodil, aber
immerhin), zu zahlen hat, ist wiederum – wie sollte es bei so
wichtigen Informationen auch anders sein? – in einem Zauber-
spruch verpackt: *Unverbindliche Preisempfehlung.* Ein Wort wie
eine glatte Felswand, an der man keinen Halt findet. Und auf
dem Bundesbahn-Plakat, das in seinem Kinderzimmer hängt,
steht über ebenjener Lokomotive, Baureihe 103: «Jede Stunde,
jede Klasse». Das ist mindestens so unverständlich, wie wenn
in Weihnachtsliedern ein Ros aus einer Jungfrau zart entspringt.

■

Der Junge freut sich, wenn er Pfeifer-Papa beim Abendspazier-
gang über den Weg läuft, nur zwischen den Jahren ist das anders.
Pfeifer-Papa spricht für den Geschmack des Jungen ohnehin zu
häufig von den armen Kindern in Afrika, die nichts zu essen haben. Dem Jungen ist das unangenehm, weil er sich nicht sicher
ist, ob nicht auch er irgendwie, zumindest wenn man es ganz
genau nimmt, zu den Kindern in Afrika gehört. Pfeifer-Papa
scheint daran nicht zu denken, aber ein flaues Gefühl hat der
Junge trotzdem. Zwischen den Jahren allerdings wird die sonst
folgenlose Klage noch einmal zugespitzt. Pfeifer-Papa bringt
dann sein Unverständnis darüber zum Ausdruck, wie man hier
in Deutschland an Silvester Millionen in Form von Raketen in
die Luft schießen könne, während in Afrika die Kinder hungern!
Der Junge findet solche Argumente schwer zu widerlegen. Er ist
gleichwohl entschlossen, auf Böller und Raketen nicht zu verzichten. Und diesmal ist er positiv von seiner Mutter überrascht.
Obwohl sie es ja auch irgendwie mit Afrika hat, zerstreut sie
seine Gewissensbisse und sagt, darüber möge er sich mal bitte
nicht den Kopf zerbrechen, das könne man nicht gegeneinan-
der aufrechnen. Der Junge nimmt das gerne an, obwohl er fin-

det, dass die Einstellung der Mutter auf wackligen Beinen steht. Er war oft genug mit Pfeifer-Papa in der Kirche, um zu wissen, wozu die Kollekte da ist.

■

Alles um ihn herum erscheint dem Jungen selbstverständlich, alles am rechten Platz. Nur bei der Mutter hat er Zweifel. Es ist offensichtlich, dass sie die Ordnung der Dinge nicht achtet. Die Mutter erscheint irgendwie irregulär. Immer schaut er mit Befremden auf sie. Manchmal zum Beispiel spricht sie seltsam, als wolle sie die Worte extra anders aussprechen als alle anderen: Sie dehnt dann die Silben so sehr, dass man meinen könnte, sie habe einen fremdländischen Akzent. Wenn er mit seiner Oma zusammen ist, muss er nie fürchten, dass sie unangenehm auffallen. Dagegen die Mutter: In ihrer Gegenwart weiß man nie, was als Nächstes passiert. Nie würde sie den Satz sagen, den die Oma so häufig sagt: «Was sollen denn die Leute denken!» Er persönlich hat mit dem Satz kein Problem. Mit der Mutter fühlt er sich manchmal wie nackt, während alle anderen ihren Konfirmationsanzug tragen. Noch so etwas: Getauft hat ihn die Mutter auch nicht. Obwohl sie selber gern in der Bibel liest und sogar ganze Sätze unterstreicht, Stichworte an den Rand schreibt. Das mit der Taufe solle der Junge, sagt sie, später mal selber entscheiden.

Ziemlich sonderbar ist ihr lautes Singen bei den Haushaltsarbeiten. Es ist reichlich peinlich, aber der Junge weiß, dass man Menschen das Singen nicht verbieten kann, ohne als verklemmt dazustehen. Richtig schlimm: wenn sie zum Singen auch noch tänzelnde Bewegungen macht. Überhaupt ihr Überschwang! Sind ihre Kleider auffällig? Schwer zu sagen. Irgendwie schon, aber sie gefallen ihm. Marimekko heißt die Firma, aus Finnland. Am liebsten trage sie Marimekko-Kleider, sagt die Mutter. Die seien so luftig und leicht. Alles, was aus Skandinavien kommt, wird immer gelobt. Ihr Haar färbt sich die Mutter mit Henna. Das schimmert dann so wie Kastanien im Herbst.

Hauptquell der Peinlichkeit ist eindeutig die Offenheit, mit der sie Menschen anspricht und ihnen Fragen stellt, die mit Gefühlen, Erinnerungen, Wünschen und Träumen zu tun haben. Den verblüffenden Umstand, dass die Leute darauf bisweilen mit Herzensergüssen reagieren, als wäre ein Damm gebrochen und das Innenleben dürfe sich endlich verströmen, kann der Junge allerdings nicht bestreiten.

Einmal steht er mit einem Spielkameraden vor der Wohnungstür. Während sie darauf warten, dass die Mutter öffnet, schneidet der Grimassen: führt die Hände mit gespreizten Fingern an die Schläfen, streckt die Zunge gegen die Tür heraus, hinter der gleich die Mutter erscheinen wird. Der Junge weiß, dass das eine ungeheure Respektlosigkeit gegen seine Mutter ist, aber es fehlt ihm die Kraft einzuschreiten; es drückt ihn die Ahnung nieder, dass man sich seiner Mutter gegenüber solche Frechheiten herausnehmen kann. Das hat sie davon, denkt er, dass sie immer alles anders macht, am Ende wird man nicht mehr respektiert! Als die Mutter die Tür öffnet, tut der Spielkamerad allerdings, als wäre nichts gewesen; er verhält sich artig und brav. Vielleicht ist es doch nicht so schlecht bestellt um die Autorität der Mutter.

■

An der Wohnung, in der die Mutter und der Junge leben, ist nichts auszusetzen, wäre da nicht der Teppich. Seine Mutter spricht nicht darüber, und lange hat er es selber gar nicht gemerkt, aber irgendwann ließ es sich nicht mehr ignorieren: Der Teppich ist alt, er ist hin. Sie haben ihn von den Vormietern übernommen. Er ist hellgrau. Die Mutter sagt immer, dass sie den Teppich mag, weil er so freundlich sei und den licht-durchfluteten Charakter der Wohnung unterstreiche. Dass er kaputt ist, dass er sich längst fast überall von der Bodenleiste gelöst hat und der Estrich darunter zum Vorschein kommt, das sagt sie nicht. Niemand, den der Junge kennt, wohnt in einer Wohnung mit einem derart zerschundenen Teppich. Über die Jahre breitet der Estrich sich aus wie die Wüste, die wächst. Der Abstand zwischen dem Rand des Teppichs und der Bodenleiste wird immer größer. Ein Teppich auf dem Rückzug. Wenn die Großmutter zu Besuch kommt, schüttelt sie den Kopf. In ihrer Wohnung im Schwarzwald gibt es einen Teppich ohne Makel, der sich bis auf Küche und Bad durch ihre ganze Wohnung zieht und ordentlich mit der Bodenleiste abschließt. Im Wohn-zimmer liegt über diesem Teppich sogar noch ein zweiter, ein blau-dunkelroter. Wenn man mit der Hand gegen den Strich der Fasern fährt, richten diese sich auf und erscheinen dunkler als die Umgebung der glatt gestaubsaugten Fasern. Auf diese Weise kann man schattenhafte Muster in den Teppich zeichnen, die erst wieder verschwinden, wenn die Großmutter mit dem Vor-werk-Staubsauger, der eigens von Vorwerk-Vertretern an der Haustür verkauft wird, darüber hinwegfährt.

Seltsamerweise ist die Großmutter die einzige Person, die die Nase rümpft über den Zustand des Teppichs. Alle anderen scheinen darüber hinwegzusehen. Im Gegenteil, der improvi-sierte Einrichtungsstil der Mutter, bei dem die Büchertürme wie Stalagmiten in die Höhe wachsen, weil die Bücherregale längst voll sind, wird immer gerühmt, in einer Weise, als habe das nicht die Not geboten, sondern sei Ausdruck der Lebenskunst der Mutter, ihrer Unabhängigkeit, ihres Antimaterialismus, der die Seelen aller Besucher emporzuziehen scheint. Immer haben sie so etwas Jubilierendes, wenn sie sich am Tisch niederlassen, den die Mutter liebevoll gedeckt hat. Und obwohl der Junge sich für den Teppich schämt, mag auch er zur eigenen Überraschung die lichtdurchflutete Wohnung mit dem großen Balkon sehr. Manchmal denkt er allerdings: Hätte man statt des teuren Klaviers nicht lieber einen neuen Teppich anschaffen sollen?

■

Ein Jahr lang geht der Junge in einen Kindergarten, den die Erwachsenen antiautoritär nennen. Im Sommer springen die Kinder nackt auf dem Gelände herum, und weil es nur wenige Minuten zum Neckar sind, wird ständig im Fluss gebadet. Der Fluss ist schön, die dauernde Nacktheit unangenehm. Die Kinder dürfen machen, was sie wollen, keiner schreitet ein. Mittags sitzen alle an langen Tischen zum Essen. Manche Gerichte mögen die Kinder, andere weniger. Sehr unbeliebt ist der Donnerstag, da werden den Kindern bei der Essensausgabe mit einer Kelle Ravioli in die Schüsseln geschöpft, und weil keiner Ravioli aus der Dose mag, kippen die älteren Kinder den jüngeren ihre Reste in die Teller. Man kann sich dagegen nicht wehren, kann nur den eigenen Teller stehenlassen, selbst wenn man noch hungrig ist.

In einem Raum des Kindergartens steht ein Holzhaus mit vielen Kammern, dunklen und halbdunklen, die runde Bugfenster haben. Über eine Leiter kommt man ins obere Stockwerk. Die Doktorspiele finden meistens auf dem oberen Stockwerk statt. Die Kleineren liegen nackt auf der Matratze und werden von den Größeren an allen Stellen ihres Körpers untersucht. Die Doktorspiele dauern so lange, bis die, die die Doktorrolle spielen, keine Lust mehr haben. Dann erst hat man als Patient die Sache überstanden.

Hat er der Mutter je davon erzählt? Seines Wissens nie, obwohl er jeden Morgen Bauchschmerzen hat, wenn er in den Kindergarten muss, den alle anderen so lieben. Nach einem Jahr nimmt die Mutter den Jungen aus dem Kindergarten, und der Junge ist erstaunt, woher die Mutter wissen kann, dass es genau das ist, was er sich schon lange wünscht. Er atmet auf, die Erfahrung, dass man das Schlimme nicht einfach ertragen muss, sondern dass ihm ein Ende gesetzt werden kann, ist überwältigend.

Es gibt zwei weitere Kindergärten in Dossenheim: den evangelischen und den katholischen. Als die Mutter, die selber Protestantin ist, ihren Sohn im evangelischen Kindergarten anmelden will, sagt der Pfarrer, dass er den Jungen gern aufnehme, er müsse aber getauft werden. Die Mutter ist empört. Noch nie hat der Junge sie mit so viel Wut und Verachtung über einen Menschen schimpfen gehört wie über diesen Geistlichen. Dann geht sie zum katholischen Pfarrer. Der nur: Er freue sich sehr! Im katholischen Kindergarten ist es so, wie der Junge findet, dass es in einem Kindergarten sein muss. Man muss nicht nackt herumspringen, keiner spielt Doktor und Patient, die Kindergärtnerinnen haben immer ein Auge auf die Kleinen und greifen ein, bevor die Dinge außer Rand und Band geraten, und die Kinder gehen mittags nach Hause und müssen nicht widerliche Ravioli aus der Dose essen.

■

Für das Bilderbuch «Wo die wilden Kerle wohnen» muss er all seinen Mut zusammennehmen. Wie kann man nur so verwegen sein wie der Junge in der Geschichte! Der wird von seiner Mutter, weil er mal wieder nur Unfug gemacht hat, ohne Abendessen ins Bett geschickt. Trotzig schaut er auf die verschlossene Tür: Zimmerarrest! Aber so leicht bricht man seinen Willen nicht. Das Zimmer verwandelt sich in einen Wald, dann in die ganze Welt. Der Junge besteigt ein Segelboot, das so heißt wie er selbst: Max. Max, Kapitän auf eigene Faust. Er zeigt es der Mutter: Meine Geduld ist erschöpft, ich segle über die Meere!

Von mir wirst du nie wieder ein Sterbenswörtchen hören!! Du wirst mir nachweinen, aber dann ist es zu spät!!!

Schließlich landet er auf einer Insel. Es ist die Insel, wo die wilden Kerle wohnen. Schon kommen sie aus dem Urwald hervor. Die wilden Kerle sehen wirklich gruselig aus, die Körper behaart, die Augen funkelnd wie Blitze, statt Fingern haben sie Krallen; selbst ihre Fußzehen winden sich zu Klauen. Max, seiner Sache keineswegs sicher, betrachtet sie mit einem gewissen Abstand: Die Stimmung scheint zu kippen. Doch dann erinnert er sich seiner angeborenen Herrschernatur und schaut den wilden Kerlen in die Augen, ganz fest, ohne mit der Wimper zu zucken. So bezwingt er sie – und die wilden Kerle unterwerfen sich ihm. Sie krönen ihn zum König.

Jetzt darf Max bestimmen, und er bestimmt: «Wir machen Krach!» Alle brüllen, was das Zeug hält, alle springen in die Luft, sie heulen den Mond an und hangeln sich wie Affen an den Ästen der Bäume entlang.

Doch irgendwann erschöpft sich jeder Spaß, und mit der Müdigkeit kommen Traurigkeit und Einsamkeit. Dieser Urwald ist doch gar nicht sein wahres Zuhause, diese Palmen sind ihm nicht vertraut. Es ist eine fremde Welt. Und die wilden Kerle sind schon furchterregend; auch wenn er ihr König ist, er wird nie wirklich zu ihnen gehören. Anders als sie hat er ja eine Mutter.

Zeit für die Heimreise. Max besteigt das Segelboot. Die wilden Kerle brechen zum Abschied wieder in ihr ohrenbetäubendes Geschrei aus – das ist nicht böse gemeint, es ist einfach ihre Art, Max zu zeigen, dass sie ihn schon jetzt vermissen. Während der Fahrt schläft Max, bei ruhigem Meer, günstigem Wind. Als er aufwacht, ist er wieder in seinem Zimmer. Mondlicht fällt durchs Fenster. Auf dem Tisch steht das Abendessen, es ist sogar noch warm. Die Sterne stehen vollzählig überm Land, die

Mutter lässt einen nie im Stich. Dass er aus einem fernen Land kommt und der König der wilden Kerle ist, muss er ja niemandem erzählen.

-

Die Ferien verbringt er bei seiner Oma im Schwarzwald. Einfach ein Dorf, auf einem Hochplateau gelegen, zehn Kilometer von Calw entfernt. Das Dorf ist so klein, dass er fast alle Bewohner kennt. Die Mutter muss arbeiten, also setzt sie ihn in Heidelberg in einen Zug, in einen sogenannten Kurswagen, der in Pforzheim umgekoppelt wird, das heißt sein Waggon wird an einen Zug angehängt, der nach Calw fährt, während der ursprüngliche Zug einen anderen Zielbahnhof ansteuert. Sowohl seine Mutter wie seine Oma rühmen das Prinzip *Kurswagen*, das erspare einem anstrengendes Umsteigen. Der Junge findet Umsteigen eigentlich gut, aber noch besser, dass der Wagen, in dem man sitzt, umgekoppelt wird. Das merkt man immer erst, wenn es ruckelt. Rangierer, sein Traumberuf. Der macht, was sonst keiner darf: ins Gleisbett runtersteigen und zwischen zwei Waggons kriechen, um sie zu entkoppeln. Wenn der Junge nicht Müllmann werden will (natürlich nicht der Fahrer vorn in der Kabine, sondern einer der beiden Männer, die hinten bei freier Fahrt auf den Plafonds stehen und immer schon abspringen, während das Müllauto noch fährt), möchte er Rangierer bei der Bundesbahn werden. Auch weil es toll ist, für ein Unternehmen zu arbeiten, dessen Name mit Bundes- beginnt. Früher hieß die Bundesbahn Reichsbahn, das weiß er, denn sein Großvater, der im Krieg gefallen ist, hat in Breslau für die Reichsbahn gearbeitet. Seine Oma darf deswegen heute noch kostenlos Zug fahren, weil sie die Witwe eines Reichsbahnbeamten ist. Kostenlos Zug fahren zu dürfen ist ein so enormer Vorzug, dass der Junge manchmal gar nicht weiß, wohin mit seiner Wonne, dass ausgerechnet seine Oma es so gut hat. Kein Wunder, dass sie sich mit Kurswagen auskennt.

Aber nicht nur mit Kurswagen. Sie weiß auch, wo man im Zug am besten sitzt. Nie vorn, denn im Falle eines Zusammenstoßes habe man da schlechte Karten. Von seiner eigenen Holzeisenbahn (eine Brio natürlich, die von Eichhorn ist in den Augen seiner Mutter moralisch fragwürdig, denn ihre Holzschienen sind nicht aus einem Stück gefertigt, stattdessen wird das Kopplungsglied reingeleimt – und obwohl er selber Uhu toll findet, auch wegen des Geruchs, muss er lernen, dass Geklebtes zu den Dingen gehört, auf die seine Mutter herabschaut) weiß er, dass die mittleren Waggons in engen Kurven, wenn er zu schnell an der Lokomotive zieht, immer in Gefahr sind, aus den Gleisen auszubrechen. Also sitzt er am liebsten in den hinteren Wagen. Das trifft sich gut, denn der Kurswagen wird als Schlusslicht hinten angekoppelt.

In Calw auf dem Bahnsteig stehen der Onkel mit dem Ohrdurchschuss und die Oma. Der Bahnhof sieht genauso aus wie im Katalog der Modelleisenbahnfirma Faller. Es gibt nur zwei ernstzunehmende Bahnhöfe bei Faller, Bonn und Calw; dass ausgerechnet der Calwer Bahnhof von Faller ausgewählt wurde, ist schon ein Ritterschlag für die Stadt, findet er. Die Oma umarmt ihn und sagt, sie sei stolz, dass er so selbständig Zug fahre. Nun ja, denkt er, es war ein *Kurswagen*, da muss man nicht umsteigen, sondern nur auf seinem Platz sitzen bleiben und das Käsebrot mit dem Apfel essen, das die Mutter einem mitgegeben hat.

Beim Onkel ist er sich nicht sicher, ob sein Besuch ihn freut. Er spricht wenig, und wenn, versteht der Junge ihn nicht, weil er so schwäbelt. Seine Oma, die aus Schlesien stammt, schüttelt immer den Kopf, dass sie jetzt unter lauter Leuten leben muss, die schwäbisch reden. Das sei ihr auch nicht an der Wiege gesungen worden. Ihr anderer Enkel, sein Cousin Joachim, bei dem er manchmal fürchtet, die Oma könne ihn mehr mögen als ihn, schon weil er im selben Dorf lebt und sie täglich sieht, spricht auch extrem schwäbisch. Er würde es nicht laut sagen, aber wenn die Oma wieder so tut, als würde sie Joachim nicht verstehen, damit er sich ein bisschen mehr anstrengt, hochdeutsch zu sprechen, denkt er sich: Na also! (Später, als beide schon auf die Grundschule gehen, tut sich sein Cousin schwer mit dem Lernen. Beim Jungen läuft es deutlich besser in der Schule, aber zu seiner Überraschung führt dieser unzweifelhafte Leistungsvorsprung zu keiner Neuverteilung der großmütterlichen Sympathien.)

Eigentlich gefällt ihm alles bei der Oma. Die Küchenbank, die ums Eck geht und deren Sitzflächen man hochklappen kann. Die Brettspiele im Stauraum darunter, Malefiz, Halma. Morgens beim Frühstück die fröhliche Musik aus dem Radio. Und alles steht immer an seinem Platz. Kaputte Teppiche: unvorstellbar; wenn irgendetwas kaputt ist oder wackelt, wird es sofort repariert oder ersetzt. Aber vor allem hat die Oma einen Fernseher, und der Junge darf so viel fernsehen, wie er will. Vermutlich findet die Oma, dass er einiges nachzuholen habe, da es bei ihm zu Hause keinen Fernseher gibt. Er findet es gut, dass die Oma einen Fernseher hat, aber manchmal wundert er sich ein bisschen, dass sie sich dafür gar nicht schämt.

Einmal, noch vor dem Abendbrot, sieht er eine Folge des «Unsichtbaren». Ein Mann macht sich unsichtbar. Es ist unvorstellbar unheimlich. Man kann den Unsichtbaren wirklich nicht sehen! Betritt er einen Raum, öffnet sich die Tür wie von Geisterhand; trinkt er einen Kaffee, schwebt plötzlich die Tasse durch die Luft. Der Junge kann es kaum ertragen. Immer wieder schaut er auf den Boden statt auf den Fernseher. Dass sich Menschen unsichtbar machen können, ist schrecklich, denn das heißt, sie können überall lauern, ohne dass man es ahnt. Der Unsichtbare verfolgt ihn noch lange. Am schlimmsten auf dem Klo. Er stellt sich vor, dass der Unsichtbare aus der Kloschüssel auftauchen und nach seinem Hintern greifen könnte. Obwohl das ziemlich unlogisch ist, denn der Unsichtbare ist unsichtbar, nicht zu einem Kobold geschrumpft. Einige Wochen lang hat er Angst, sich aufs Klo zu setzen, und beschleunigt die Prozedur, soweit es nur geht.

—

Die Wohnung der Großmutter liegt im ersten Stock. Man erreicht die Wohnungstür über eine Außentreppe im offenen Hof, der wiederum in einen großen Garten übergeht. Garten und Hof gehören dem Vermieter. Eine Respektsperson, aber eigentlich lieb. Er nimmt den Jungen gern mal auf den Arm, indem er etwas sagt, was er gar nicht so meint. Der Junge braucht dann immer ein paar Sekunden, bis er am Grinsen im Gesicht des Vermieters begreift, dass der einen Witz gemacht hat. Dann wuschelt ihm der Vermieter lachend über die Haare.

Es ist der Sommer, in dem er Rad fahren lernt. Der Sohn des Vermieters ist ein bisschen älter als er. Er setzt den Jungen auf ein kleines Fahrrad und sagt: «Des isch hopfaleicht: Du musch bloß trebble, emmer dapfer trebble, no kibbsch ed om!» Dass das, was einen überhaupt erst in Gefahr bringt, einen zugleich vor der Gefahr bewahren soll, klingt erst mal nicht so überzeugend, wie der Nachbarjunge behauptet; aber weil der aus voller Lunge brüllt: «Trebble, trebble, trebble!», bleibt ihm nichts anderes übrig, als genau das zu tun. Die Anfeuerungsrufe peitschen ihn voran, und plötzlich ist tatsächlich der Punkt erreicht, wo alles von allein geht: Das Fahrrad scheint zu schweben, er dreht eine Runde nach der anderen im Hof, der Nachbarjunge kreischt vor Begeisterung, Begeisterung über sein Talent, anderen Fahrrad fahren beizubringen, und der Junge kann es kaum fassen, dass etwas so Tolles so einfach ist. Viel einfacher als Schnürsenkel binden zum Beispiel. Damit hat er sich deutlich schwerer getan, obwohl es viel ungefährlicher ist.

Im selben Sommer hört er am Frühstückstisch eines Morgens Stimmenlärm von draußen. Die Oma sagt, es sei Schlachttag, die Leute würden die Kaninchen, die sie aufgezogen haben, schlachten. Nach dem Frühstück schleicht er mit weichen Knien in den Hof, in dem große Bottiche stehen. Alles ist feucht von Wasser und Blut. Vier, fünf Männer sind am Werk. Einer ist offensichtlich der Anführer, er gibt die Anweisungen, die anderen schauen zu ihm hin. Der Junge kennt ihn nicht. Wie Socken an einer Wäscheleine hängen bereits einige ausgenommene Kaninchen an einer langen Schnur. Dem Jungen verschlägt es die Sprache. Er atmet ganz flach. So etwas hat er noch nie gesehen. Es wäre ihm lieber, er hätte das auch nie gesehen. Selbst Helmut, der Vermieter, der ihm sonst immer über die Haare streicht, sieht mit seiner rot verschmierten Schürze ganz anders aus als sonst, er scheint sich, unerreichbar und unansprechbar, in einer anderen Welt zu bewegen. Gerade will der Junge leise den Rückzug antreten, da entdeckt ihn der Anführer. Er sieht die erschrockenen Augen des Jungen und ruft zu ihm herüber: «Sollen wir dich auch aufknüpfen?» Dem Jungen wird eiskalt. In derselben Sekunde rennt er los. Rennt um sein Leben. Während er rennt, überlegt er, ob das vielleicht ein Witz war – hat der Schlächter den Satz ernst gemeint, oder hat er ihn mit einem Lachen gesagt? Aber das Risiko, sich kurz umzudrehen und in das Gesicht des Schlächters zu schauen, ist angesichts der Gefahr zu groß; jetzt hat er schon die Außentreppe erreicht, er muss nur noch die Stufen nach oben schaffen, die Tür aufreißen und nach der Oma rufen, dann müsste er in Sicherheit sein. In die Wohnung wird der Schlächter ihn nicht verfolgen, das kann ja einfach nicht sein, man schlachtet keine Kinder im Wohnzimmer ihrer Großmütter. Als er die Tür aufreißt, schaut er erstmals hinter sich, die Treppe runter: Niemand ist ihm auf den Fersen.

Kaum ist die Tür hinter ihm ins Schloss gefallen, sieht er das nächste Problem auf sich zukommen. Die Oma hat ja gehört, wie panisch er die Wohnung erstürmt hat. Wie soll er ihr das erklären? Nun, da er in Sicherheit ist, dämmert ihm, dass die Drohung des Schlächters ein Scherz gewesen sein muss. Er ist darauf reingefallen. Wie peinlich. Angsthase, Pfeffernase. Aber noch bevor er der Oma den Vorfall erklären muss, steht schon der Vermieter in der Wohnung, nimmt den Jungen in den Arm, wuschelt ihm mit der Hand durchs Haar und sagt, das sei doch ein Witz gewesen!

•

Daheim in Dossenheim, an der Bergstraße, wechseln sich Obstgärten mit Weinbergen ab. In den Sommermonaten zieht der Junge mit seinen Freunden durch die Felder. Manchmal wird irgendwo ein Schuss ausgelöst, der soll Vögel vertreiben. In den Gärten Erdbeeren, Kirschen, Himbeeren und Johannisbeeren, Letztere sind aber ziemlich sauer, die mag er nur, wenn die Mutter sie ihm mit Sahne anmacht. Gemüse ist uninteressant, Obst zu stehlen aufregend. Man muss das Gelände genau erkunden und es hinkriegen, über den Zaun zu steigen; dabei verfängt sich das T-Shirt gern mal in einem rostigen Nagel. Einer steht Schmiere, seine Freundin Christiane zum Beispiel, der andere klettert auf den Baum. Ist Gefahr in Verzug, muss man, während das T-Shirt vom Kirschsaft tropft, schnell zurück über den Zaun und nach Leibeskräften rennen. Wenn der Gartenbesitzer hinter einem herruft, schlägt das Herz richtig stark. Überstandene Gefahr: ein herrliches Gefühl.

Christiane wohnt im Nachbarhaus, ist zwei Jahre älter, hat blonde Locken. Sie ist so stark wie ein Junge und völlig unerschrocken. Sie geht immer einen Schritt weiter, als der Junge sich von allein getraut hätte. Drückt bei Klingelstreichen nicht bloß eine Klingel, sondern gleich alle acht. Treibt's aber nie so weit, dass es unheimlich oder geisteskrank wäre. *Geisteskrank* ist das Verdammungswort schlechthin. Ständig nennen die Kinder jemanden, den sie nicht mögen, *geisteskrank*. Dann sagen sie: Der gehört doch nach Wiesloch! Jeder weiß, was damit gemeint ist: In Wiesloch steht das Irrenhaus. Zwischen cool und geisteskrank ist es nur ein kleiner Schritt. Im Eifer des Gefechts ist man schon mal in der Gefahr, zu weit zu gehen, aber im letzten Moment greift doch immer eine innere Sperre.

Christiane ist das erste Mädchen, bei dem er sich vorstellt, wie es wohl wäre, sie zu küssen. Einmal hat sie ihr T-Shirt hochgezogen und ihre Brüste gezeigt. Richtige Brüste waren das zwar nicht, aber es war doch cool. Er stellt sich vor, dass sie beide durch ein hohes Maisfeld pirschen und Christiane die T-Shirt-Aktion wiederholt. Das wäre der Moment, sie zu küssen. Der Gedanke ist sehr aufregend, und er überlegt, was sie eigentlich daran hindern könnte, immer wieder ins Maisfeld zu gehen. Wenn er sich einmal trauen würde, sie zu küssen, könnten sie sich immer wieder küssen. Doch diese Gedanken hat er nur abends, wenn er im Bett liegt, vor dem Einschlafen, und meistens schläft er sehr schnell ein. Tagsüber, wenn er mit Christiane spielt, ist einfach zu viel los, als dass Zeit für solche Phantasien wäre. Und wenn die Stimmung einmal kuschliger wird, etwa in der Abenddämmerung, wenn sie auf dem Mäuerchen sitzen und quatschen und sich jede Minute kostbar anfühlt, weil sie wissen, die Uhr läuft, und gleich werden entweder ihre Eltern oder seine Mutter nach ihnen rufen, will er das Zusammensein auf keinen Fall durch so einen Kussüberfall gefährden.

■

Eines Tages eine neue Erkenntnis: Bei dem, was sie täten, wenn sie Obst stehlen, sagt Christiane, handle es sich um Mundraub, und Mundraub sei nicht strafbar. Das Wort fasziniert ihn. Wie Christiane es gebraucht, klingt es absolut präzise. Wie ein Kreis, den man mit einem Zirkel gezeichnet hat, da stimmt einfach alles. Und doch glaubt er es nicht ganz. Es kann nicht sein, dass Stehlen erlaubt ist! Es kann nicht erlaubt sein, über Zäune zu klettern! Die Tatsache, dass sie auch weiterhin bei ihren Raubzügen darauf achten, nicht erwischt zu werden, beweist, dass sie der Lizenz zum Mundraub nicht trauen.

■

Wenn er nicht durch die Weinberge zieht, spielt er oft auf dem freien Grundstück gegenüber ihrem Haus. Wenn man ihn fragte, würde er sagen, dass dies sein Grundstück sei. Das hat ihm bisher auch noch nie wer streitig gemacht. Andere Kinder können da gern mit ihm spielen, aber es ist schon seins. Wer zuerst kommt, mahlt zuerst.

Eines Tages rückt ein Bagger an. Er gräbt alles um, hebt das Erdreich aus. Der Junge ist schockiert. Wie ein geschlagener General muss er zuschauen, wie sein Reich plattgemacht wird.

Nach einigen Tagen ohnmächtiger Niedergeschlagenheit beginnen die Bauarbeiten den Jungen zu faszinieren. Besonders der Betonmischer, der fast ohne Unterlass rattert. Nun zahlt sich eine Eigenschaft aus, über die er verfügt: Beharrlichkeit, Ausdauer, zähe Konzentration; tagelang steht er am Rand der Baustelle und beobachtet die Arbeiter, bis seine Unbeirrbarkeit den Chef der Truppe beeindruckt. Der geht auf ihn zu und macht ihm das Angebot, er könne, wenn er wolle, gegen 30 Pfennig die Stunde leichte Arbeiten auf der Baustelle übernehmen. Der Ritterschlag – richtiges Geld für ehrliche Arbeit.

Kaum ist er am nächsten Tag aus der Schule zurück, schippt er Sand, schiebt die Schubkarre, wenn sie nicht zu schwer ist, und führt vor allem ausführliche Gespräche mit dem Chef. Die anderen Arbeiter behandeln ihn mit dem größten Respekt, denn der Junge steht ersichtlich unter dem persönlichen Schutz des Chefs. Einmal will der wissen, welchem Beruf denn die Mutter nachgehe. Ein heikles Thema. Der Junge kennt den Beruf und kann ihn auch flüssig runtersagen: *Kinder- und Jugendlichenpsychotherapeutin.* Aber das Wortungeheuer ist eine Zitterpartie; die Schwierigkeit besteht darin, den Bindestrich nicht auszusprechen, aber doch mitschwingen zu lassen, sodass es wie ein Wort klingt, die Bestandteile aber als einzelne hörbar bleiben. Und das ist nur die artikulatorische Seite des Problems. Noch heikler ist, dass das Gesicht des Gegenübers, wenn er die Antwort gehört hat, meist etwas wie schwimmende Verständnislosigkeit zeigt. Nur durch äußerste Akkuratesse der Aussprache kann auch hier dem Zweifel der Boden entzogen werden. Tatsächlich hat der Junge bisweilen die Sorge, dass die Mutter in Wahrheit gar keinen richtigen Beruf hat, sondern wieder mal bloß so eine verschrobene Eigensinnigkeit, die sie sich am Ende selber ausgedacht hat. Andererseits: mitgefangen, mitgehangen; dass er die Zweifel seines Gegenübers im Innersten teilt, darf er bei seiner Ehre als Sohn nicht zu erkennen geben. Er muss das Wortungeheuer mit so viel Nachdruck und Selbstverständlichkeit über die Lippen bringen, dass es klingt, als wäre *Kinder- und Jugendlichenpsychotherapeutin* ein ganz normaler, allgemein anerkannter Beruf. Mag sein Gesprächspartner die Berufsbezeichnung auch nur unter Stottern wiederholen können: egal, solange der Junge nur in der Lage ist, das Wort schnell, wenngleich nicht gehetzt, mit einer gewissen ratternden Beiläufigkeit auszusprechen. Leider ist der Versuch, die Bezeichnung so rasch und kaltblütig herunterzureißen (wie bei einem Pflaster am Knie, das man nach Möglichkeit auch schneller abreißt, als der Schmerz sich ausbreiten kann), dass man das Thema quasi schon hinter sich hat, bevor das Gegenüber drei Fragezeichen in die Luft setzt – leider ist dieser Versuch fast immer zum Scheitern verurteilt. Der andere sieht nämlich in der eigenen Ahnungslosigkeit gerade keine Verlegenheit, die es zu überspielen gilt, sondern im Gegenteil einen willkommenen Anlass, eine Wissenslücke zu schließen, sich als aufgeschlossen zu erweisen und am Ende gar aufrichtiges Interesse, ja Faszination für den Beruf seiner Mutter zu bekunden. Immer wieder macht der Junge die Erfahrung, dass andere das, was er als peinliche Anomalie am liebsten schweigend übergehen würde, gerade toll finden. Nicht selten muss er sich den Satz anhören, er habe schon eine interessante Mutter. Ihm bleibt dann nichts übrig, als zu nicken.

Also antwortet der Junge dem Maurerpolier tapfer, seine Mutter sei – *Kinder- und Jugendlichenpsychotherapeutin*. Der Maurerpolier, der ein wenig schielt, doch aus sanften Augen, grübelt kurz und will sich dann versichern, dass sie auch beide über dasselbe reden, er sagt: «Da gehen die hin, die so sind» – und an dieser Stelle führt er die flache Hand vor seiner Stirn hin und her.

Und schon ist der Junge in einem Loyalitätskonflikt. Es ist ja nicht so, als hätte die Mutter um die Erklärungsbedürftigkeit ihres Berufes nicht gewusst. Früh hat sie ihm beigebracht, dass es keine Schande sei, wenn ein Kind in die Therapie geht, dass ihr Beruf mithin absolut nichts mit jenem Verdammungsort zu tun habe, auf den in den Schulpausen regelmäßig Bezug genommen wird, wenn man von einem sagt, der gehöre doch nach Wiesloch. Wenn er mit der Mutter und ihren Freunden allein ist, glaubt er ihr. Auf der Baustelle sieht die Sache anders aus. Der Hahn hat noch kein Mal gekräht, da hat er seine Mutter schon verleugnet: Er nickt. Er bestätigt die Definition des Poliers. Einerseits natürlich, um die Sache ohne weitere, alles nur verkomplizierende Erläuterungen hinter sich zu bringen; andererseits aber auch, weil er in diesem Moment tatsächlich denkt: «Ich hab es immer schon geahnt, der Maurerpolier spricht die Wahrheit.» Die Worte der Mutter halten dem Realitätstest nicht stand, sie sind nichtig wie Nebeldunst, den die aufgehende Sonne auflöst. Mit Ingrimm schippt er Sand in die Schubkarre.

Als der Rohbau steht, verschwindet der Bautrupp von einem Tag auf den anderen, und neue Arbeiter rücken an. Handwerker, die von ihm und seiner Vorzugsrolle nichts wissen. Ein zweites Mal wird er aus seinem Paradies vertrieben. Das Haus, dessen Grundmauern er mit seiner eigenen Hände Arbeit in die Höhe gestemmt hat, geht wieder in fremde Gewalt über. Der Junge frisst seinen Kummer still in sich hinein.

■

Das Schlimmste: Langeweile. Sie erhebt ihr Haupt gern an Sonntagnachmittagen, wenn auf den Straßen nichts los ist und die Kinder der Nachbarschaft auf Familienausflug sind. Kein Freund holt ihn ab, kein Buch kann ihn verlocken, einen Fernseher gibt es nicht, die Mutter ist mit sich selbst beschäftigt, jedes Spielzeug liegt wie tot auf dem Boden des Kinderzimmers. Der Junge hat ein zähes Kribbeln in Beinen und Armen, als lösten sich seine Muskeln langsam knisternd auf wie der Schaum auf einem Vollbad. Vor Verzweiflung könnte er laut schreien: «Ich langweil mich so, Mama!» Aber die würde nur sagen: «Man muss sich schon mit sich beschäftigen können.» Oder: «Geh doch raus an die frische Luft!»

Aber nichts ist in solchen Momenten langweiliger als frische Luft. Drinnen zu sein ist tödlich, und draußen zu sein genauso.

36

Es gibt keinen Unterschied mehr zwischen Hier und Da, alles ist gleich trostlos. Es gibt auch kein Wollen mehr, weder will man drinnen sein, noch will man draußen sein. Das Einzige, was man noch will, ist, dass die Zeit vergeht, damit endlich etwas passiert. Irgendwann muss doch wieder etwas passieren. Irgendwann muss doch auch dieser unendlich lange Sonntagnachmittag, diese unendlich lange Kindheit ein Ende haben!

Wie kann die Welt nur so langweilig sein.

Die Langeweile ist aber nicht nur eine körperliche Qual, sie lässt einen auch die eigene Einsamkeit spüren. Die traurige, nicht zu leugnende Wahrheit ist ja, dass es niemanden gibt, der mit einem spielt.

Und dann, sonderbar: Sowie sie vorbei ist, hinterlässt die Langeweile keine Spuren. Sie ist vergessen, im selben Moment. Man kann sie nicht kommen sehen, man kann sie nicht fürchten. Es gibt keine Angst vor ihr, es gibt nur die Langeweile selbst. Sie ist da, und solange sie herrscht, schwindet jede Hoffnung, je mit ihr fertigzuwerden, wenn sie aber weg ist, ist sie es ganz und gar. Plötzlich sieht man wieder ein Ziel, plötzlich kommt wieder Spannung auf, plötzlich will man wieder etwas, plötzlich ist irgendetwas wieder total lustig.

·

Auch sonst muss der Junge feststellen, dass nie etwas passiert. Zum Beispiel: Im Keller des Hauses befindet sich ein roter Feuerloscher, ein tolles Gerät. Sogar verplombt, damit ihn niemand widerrechtlich benutzt. Zum Einsatz gebracht werden darf der Feuerlöscher nämlich nur im Brandfall – aber es brennt ja nie! Es ist zum Verzweifeln. Auch die Notbremse im Zug, die seinen Blick bannt, wird nie gezogen; die Not ist nichts als ein leeres Versprechen! So gern würde er einmal erleben, wie jemand – oder gar er selbst – die Notbremse zieht. Überall immer die

Warnschilder, nie der Ernstfall. Katastrophen scheinen einer seligen Vergangenheit anzugehören.

Weil seine Mutter die «Bettenburgen» am Mittelmeer fürchtet und einen frischen, rauen Wind liebt, machen sie in den Sommerferien große Radtouren durch Norddeutschland und Dänemark, von Jugendherberge zu Jugendherberge. Manchmal weht der Wind so stark, dass er glaubt, gleich vom Rad gefegt zu werden, dann könnte er jauchzen vor Vergnügen.

Auch er liebt Norddeutschland, das Meer, die Fähren. Acht Jahre ist er, als er das erste Mal mit dem Zug über den Hindenburgdamm nach Sylt fährt. Er kann es kaum erwarten: ein schmaler Damm mitten durch die schäumenden Nordseewellen. Leider wieder eine Enttäuschung: Keineswegs schäumt die Nordsee so unmittelbar zu seinen Füßen, wie er sich das erhofft hat, denn der Damm ist breiter als eine Autobahn, und stellenweise – unter dem Aspekt echter Gefahr und echten Wagemuts ist das einfach nur noch lächerlich – weiden Rinder rechts und links der Bahnstrecke. Außerdem herrscht Ebbe: kein Wasser in Sicht.

Von Sylt geht es weiter zur Hallig Langeneß. Als Hallig bezeichnet man eine Insel, die kaum höher liegt als der Meeresspiegel. Bei Sturmfluten ist auf einer Hallig richtig was los; der Junge hat in einem Buch über die von ihm bewunderten Seenotkreuzer Fotos gesehen, wie die Nordsee bei einer Springflut (manchmal sagen die Leute Springflut, manchmal Sturmflut, hinter dieses Rätsel ist er noch nicht gekommen) die Halligen überflutet. Dann sind nur noch die Bauernhäuser zu erkennen, die auf ihren Warften, künstlich aufgeschütteten Erdhügeln, stehen – wie Schwimmer, die gerade noch den Kopf über Wasser halten können.

Drei Tage sind sie auf Langeneß, sie haben ein Zimmer in einem Bauernhof. Seit ihrer Ankunft ist von nichts anderem als einer möglichen Sturmflut die Rede. Der Himmel wird grau und grauer, die Wolken ziehen schneller dahin, der Wind dreht auf. Am Tag der Abreise herrscht Aufregung. An manchen Stellen der Hallig, sagt der Bauer, sei das Wasser schon über das Ufer getreten. Er wolle versuchen, sie zur Fähre zu bringen, aber er könne nicht versprechen, dass man noch durchkäme. Dann sitzen sie im Auto. Da vorn, sagt der Bauer, komme die entscheidende Stelle; wenn das Wasser da höher stehe als die Achse des Wagens, könne er nicht weiterfahren, dann würde er danach nicht mehr zurückkommen, der Wasserspiegel steige ja. Der Junge hört diese Worte, glaubt ihnen aber nicht.

Dann sind sie bei der Stelle, und er traut seinen Ohren nicht, als der Bauer sagt: «Nee, geht nicht mehr, das Wasser steht zu hoch.» Er darf sich nichts anmerken lassen, aber innerlich jubelt er.

Der Bauer wendet den Wagen und fährt zurück. Jetzt herrscht Hektik. Das Vieh wird auf die Warft getrieben, alles, Mensch und Tier, rückt eng zusammen. Und dann ist da tatsächlich das Meer, und es kommt näher und näher, es sieht phantastisch aus. Schäumend. Sie sitzen in dem urigen Bauernhaus, alle spielen Brettspiele, und wenn man durch die Fenster schaut, tobt am Saum der Warft, keine 50 Meter entfernt, die Nordsee. Seine Mutter hatte immer gesagt: «Nordsee ist Mordsee.» Na, das war endlich einmal wahr!

•

Die Mutter hat Rituale. Bei solchen, die in anderen Familien nicht vorkommen, hat der Junge den Verdacht, dass seine Mutter sie erfindet, damit es so aussieht, als wäre man eine richtige Familie mit eigenen Gesetzen und Traditionen, nicht bloß Mutter und Sohn, abgesetzt auf dem Planeten Erde. Diese Rumpffamilie ist eine wacklige Angelegenheit, das spürt er. Er wittert die Schwäche wie ein Hund die Angst. Die Schwäche fordert seinen Trotz heraus. Seine Vetomacht ist unverhältnismäßig stark. Gegen ihn gibt es keine Mehrheit. Wenn er nicht mitmacht, ist die Mutter eine einsame Frau auf verlorenem Posten. Also muss sie ihn zu allem zwingen. Wenn er am Ende dann doch mitmacht, ist es meistens gar nicht so schlimm. Dabei hat er ein schlechtes Gewissen, denn er weiß um seine Destruktivmacht, er fragt sich, ob man zu diesem Punkt nicht auch ohne seine Trotzaufwallungen hätte kommen können. Dann würde die Mutter nicht so erschöpft wirken. Er möchte sie ja nicht traurig sehen, aber er möchte es ihr auch nicht leichtmachen. Kampflos wird nichts zugestanden.

Schlimm sind die Wanderungen durch den Odenwald. Zumindest am Anfang. Wenn er erst mal im Rhythmus drin ist und seine beleidigte Phase hinter sich gelassen hat, schreitet er vergnügt aus. Eigentlich mag er den Wald; vom Wanderweg kann er nach rechts und links ausscheren und mit großen Stöcken zurückkehren, mit denen man hervorragend aufs Unterholz und die Brombeersträucher einschlagen kann. Auch gut, auf morsches Holz treten und hören, wie es knirschend auseinanderbricht. Wenn man lange genug gelaufen ist, kommt man zu einer Lichtung; die Sonne scheint; seine Mutter und er suchen sich dann einen umgestürzten Baumstamm und packen die Käsebrote aus. Auf so einem Baumstamm auf einer Lichtung schmeckt ihm sogar der Apfel, den es zum Käsebrot gibt. Der erste Apfel kommt mit dem Käsebrot, der zweite mit der Schokolade. So gut schmecken Käsebrote sonst nur auf Zugfahrten.

-

Vermutlich erfindet seine Mutter die Rituale, um aus einer Vorliebe etwas traditionell Gesichertes zu machen: So sollen Gegenargumente zum Schweigen gebracht werden. Und für alles denkt sie sich Namen aus. Wenn er mit ihr am 1. Januar durch den Odenwald laufen muss, nennt sie das beispielsweise *Neujahrsspaziergang*. Was klingt, als wäre das etwas, das alle machen, weshalb er sich eben fügen müsse. Er hat aber die größten Zweifel, ob irgendwer sonst *Neujahrsspaziergänge* macht. Für seinen Trotz mobilisiert er sämtliche Energien, die in seinem Kinderkörper stecken. Für seine Gesellschaft muss die Mutter bezahlen, indem sie seine schlechte Laune erträgt; die Möglichkeiten der Mutter, seinen Trotz zu ignorieren, sind ja recht begrenzt: Sie ist auf seine Zuarbeit angewiesen, wenn zwischen beiden nicht Schweigen herrschen soll.

Wenn sie nach endlosen Kämpfen dann schließlich aufgebrochen sind, gibt es aber immer einen Punkt, an dem sein Trotz in Beschwingtheit umschlägt. Das ist merkwürdig, hilft aber nicht fürs nächste Mal.

Bei einem der Neujahrsspaziergänge fängt es zu schneien an. Heftig. Der Junge zieht seinen Schlitten hinter sich her. Der Wald verwandelt sich in eine Schneelandschaft. Schnee ist das Schönste, leider sehr selten. Jetzt sind sie mitten im Wald, und ihre Schritte versinken im Schnee. Wie er das liebt, wenn er seine Füße aus den tiefen Fußstapfen, die er selber getreten hat, wieder herausziehen muss! Geräuscherzeuger zu sein ist befriedigend, und Schneeknirschen gehört zu den erhabensten Geräuschen. Von Schnee bedeckt, gleicht die Welt einem Märchen.

Dann der Höhenzug. Die Dämmerung ist angebrochen. Fast ist es ein bisschen unheimlich, so allein mit der Mutter im Wald; aber das Unheimliche ist zugleich das Behagliche. Vor ihnen ein langer Abhang ins nächste Dorf, die Mutter und der Junge setzen sich auf den Schlitten und gleiten über die Neuschneedecke. Manchmal ist sie so tief, dass sie stecken bleiben; dann schiebt seine Mutter den Schlitten an, und sobald er wieder Fahrt aufnimmt, springt sie noch schnell auf. Die ganze Zeit sind sie allein, und der Schnee gehört ihnen, bis die warmen gelben Lichter des Dorfes auftauchen. Ein bisschen ist er jetzt auch erleichtert, denn ganz sicher war er sich nicht, ob die Mutter und er ihr Abenteuer in dunkler Schneelandschaft heil überstehen würden.

Als sie das Dorf erreichen, kehren sie in einem Gasthof ein. Bei dem Wort *einkehren* sind sich Mutter und Sohn einig: Sie lieben es. Das Wort und die Sache. In dem Wort ist die ganze Geborgenheit schon drin. Wenn man am Ende irgendwo einkehrt, ist alles gut.

Der Junge bestellt ein Jägerschnitzel. Der Wirt lächelt ihn an und klopft ihm auf die Schulter. Auch er scheint es gut zu finden, dass Mutter und Sohn bei ihm einkehren.

▪

Fast so schlimm wie die reine Langeweile eines Sonntags ohne Freunde sind klassische Konzerte. Nur wenn es ganz laut wird, weil Pauken und Trompeten zum Einsatz kommen, horcht der Junge kurz auf (schiere physikalische Gewalt ist immer beeindruckend), ansonsten besteht ein Konzert nicht so sehr aus Musik als aus einer unendlichen Wüste, deren Sandkörner in einem hauchdünnen Strahl durch das Stundenglas rieseln. (Wenn der Tod nicht schneller zuschlägt, braucht man sich vor ihm einstweilen nicht zu fürchten.) Zu Beginn eines Konzertes ist es schlechterdings nicht vorstellbar, dass man sein Ende je lebend erreichen wird. Das einzige Hilfsmittel, die Sandwüste in überschaubare Einzelstrecken zu unterteilen, besteht darin, die Sätze der Symphonie mitzuzählen. Aus irgendeinem völlig gleichgültigen Grund bestehen Symphonien immer aus vier Sätzen. Kommt die Komposition von Bach, sind es manchmal auch nur drei. Also zählt der Junge die Sätze, wie ein Gefangener für jeden überstandenen Tag einen Strich an die Gefängniswand macht. Das Ende eines Satzes erkennt man daran, dass die Musiker aufhören zu spielen, trotzdem aber niemand klatscht. Vielleicht, weil es auch innerhalb eines Satzes manchmal Generalpausen gibt, kommt es bisweilen zu bitteren Enttäuschungen; im Hochgefühl, endlich klatschen zu dürfen, weil man gegen alle Wahrscheinlichkeit doch noch zu Lebzeiten das Ende der Symphonie erreicht hat, muss der Junge oft entsetzt feststellen – wie ein Wanderer, der glaubt, hinter dem nächsten Berg die Hütte erreicht zu haben, um gleich darauf zu entdecken, dass ihn noch ein weiteres Tal von seinem Ziel trennt –, dass er sich verzählt hat. Es sind wohl doch erst drei Sätze gewesen. In einem paradoxen Effekt schulen diese Niederlagen seine musikalische Aufmerksamkeit. Er hört nun genauer zu, damit sich solche demoralisierenden Malheurs nicht wiederholen. Das Mitzählen von Sätzen («eins, zwei, drei, vier») ist zwar noch nicht unbedingt das, was sich die erwachsene Welt unter Musikgenuss vorstellt, aber es ist zumindest schon mal überhaupt eine sinnstiftende Tätigkeit.

■

Die meiste Zeit ist es kein Problem, so zu tun, als wäre nichts. Als sähe man nicht anders aus, als gäbe es kein fernes, fragwürdiges Land, das sich in der eigenen Physiognomie abzeichnet. Solange man das Thema Herkunft und Afrika nicht selber anspricht, so lange spielt es auch keine Rolle. Es kommt nicht wie eine Heimsuchung über einen. Man kann das kontrollieren, kann es im Griff haben. Niemand zwingt einen zur Identifikation; allenfalls interessieren sich die Leute für sein krauses Haar.

Dieses Haar nicht zu kommentieren scheint Menschenkraft zu übersteigen. Wenn man die Leute so reden hört, könnte man meinen, es gebe nichts Schöneres auf der Welt als krauses Haar. Frauen sagen zu dem Jungen häufig, während sie ihm durchs

Haar fahren: «Solche Locken hätt' ich auch gern!» Was für einen künstlichen Aufwand sie betreiben müssten für etwas, was die Natur dem Jungen frei Haus liefere. Der Junge kommentiert das nicht, er verdreht nur innerlich die Augen: Warum sollte sich jemand ohne Not Haare wünschen, die ihn von allen anderen unterscheiden? Der Junge betrachtet die haarverrückten Frauen mit Misstrauen, er wittert in ihren Sätzen eine Unaufrichtigkeit, die ihn irritiert, weil er nicht sehen kann, was sie motiviert oder wozu sie gut sein soll, außer nett zu ihm zu sein. Vielleicht wollen sie wirklich nur nett sein. Oder aber sie wollen nett sein, weil sie in Wahrheit finden, dass der Junge es schwer genug hat mit diesen Haaren und deshalb jeden Beistand der Welt verdient? Es ist ja offensichtlich, dass die Begeisterung für krauses Haar in keinem Verhältnis steht zur tatsächlichen Herablassung gegenüber jenem Kontinent, in dem die Menschen solches Haar haben. Jeder will doch lieber Deutscher sein als Afrikaner, jeder will lieber spenden als Almosen empfangen. Afrika ist der Kontinent, für den man Geld spendet, weil dort die Menschen hungern. An den Wänden von Schulen, Banken und Pfarrhäusern hängen seit einiger Zeit Plakate, die zu Spenden für die Sahelzone aufrufen, darauf Kinder mit krausem Haar (und dicken, aufgeblähten Bäuchen, über die zurzeit Witze in Umlauf sind, die der Junge nicht gern hört – nicht, weil er sie moralisch verurteilt, sondern weil er die Sorge hat, man könnte ihn mit den Protagonisten der Witze in Verbindung bringen. Er stellt sich vor, dass der Witzeerzähler, während er noch lacht, auf ihn zeigt und herausfordernd fragt: «Warum lachst du eigentlich darüber?»). Vielleicht wollen einige Deutsche ja trotzdem unbedingt Deutsche mit krausen Haaren sein; aber deren Maskottchen möchte er nicht abgeben.

Er sagt nichts von alldem. Er lässt sich über die Haare streichen, denn er weiß, dass es mehr nicht braucht. Die Haare, nicht etwa die dunklere Hautfarbe, sind für ihn so etwas wie das eindeutige Indiz für die fragwürdige Seite seiner Existenz, aber die Leute verharren immer ganz im Äußerlichen, sie schließen von den Haaren nicht zurück auf die tiefere Schande, obwohl das doch naheliegt. Solange er sich brav über die Haare streichen lässt und der wahnwitzigen Behauptung erwachsener Frauen, selber solche Haare haben zu wollen, nicht widerspricht, ist diese Klippe leicht zu umschiffen. Dann ist das Thema überstanden und Afrika wieder weg, er kehrt in die Normalität zurück und muss sich nicht länger feiern lassen für eine Exotik, die allen anderen mehr Freude bereitet als ihm selbst.

■

Immer wenn seine Mutter von Afrika erzählt, stellt er seine Ohren auf Durchzug. Er stellt sie aber nicht allzu sichtbar auf Durchzug, sonst würde er, wenn er Pech hätte, eine Einvernehmung riskieren. «Warum blockst du so ab?» ist eine Frage, die seine Mutter gern mal stellt. Bei verschiedensten Gelegenheiten. Seine Mutter ist Psychotherapeutin, da muss man auf der Hut sein, da ist alles, worüber zu reden man keine Lust hat, ganz schnell ein Akt der Verdrängung. Das sind so Psychoanalytiker-Schlingen, in die man rasch tritt, wenn man nicht aufpasst. Denen weicht man besser weiträumig aus. Aber Tatsache ist, dass die Mutter die Verdrängungsunterstellung, mit der sie sonst schnell zur Hand ist, in Bezug auf Afrika meidet. In Bezug auf Afrika ist sie von stiller, sanfter Beharrlichkeit, ihre psychoanalytischen Folterwerkzeuge jedoch packt sie nicht aus. Als hätte sie Erbarmen mit dem Jungen. Sie spricht nicht oft, aber doch regelmäßig von Afrika, die Totalerschlaffung allerdings, mit der der Knabe das über sich ergehen lässt, wird ihrerseits nicht problematisiert. Die Mutter, die ihn sonst mit ihren Kommunikationsaufforderungen oft in Verlegenheit bringt, indem sie ihn zum Reden über sich ermuntert, erspart ihm hier alle peinlichen Selbsterklärungen.

Aber es gibt Zeichen, die jeden Besucher mit der Nase auf das offenbare Geheimnis stoßen. Auf dem Fenstersims im Wohnzimmer steht ein Krokodil, das der Junge dort lieber nicht sähe. Aus Ebenholz. Wie der Abgesandte jenes fernen, fragwürdigen Landes. Wie ein Wappentier des Äquators. Als wäre es seine Pflicht, jeden daran zu erinnern, dass dieser Haushalt eine besondere Verbindung zu Afrika pflegt. Es kann überhaupt keinen Zweifel geben, dass die Holzskulptur die Rolle eines Botschafters spielt, der darüber wacht, dass niemand die Existenz des Kontinents, der ihn entsandt hat, verdrängt oder vergisst. Der natürliche Lebensraum des Krokodils ist der afrikanische Kontinent; wenn man sich ein Krokodil vorstellt, stellt man es sich vor afrikanischer Kulisse vor; das Krokodil ist ein Wahrzeichen Afrikas. Aber damit nicht genug. Das Krokodil ist auch noch aus Ebenholz: Keine heimische Baumart, sondern ein Holz, aus dem man in Afrika Werkzeug und Schmuck herstellt, und obendrein schwarz, als hätte das Krokodil in einem Akt der Solidarität mit den Menschen seines Lebensraumes deren Hautfarbe angenommen. Statt einer weißen Marmorbüste eine schwarze Holzskulptur. Damit auch noch der letzte Depp mit der Nase darauf gestoßen wird. Da kann man sich ja gleich selbst bei der Polizei anzeigen.

Wenn seine Schulfreunde vorbeikommen und das Krokodil auf dem Fenstersims entdecken, fragen sie, was das sei. Ein Krokodil, sagt er dann mit Pokerface – und ist jedes Mal verwundert, dass das Krokodil gern zum Spielen benutzt wird, ohne weitere Fragen über seine Herkunft nach sich zu ziehen. Sieht nur er diese Verbindungen? Sind die anderen blind? Sind seine Sorgen übertrieben? Wie auch immer, ihm wäre es lieber, das Krokodil stünde nicht auf dem Fenstersims. So wie es ihm lieber wäre, wenn der Bildband mit den afrikanischen Masken ganz normal im Bücherregal einsortiert wäre, Rücken an Rücken mit den anderen Bildbänden, statt mit dem Cover nach vorn, sichtbar für alle. Das ist beinahe so, als würde die Mutter ein Foto seines Vaters an die Wand hängen. Na ja, nicht ganz so schlimm, aber fast.

Diesen theatralischen Auftritt teilt sich der Bildband mit einem Ausstellungskatalog über «Sumer, Assur, Babylon»; auch auf seinem Umschlag ist eine Büste abgebildet, deren Gesicht von auffallend gleichmäßigen Locken gerahmt wird. Immer wieder schaut der Junge grübelnd auf den Katalog, aber sosehr er auch nachdenkt, er findet keine verlässliche Entwarnung für seine Befürchtung, dass möglicherweise auch «Sumer, Assur, Babylon» Afrika verkörpern soll. Liegt das Interesse der Mutter für «Sumer, Assur, Babylon» (was, bitte, ist das?) auf der gleichen Ebene wie ihr Interesse für romanische Kirchen, oder gehört es doch mehr zu jenem Bekenntnisbereich, in dem man seine Verbundenheit mit Afrika durch schwarze Krokodile bezeugt? Solange der Junge Letzteres nicht mit Sicherheit ausschließen kann, gibt er seiner Neugier für «Sumer, Assur, Babylon» besser nicht nach, sondern wendet sich lieber wieder den griechischen Sagen zu. Es könnte sonst von seiner Mutter als Gelegenheit missverstanden werden, ihn in ein Gespräch über Afrika zu verwickeln.

■

Es gibt noch etwas, das es im Blick zu behalten gilt, noch eine Abweichung und Auffälligkeit. Kann denn, denkt er, nichts mal ganz normal sein? Wenn man nach dem Schwimmunterricht in der Grundschule heiß und lange duscht (oft kommt er zu spät in die anschließende Unterrichtsstunde, weil sein Freund Marcus und er nichts lieber tun, als sich von den heißen Dampf-Wasser-

Schwaden aufweichen zu lassen; sie halten ihre Gesichter noch in den Duschstrahl, während in der Umkleidekabine längst die Föhne wimmern), wird es offenbar: Er ist beschnitten. Das ist aus zwei Gründen unangenehm: Man muss es anderen erklären, und weil man es anderen erklären muss, muss einem die eigene Mutter ein zumindest vages Wissen mit auf den Weg geben, damit er vorbereitet ist auf mögliche Reaktionen. Sie macht es knapp und schnörkellos, das schon, aber ein bisschen quälend ist es doch für ihn, dass etwas so Persönliches zum Gegenstand eines Gesprächs wird. Allein das Wort Vorhaut aus dem Mund der Mutter fühlt sich – wie alles, von dem behauptet wird, es sei die allernatürlichste Sache der Welt – gerade nicht natürlich an, im Gegenteil. Das merkt man bereits daran, dass das Gespräch etwas Einseitiges hat, denn es versteht sich von selbst, dass der Junge lieber sterben würde, als seinerseits das Stichwort Vorhaut aufzugreifen. Schön, sagt die Mutter, er sei beschnitten. Die Juden seien auch beschnitten, allerdings aus religiösen Gründen. Er aus medizinisch-hygienischen, sein Vater und sie hätten sich gemeinsam für diese fortschrittliche Praxis entschieden. Es komme so zu weniger Entzündungen, und wenn man die Beschneidung bald nach der Geburt vornehme, sei es auch kein traumatisches Erlebnis.

Beschnitten zu sein, soll das wohl heißen, sei modern. Der Junge hingegen findet elektrische Brotschneidemaschinen, wie seine Oma eine hat, modern, aber für diese Form der Gerätemoderne ist seine Mutter, die den Brotlaib mit dem Brotmesser in schiefe Scheiben schneidet, nicht zu haben.

Wenn die Gründe für seine Beschneidung hygienischer Natur sind, sind seine unbeschnittenen Klassenkameraden dann unhygienisch?

Manche aus seiner Klasse staunen, wenn sie ihn das erste Mal nackt sehen. Außerdem gibt es Informierte, die mit sich überschlagender Stimme ausrufen: «Der ist beschnitten!» Ihr Puls schlägt sichtlich höher. Er versteht nicht genau, warum. Etwas medizinisch Vernünftiges sollte einen doch nicht in Aufregung versetzen. Oder bedeutet es vielleicht doch mehr? Sind vielleicht nicht nur die Juden beschnitten, sondern auch die Afrikaner? Ist er am Ende beschnitten, weil er Afrikaner ist? Kann man ihn daran erkennen? Wenn aber doch nur die Juden beschnitten sind, dann wird er dadurch gewissermaßen zum Juden. Mit der Vorstellung könnte er sich anfreunden. Wenn schon Ausländer, dann lieber Jude als Afrikaner, für die wird jedenfalls nicht so sahelzonenmäßig Brot für die Welt gesammelt, die gelten einfach bloß als Genies.

■

Nichts wünscht der Junge sich mehr, als von gewöhnlichen Eltern abzustammen, aber ein Irrtum ist leider ausgeschlossen: Dass er von seinem Vater abstammt, ist, obwohl diesen fast niemand kennt, durch Hautfarbe erwiesen. Salem heißt das Heidelberger Krankenhaus, in dem er zur Welt kam an einem frühlingshaften 2. März um die Mittagszeit; aus diesem unstrittigen Faktum geht glasklar hervor, dass er ganz und gar Heidelberger ist. Und zwar mit Leib und Seele. Bei Ausflügen zum Heidelberger Schloss wird das Große Fass besichtigt. Es ist das größte Weinfass der Welt, da gibt es keine Fragen. Die Leute sagen: Die Amerikaner haben Heidelberg so schön gefunden, dass sie die Stadt nicht bombardierten. Das spricht für sich. Es ist schön, Heidelberger zu sein. Manchmal singt seine Mutter ein Lied vor sich hin: «Memories of Heidelberg sind memories of you». Heidelberg ist so berühmt, dass es sogar in mehr oder weniger englischen Liedern vorkommt. Das macht ihn stolz. Andererseits hat er auch hier einen Verdacht: In der Melodie steckt, das kann man nicht überhören, sehr viel Gefühl, und der Junge hat auch sonst schon beobachten müssen, dass es in Liedern nicht selten um Liebe geht, unangenehmerweise, eine Welt ohne Lieder über die Liebe wäre ihm lieber, wäre weniger peinlich, aber das sehen die Erwachsenen, die im Lauf ihres Lebens alles Zartgefühl verloren haben, anders. Im besonderen Fall von «Memories of Heidelberg» könnte die Sache aber noch schlimmer liegen: Es ist nicht auszuschließen, dass die Mutter das Lied so beschwingt singt, weil sie dabei an seinen Vater denkt. Was sind das für «memories of you»? Dass die Erinnerungen der Mutter in eine Zeit vor seiner Geburt zurückreichen, hat etwas Undurchdringliches. Das gefällt ihm nicht. Stünde es in seiner Macht, er würde die Vorzeit löschen, die braucht kein Mensch. Auch wenn sie «Ich hab mein Herz in Heidelberg verloren» singt, hat der Junge manchmal den Verdacht, dass es gar nicht um Heidelberg, sondern um seinen Vater geht.

Dem Jungen ist klar, dass man über solche Dinge nicht reden kann. So wie die Welt eingerichtet ist, ist die Liebe über allen Zweifel erhaben. Selbst in der Kirche heißt es: Die Liebe, das Höchste. Aber für sich selber weiß er, dass Liebeslieder für ihn, zumal aus dem Mund der Mutter, etwas Beunruhigendes haben. Er sieht die Liebe kritisch. Sie bedroht die Ordnung dieser ansonsten so gut eingerichteten Welt. Durch die Liebe allein gewinnt der abwesende Vater plötzlich wieder Gestalt, die Liebe lässt ihn weiterleben. Wenn man über die Liebe eisern schwiege, würde der Vater wirklich keine Rolle mehr spielen. Leider kann er der Mutter nicht verbieten, «Memories of Heidelberg» zu singen. Also konzentriert er sich auf die andere Seite des Liedes. Darauf, dass es hier um Heidelberg geht. Heidelberg ist so schön, dass es sogar in einem amerikanischen Lied vorkommt. Warum sollte er irgendetwas anderes sein wollen als Heidelberger?

■

Seine Mutter ist immer für ihn da. Konkurrenz braucht er nicht zu fürchten. Nur ein Mal, in den Sommerferien, an einem Nebenfluss der Elbe, steht für einen Moment, so scheint es, die Sache auf der Kippe. Jede Nacht hat der Junge seine Angel in den Fluss geworfen und sie am Steg befestigt. Wenn er morgens über den Deich und runter auf den Steg rennt und die Angel einholt, zappelt fast immer ein Aal am Haken. Mit Hilfe des Hotelbesitzers, der ihn auch zum Segeln mit auf sein Boot nimmt, tötet er die Aale und stopft sie in eine durchsichtige Tüte, um sie einzufrieren. Das ist nicht ganz leicht, denn der Aal, obwohl tot, reckt und streckt sich immer noch wegen seiner Muskelreflexe, und man muss ziemlich geschickt sein und die Tüte rasch mit einem Knoten verschließen, sonst schnellt der Schwanz des Aals wieder heraus.

Nach drei Wochen wirft der Hotelbesitzer den Räucherofen auf einer Wiese vor dem Hotel an, um die Aale, die der Junge gefischt hat, für die Gäste zu räuchern. Es gibt auch ein großes Lagerfeuer. Alle trinken vergnügt Bier und essen Aal. Am Ende, es ist schon spät, das Lagerfeuer abgebrannt, und nur die Glut glüht noch vor sich hin, sitzt der Junge mit seiner Mutter und dem Hotelbesitzer allein auf einer der Bänke. Er mag den Hotelbesitzer sehr, aber dass der jetzt die Mutter in den Arm nimmt, während sie alle drei in die Glut des Feuers schauen, ist ihm nicht recht. Ein mulmiges Gefühl. Was soll daraus werden? Dann sagt die Mutter plötzlich mit entschiedener Stimme, es sei schon spät, der Junge musse ins Bett, nimmt ihn an die Hand und geht auf ihr Zimmer.

■

Was er nicht versteht: warum manche Jungen an Fasching lieber Indianer als Cowboys sind. Er will immer Cowboy sein. Es weiß doch jeder, dass die Indianer unterlegen sind. Warum tut man sich das freiwillig an – Verlierer zu sein? Er versteht es nicht. Das ist genauso unlogisch, wie wenn er mit seinem Freund Volker im Garten mit Airfix-Soldaten spielt: Volker will immer Vietcong sein. Obwohl er nicht genau weiß, was es mit dem Vietcong auf sich hat, kann er über die Truppenwahl nur den Kopf schütteln. Wenigstens gibt's so keinen Streit darüber, wer Amerikaner sein darf.

Volkers Familie lebt im Erdgeschoss. Sein Vater ist Professor für Physik. Zwischen 16 und 17 Uhr darf man bei Ackermanns nicht klingeln, auf gar keinen Fall, selbst wenn man unbedingt fragen will, ob Volker da ist, dann nämlich macht Herr Ackermann seinen Mittagsschlaf. Wenn er den Mittagsschlaf beendet hat, setzt er sich ans Klavier. Sowie man das Klavier hört, darf auch wieder geklingelt werden.

Herr Ackermann ist gegen Atomkraftwerke, dafür für Vögel. Er hängt zum Beispiel dreieckige Holz-Vogelhäuschen mit einem kleinen runden Loch in den Birken auf, damit die Schwalben darin nisten können. Die Schwalben sind die Könige unter den Vögeln, etwas Besonderes, leider bedroht, Herr Ackermann schützt sie. Bevor der Frühling beginnt, öffnet er die Vogelhäuschen und putzt sie von innen, damit die Schwalben es auch schön haben.

Von Herrn Ackermann lernt der Junge, wie bedroht die Natur ist. Herr Ackermann hat auch auf die Mutter Einfluss, jetzt hat sie sogar ein Abonnement der Zeitschrift «Natur» erworben. Die Bilder darin gefallen dem Jungen: Die Natur ist wirklich schön. Einmal liegen der Zeitschrift verschiedene Aufkleber bei; auf einem sieht man einen Vogel, der einen traurig anschaut, weil sein Schnabel mit einem Faden zusammengebunden ist. Er kann nicht mehr zwitschern. Darunter steht: «Lärm lässt uns verstummen.» Der Junge ist erschüttert. Das kann doch nicht wahr sein! Da muss man doch was dagegen unternehmen! Lässt sich denn keiner erweichen vom Schicksal dieser armen Geschöpfe! Er hat Tränen in den Augen, als er den Aufkleber an die Wohnungstür, direkt unter den Spion, klebt.

Irgendwann ziehen Ackermanns nach Marburg. Die Mutter ehrfurchtsvoll: Herr Ackermann habe einen Ruf bekommen. Bevor der Umzug stattfindet, kommt Herr Ackermann noch einmal in ihre Wohnung, er schaut den Jungen feierlich an: Es geht um die Vogelhäuser. Die sollen in den Birken bleiben, damit die Schwalben auch weiter dort nisten können; aber irgendwer muss sich darum kümmern, muss sie vor der Brutzeit runternehmen und von innen putzen. Bei dieser verantwortungsvollen Aufgabe hat Herr Ackermann an niemand anderen als den Jungen gedacht. Der Junge spürt, dass er sich dadurch geehrt fühlen soll. Herr Ackermann hat bereits ein Papier vorbereitet, das der Junge nur noch zu unterschreiben braucht, dann sind ihm die Vogelhäuschen übertragen. Mit seiner Unterschrift verpflichtet er sich zu ihrer Instandhaltung. Mit ernstem Gesicht unterschreibt er. Er wird die Vogelhäuschen nicht ein einziges Mal putzen, aber auf Jahre hinaus ein schlechtes Gewissen haben.

■

Der Junge hat eine große Stempelsammlung. Wie auf dem Amt hängen die Stempel in einem drehbaren Halter: ein Stempel für das Datum, den man verstellen kann, nicht ewig, aber doch bis in ein Jahr, das jenseits seiner Vorstellungskraft liegt; ein anderer Stempel mit seinem Namen und seiner Adresse. Dann der «Eilt sehr!»-Stempel und der Stempel «Drucksache». In der Regel versieht der Junge jedes Schriftstück mit möglichst allen Stempeln. Der Namens- und der Datumsstempel sind die eher langweiligen. Mehr Macht geht von den beiden anderen aus. Der «Eilt sehr!»-Stempel teilt nicht einfach nur eine Information mit, er ist eine Anweisung, die in die Welt hineinwirkt. Die Wirkung bekommt durch den Stempelcharakter besonderen Nachdruck. Hätte er handschriftlich «Eilt sehr!» auf das Schriftstück geschrieben, hätte sich der Empfänger gefragt, mit welchem Recht der Absender ihn so unter Druck setzt; weil die Aufforderung jedoch in Stempelform ergeht, hat sie einen objektiven Charakter, ist von der windschiefen Krakeligkeit der eigenen Handschrift gelöst und in das Reich offizieller Druckbuchstaben übergegangen. Schon die Existenz des Stempels, der ja nicht auf seinem eigenen Mist gewachsen ist, sondern den er in einem Geschäft für Schreibwaren erworben hat, den es also in der realen Welt ernsthafter Geschäftskorrespondenzen wirklich gibt, ist ein Zeichen dafür, dass der Unterzeichnende von höherer Stelle aus autorisiert ist, seinen Schriftstücken auf diese Art Nachdruck zu verleihen.

Aber noch mehr befriedigt ihn der «Drucksache»-Stempel. Vor Wörtern, die er nicht versteht, hat er immer den größten Respekt. In «Drucksache» verkörpert sich der überlegene Rang unpersönlicher Kommunikation. Handschriftliche Postkarten interessieren ihn nicht, in ihnen ist nichts als die schwache Stimme des Individuums zu vernehmen, Drucksachen dagegen haben die Macht der Abstraktion. Hinter dem Wort «Drucksache» vermutet er ein ganzes Rechtssystem, mit dessen Autorität seine Schriftstücke durch den Stempel aufgeladen werden. Er denkt bei dem Wort nicht an die Druckerpresse, sondern an Amtsverkehr. Eine Drucksache kommt vom Amt und spricht im Namen des Staates – ein Schauer durchrieselt ihn immer bei diesen Worten. In Filmen und Büchern verschaffen sich Staatsorgane Eintritt in Wohnungen, indem sie, heftig gegen die Tür klopfend, rufen: «Aufmachen – im Namen des Staates!» Solche Macht atmen auch seine Schriftstücke, wenn er sie mit «Drucksache» abgestempelt hat.

Wer über so einen Stempel verfügt, der ist eigentlich schon

fast ein Beamter. Beamter zu sein ist ein richtiger Beruf, den man einem Maurerpolier nicht extra mit beißenden Selbstzweifeln erklären muss. Den Beamten umgibt ein geheimnisvoller Abwehrzauber: Man darf ihn nicht beleidigen, komme, was wolle; wenn man einen Beamten beleidigt, handelt es sich um Beamtenbeleidigung, und das steht unter Strafe. Stundenlang kann der Junge darüber nachdenken, wo genau die Beleidigung beginnt. Bei welchen Worten. Einmal hat er von einem Katalog gehört, der die Höhe des Bußgelds festlegt, je nachdem, welches Schimpfwort man gegenüber einem Polizisten gebraucht; die Ordnungsmacht, die so etwas festsetzen kann, muss er bewundern.

Es ist auch ein metaphysischer Vorgang, denn mit bloßem Auge kann man einen Beamten ohne Uniform schlechterdings nicht von einem Nichtbeamten unterscheiden. Der Gedanke treibt ihn um. Die schiere Möglichkeit, dass jemand die Rechte und Privilegien des Beamtenstatus in Anspruch nimmt, obwohl er – in Wahrheit! – gar kein Beamter ist, empfindet er als gefährlichen Riss im Fundament jener Ordnung, die er so bewundert. Diese Sollbruchstelle könnte das gesamte Gebäude zum Einsturz bringen!

Zum Glück gibt es ein Mittel gegen solche Gefahren, es ist wieder ein Wort, das seine Autorität durch seine Rätselhaftigkeit erhält: «Amtsanmaßung». Wer im Namen des Staates spricht, ohne dazu befugt zu sein, betreibt Amtsanmaßung. Auch dafür gibt es einen Strafenkatalog. Amtsanmaßung verhindert, dass jeder Beliebige daherkommt und seine Schriftstücke mit «Drucksache» stempelt.

■

Seine Mutter hat eine Freundin in Amerika, Yvonne. So viele Geschichten werden von ihr erzählt! Wie sie sich kennengelernt haben, als sie beide, lange vor der Geburt des Jungen, in einer Stadt namens Cincinnati für die Kirche gearbeitet haben. Ursprünglich stammte Yvonne, erzählt die Mutter, aus Norfolk, Virginia, einer Hafenstadt, einem der größten Stützpunkte der Navy. Sie habe sieben Geschwister, und die Familie sei, weil schwarz, immer benachteiligt worden. Obwohl sie in den engsten Verhältnissen aufgewachsen seien, sei aus allen etwas geworden. Der eine arbeite als Rechtsanwalt, der andere als Ingenieur, ein Dritter als Soldat, eine Vierte als Lehrerin, sie habe die ganze Großfamilie kennengelernt. Kindheit und Jugend habe Yvonne mit ihren Geschwistern und Vater und Mutter in einem winzigen Häuschen in einem armen Viertel von Norfolk, in dem nur Schwarze lebten, verbracht. Man sei quasi aufeinandergesessen, das habe aber den Familienzusammenhang nur gestärkt. Außerdem verfügten die Delks, so der Familienname, über echten Kämpfergeist. Die schwarzen Amerikaner hätten sich damals in ihren Kirchen, die man mit denen in Deutschland nicht vergleichen könne (da herrsche ein ganz anderer *spirit*), versammelt und hätten sich Mut und Kampfgeist zugesprochen für ihren *struggle*. Seine Mutter sagt immer *struggle*, wenn sie vom Kampf für die Rechte der Schwarzen in Amerika spricht. Als Kind habe Yvonne im Bus hinten sitzen müssen, weil vorn nur Weiße sitzen durften. Es habe Universitäten für Weiße und Universitäten für Schwarze gegeben, selbst die Wasserspender habe es überall in doppelter Ausführung gegeben (erstaunlich: Was wohl ein Wasserspender ist?). Man habe das nicht länger hinnehmen können, man sei für sein Schicksal auf die Straße gegangen, oft unter Gefahr des eigenen Lebens. Im Civil Rights Movement hätten die Schwarzen für ihre Rechte gekämpft, Yvonne vorneweg.

In diesem Zusammenhang ist immer von Martin Luther King die Rede. Mit bewegter Stimme zitiert seine Mutter: «I have a dream.» Sein Traum sei es gewesen, dass alle Menschen, unabhängig von ihrer Hautfarbe, gleich behandelt würden. Außerdem habe er Gewaltlosigkeit gepredigt. Er sei dann ermordet worden, aber sein *spirit* habe weitergewirkt. Auch Yvonne sei eine große Kämpferin, die niemand ins Bockshorn jagen könne, ihren Mut und Glauben habe sie von Martin Luther King.

Wenn der Junge Geschichten über die Diskriminierung der Schwarzen in den USA hört, ist er empört, aber er fragt sich, ob es sich dabei um eine theoretische Empörung handelt oder um eine, die sich aus seiner eigenen Betroffenheit ergibt. Er hat das Gefühl, dass sich das nur sehr schwer unterscheiden lässt, spürt Mitleid und Bewunderung für alle, die da mit Martin Luther King nach Washington marschiert sind, möchte aber nicht, dass das sein Problem ist – und, Himmel, es ist ja nun auch wirklich nicht seine Geschichte, Dossenheim bei Heidelberg ist doch nicht Norfolk, Virginia! Wenn die Mutter von Yvonne, Martin Luther King, dem *struggle* der Schwarzen und Fragen der Hautfarbe spricht, tut sie das nie so, als ginge ihn das persönlich etwas an. Sie zieht keine Vergleiche zwischen Yvonnes Hautfarbe und seiner; aber vielleicht, sagt sich der Junge, springt die Parallele so ins Auge, dass sie gar nicht erst darauf hinweisen muss?

∎

Alle paar Jahre kommt Yvonne zu Besuch. Es klingt so lustig, wenn sie mit ihrem amerikanischen Tonfall «Dossenheim» sagt. Sie sagt es immer wie mit Pauken und Trompeten, als wäre Dossenheim ihr Lieblingsort nach Norfolk, Virginia. Ihr Besuch ist stets ein großes Ereignis, denn sie beherrscht den Raum, füllt die Wohnung mit ihrem Temperament, drückt allem ihren Stempel auf.

Solange sie die Wohnung nicht verlassen, genießt der Junge die Ausstrahlung der Freundin seiner Mutter. Aber dann will die Mutter, dass er Yvonne zur Post begleitet, um Briefe aufzugeben. Er überlegt, wie er sich da herauswinden könnte, aber es fällt ihm keine überzeugende Ausrede ein. Außerdem hat er einen Heidenrespekt vor Yvonne und ihrem Scharfsinn. Hat sie ihn und seine feige Scham vielleicht schon durchschaut? Gegenüber Yvonne ist seine Scham jetzt eine doppelte: Er schämt sich für seine Scham. Mit dem öffentlichen Gang zum Postschalter würde es unabweisbar werden: Neben der tiefschwarzen Haut von Yvonne wird man auch seine eigene Hautfarbe nicht länger ignorieren und so tun können, als wäre gar nichts. Sein Braun war zu hell, um dominant zu sein, in Gesellschaft von Yvonne jedoch würde es allen wie Schuppen von den Augen fallen, sie würden sich an den Kopf fassen und nicht begreifen, wie sie so blind sein konnten gegenüber der offensichtlichen Wahrheit. Sie würden sagen: Ja, wie konnten wir uns nur so lange in ihm täuschen! Das ist die Sippe! Vielleicht würden die Leute sogar denken, dass Yvonne seine wahre Mutter ist und die Mutter nur eine Adoptivmutter? Das Gegenteil ließe sich schwer beweisen.

Hinter dem Postschalter sitzt der Vater einer Klassenkameradin, der bisher immer sehr nett zu ihm war. (Obwohl seine Mutter so anders ist als die Dossenheimer, sind die zu ihm immer sehr nett. Zu seiner Mutter auch, was ihn ein wenig überrascht. Warum wird seine Mutter anerkannt, obwohl sie die allereinfachsten Standards – einen Ehemann, einen Fernseher, ein Auto – alle nicht erfüllt?) Jetzt muss der Junge stark sein, er darf sich seine Bauchschmerzen, seine Nervosität und Panik nicht anmerken lassen, er muss zu Yvonne stehen, egal was passiert, das ist klar. Vielleicht gelingt es ihm ja sogar, so zu tun, als wäre alles normal. Wie so oft. Darin ist er Profi. Vielleicht ist seine Fähigkeit zur Anpassung so groß, dass sie sogar auf sein Umfeld abfärbt, vielleicht gelingt es ihm, Yvonne auf Anhieb ins Dossenheimerische zu verwandeln?

Der Postbeamte spricht kein Englisch (der Junge natürlich auch nicht), aber ist von liebenswürdigster Beflissenheit gegenüber Yvonne. Auch sein Verhalten dem Jungen gegenüber hat sich nicht geändert. Während der Junge das Geschehen noch mit angehaltenem Atem beobachtet (es ist doch total unwahrscheinlich, dass er dieses Himmelfahrtskommando ohne bleibenden Schaden übersteht), ist die Transaktion auch schon abgeschlossen, die Kuverts sind frankiert, die Luftpost-Marken aufgeklebt, der Postbeamte und Vater seiner Klassenkameradin hat mit gutgelauntem Schwung die Briefmarken abgestempelt (dieser tolle, große hölzerne Stempel in der Form eines Hammers!) und einen schönen Tag gewünscht, und der Junge und Yvonne haben das Postamt verlassen. Es ist nichts Schlimmes passiert, erleichtert springt der Junge auf dem Nachhauseweg neben Yvonne her. Er kann sein Glück kaum fassen. Er ist noch einmal davongekommen. Und er macht die berauschende Erfahrung, dass etwas, was einem in der Vorstellung unmenschlich schwer erscheint, ganz leicht sein kann, wenn man es einmal angegangen hat.

Aber auch Yvonne hat ihn beeindruckt. Wie selbstverständlich, charmant und respektgebietend zugleich sie gegenüber dem Postbeamten aufgetreten ist. Sich zu verstecken kam ihr gar nicht in den Sinn. Sie war so stilvoll und selbstbewusst, eine echte Autorität. Dass seine Mutter eine solche über jeden Zweifel erhabene Frau zur besten Freundin hat, nimmt den Jungen sehr für seine Mutter ein; vielleicht hat er sie unterschätzt. Vielleicht gilt sie in der Welt doch mehr, als er ihr zugetraut hat.

■

Was ihn an der Mutter allerdings nervt, ist ihr ewiges «Erzähl mal, erzähl mal!». Immer muss man erzählen, auch wenn es nichts zu erzählen gibt. «Kind, du musst kommunizieren»: ein Standardsatz. Er hasst den Satz. Manchmal tut die Mutter richtig beleidigt, dann murmelt sie mit verzweifelter Stimme, dass es ohne Kommunikation nun mal nicht gehe. Sie wirkt dann ganz einsam. Kommunikation ist ein Erpressungswort, von ihm geht ein moralischer Druck aus, der Junge soll genötigt werden, als wäre Kommunikation ein Glaubensgrundsatz, zu dem man sich zu bekennen habe. Dabei ist die Wahrheit viel banaler: Die Mutter spricht halt lieber mit dem Jungen als der Junge mit der Mutter. Na und? Deswegen muss man nicht so tun, als sei der Sohn kommunikationsgestört.

Vielleicht ist die Wahrheit doch noch schlimmer, und das stärkt seine Bockigkeit erst recht: Er soll dauernd erzählen, weil sie nur zu zweit sind. Wären sie eine normale Familie, würde gar nicht auffallen, wer gerade *kommuniziert* und wer nicht. Jetzt soll er also ausbaden, dass die Mutter keinen Mann hat!

Wenn die Mutter Gäste hat, werden alle zum Erzählen aufgefordert, nicht selten in Form eines Spiels, bei dem in ritualhafter Weise bestimmt wird, wer als Nächstes eine Geschichte zum Besten zu geben hat. Dem Jungen ist schon das bloße Zuschauen peinigend, aber die Gäste scheinen es zu mögen, bei Gott, das ist schräg, aber es lässt sich nicht bestreiten. Keiner verlässt die Wohnung, der nicht das Gefühl hat, seine Seele erleichtert zu haben. «Bei der Frau Mangold führt man immer so interessante Gespräche», heißt es dann.

Der Junge muss das zur Kenntnis nehmen.

■

In Dossenheim stehen Bürgermeisterwahlen an. An allen Laternen hängen Wahlplakate, die entweder den Kandidaten der CDU oder den der SPD zeigen. Entweder ist man für den einen oder für den anderen. Der Junge ist für den Mann von der SPD, obwohl der einen Vollbart trägt, was er eigentlich nicht leiden kann, das wirkt immer so grimmig. Seine Mutter und alle ihre

Freunde werden den SPD-Mann wählen. Kein Wunder, denn man muss schon ein ziemlich finsterer Bursche sein, um CDU zu wählen. Eigentlich kann der Junge sich gar nicht vorstellen, was das für Menschen sein sollen: CDU-Wähler. Die guten Menschen jedenfalls wählen SPD.

Der Kandidat der SPD heißt mit Vornamen Peter. Im Nachbarort Schriesheim regiert ein CDU-Bürgermeister, der mit Vornamen ebenfalls Peter heißt. Die Leute sprechen immer vom roten und vom schwarzen Peter; die beiden allerdings, erzählt ihm die Mutter, würden sich hervorragend verstehen. Das ist doch völlig widersinnig, denkt der Junge, warum sollten die sich verstehen, wenn der eine bei der CDU, der andere bei der SPD ist? Seine Mutter findet, dass genau das für beide, den roten wie den schwarzen Peter, spreche. Der Junge versteht die Lektion, aber sie überzeugt ihn nicht. Man muss sich doch entscheiden, auf welcher Seite man steht?

Dann etwas Merkwürdiges. Die Eltern seines besten Freundes Marcus sind in der SPD. Am Samstag kann man sie auf dem Marktplatz Luftballons mit SPD-Aufdruck verteilen sehen. Marcus war immer kompromisslos für die SPD, doch eines Nachmittags sieht plötzlich alles anders aus. Marcus erzählt ihm, dass der CDU-Kandidat ihr Nachbar sei; er zeigt auf das Haus. Wirklich? Ja. Der Junge muss durchatmen. Der Mann auf den Plakaten wohne also in dem Haus neben ihrem? Genau, und er sei sehr, sehr nett. Er, Marcus, kenne ihn vom Sehen, und seit er begriffen habe, dass es sich bei ihm um den CDU-Kandidaten handle, drücke er die Daumen, dass er die Wahl gewinnt. Seinen Eltern habe er nichts gesagt. Natürlich nicht.

Das ändert alles. Eine ganz neue Wahrheit tut sich auf. Der Kandidat der CDU ist also gar nicht böse, sondern im Gegenteil sehr nett? Angesichts dieser neuen Faktenlage schließt sich der Junge rückhaltlos der Partei seines Freundes an. Auf dem Weg zur Grundschule bleibt er nun bei jedem Laternenpfahl, an dem ein Plakat von Marcus' Nachbarn hängt, stehen und schaut dem CDU-Kandidaten inbrünstig, fast ein bisschen verliebt, in die Augen, während er ihm bedingungslose Gefolgschaft schwört. Das Hitler-Bärtchen, das dem Mann auf vielen Plakaten ins Gesicht gemalt worden ist, fand bisher seine Billigung, jetzt empört es ihn.

Der Wahlsonntag rückt näher. Niemandem haben Marcus und der Junge von ihrem Seitenwechsel erzählt. Wie Spione sind sie ganz im Geheimen ins gegnerische Lager übergelaufen. Manchmal wundern sie sich selber über ihre Kühnheit. Das Gefühl der Isoliertheit ist schon ein bisschen bedrückend. War es möglicherweise doch ein Fehler?

Am Wahlabend stehen sie auf dem Rathausplatz. Dann das Wahlergebnis: Der rote Peter hat mit deutlicher Mehrheit die Wahl für sich entschieden. Die Erwachsenen jubeln und stoßen an, der Jubel ist mitreißend, keiner redet mehr von dem CDU-Kandidaten, auch der Junge hat ihn fast schon vergessen. Es ist so schön, zur Gemeinschaft der Sieger zu gehören. Verstohlen schaut er zu Marcus rüber. Der hüpft von einem Bein aufs andere und klatscht in die Hände, sein Vater streichelt ihm über den Kopf. Die Wochen ihrer geheimen Abtrünnigkeit sind wie weggewischt. Auch der Junge klatscht jetzt und ist wirklich erleichtert, dass die Guten gewonnen haben. Er kann sich gar nicht mehr erklären, wie er überhaupt einmal nicht für die Guten gewesen sein konnte.

■

Am meisten Angst – aber natürlich nur, wenn er daran denkt, und sehr häufig denkt er nicht daran – hat er vor einem Atomkrieg. Die Explosion einer Atombombe ist so gewaltig, dass man sich ihre Wirkung eigentlich gar nicht vorstellen kann. Er versteht auch nicht, warum der amerikanische Pilot, der die Atombombe über Hiroshima abgeworfen hat, nicht selber von der Explosion in der Luft zerfetzt worden ist. Flog er so hoch? Oder hatte sie einen Zeitzünder? Das wäre natürlich raffiniert. Vermutlich war es so: Die hatte einen Zeitzünder.

■

Einmal liegt zu Hause das Magazin «Stern» herum. Auf dem Umschlag wird ein Artikel über das Erstarken der rechten Szene angekündigt. Eigentlich liest der Junge noch keine Zeitungen und Magazine, aber er weiß, dass er sich vor dieser Wahrheit nicht drücken darf. Als die Mutter die Wohnung verlässt, schlägt er den Artikel auf. Er liest, es ist wie eine Pflicht. Draußen: ein schöner Sommertag. Aber seine Gedanken verdunkeln sich. Er weiß, dass dieser Artikel auch von ihm handelt. Es ist die Beschreibung einer Bedrohung, die es auf ihn abgesehen hat. Die Neonazis, um die der Artikel sich dreht, hassen Ausländer. Und während er liest, überlegt er, ob sich irgendeine Möglichkeit finden lässt, den Hass der Neonazis gegen Ausländer so zu verstehen, dass er selbst nicht mitgemeint ist. Doch obwohl in dem Artikel vor allem von Türken die Rede ist, muss er einsehen, dass es keine rettende Lesart gibt, die ihn aus der Schusslinie nimmt. In den Augen der Neonazis ist er ein Ausländer. Er muss auf der Hut sein.

Die nächsten Tage treibt ihn eine schwere Sorge um. Bisher hatte er sich nur vor Christian Klar gefürchtet, dem Top-Terroristen, der ganz in der Nähe in Bruchsal im Gefängnis sitzt. Die Vorstellung, Christian Klar könne ausbrechen, sich im Wald verstecken und dem Jungen bei seinen Försterspielen auflauern, hatte ihn zuletzt öfter heimgesucht, wenn er durch den geheimnisvollen Odenwald pirschte. Aber die neue Angst hat einen anderen Grad von Wirklichkeit, das ist ihm klar. Es ist eine erwachsene Angst. Abstrakter und realer zugleich. Etwas ist anders geworden, der Artikel in seinem warnenden Tonfall lässt daran keinen Zweifel. Die rechte Szene erstarkt, das heißt: Bisher war alles in Ordnung, jetzt ist alles schlimm. Er muss sich auf härtere Zeiten einstellen.

Die Ortsnamen, die in dem Artikel erwähnt werden, liegen fern von Heidelberg. Das immerhin ist beruhigend, daran kann man sich klammern. Der Mutter erzählt er nichts von seiner Sorge. Er fragt sich, ob die Nachbarn, wenn sie so einen Artikel lesen, an ihn denken und ihn womöglich darauf ansprechen werden. Auch das wäre unangenehm.

Aber nichts passiert. Weder sprechen die Leute ihn auf den Artikel an, noch kreuzen Neonazis seinen Weg; seine Welt und die Welt der schlechten Nachrichten überschneiden sich nicht. Als die Ausgabe des Magazins in der Altpapierluke unter dem Ofenrohr verschwindet, ist er erleichtert.

■

Manchmal ist der Junge wirklich verwundert, wen er zur Mutter hat. Als wäre er, ausgesetzt wie Moses im Schilf, ausgerechnet von einer Frau gefunden worden, die ganz anders ist als er selbst; passen sie überhaupt zusammen? Obwohl sie so verschieden sind, fühlt er sich deswegen von ihr nicht weniger geliebt. Aber was heißt das schon? Geliebt zu werden ist etwas Selbstverständliches. Mütter lieben ihre Kinder. Das würde er ihr natürlich nie sagen, er mag sie ja und möchte nicht, dass sie traurig ist, doch die Liebe der Mutter, so sieht er es, ist eine Selbstverständlichkeit, nichts, wofür man sich bedanken müsste. Schon eher umgekehrt: Als Objekt dieser Liebe zur Verfügung zu stehen ist mitunter das eigentliche Verdienst. Deswegen gibt es auch keinen Grund zu allzu großer Freigebigkeit: Umarmen lässt er sich nur, wenn es wirklich nicht anders geht.

Die Liebe der Mutter ist ohnehin wie eine Naturgewalt, auf die man sich verlassen kann wie auf Ebbe und Flut, wie auf die Wiederkehr der Jahreszeiten, wie auf das Mittagessen, das warm auf dem Herd steht, wenn er von der Schule heimkommt, wie auf das Abendessen, das Max erwartet, als er von den wilden Kerlen zurückkehrt, wie auf das Läuten der kleinen bronzenen Glocke, mit der die Mutter bimmelt, wenn sie den Vorhang vorm Weihnachtszimmer zur Seite schiebt, um den Blick auf die Krippe und den Geschenkeberg unterm Christbaum frei-zugeben (da steht es, das deutsche Krokodil, Baureihe 194, grün lackiert, eine Lokomotive mit so starken Motoren, dass sie lange Güterzüge selbst die Geislinger Steige hochziehen kann; okay, das Schweizer Krokodil ist noch länger und stärker, aber auch noch einmal teurer, deshalb hat er nur das deutsche Krokodil auf den Wunschzettel geschrieben), wie auf die Badewanne, in die die Mutter schon das heiße Wasser eingelassen hat, wenn der Junge mit erfrorenen Zehen vom Schlittenfahren kommt – aber das Wasser ist für die unterkühlten Füße zu heiß, weshalb er das Kunststück hinkriegen muss, zuerst mit dem Oberkörper im Wasser zu versinken, die Füße dabei aber noch über dem Wasserspiegel zu halten, bis sie langsam aufgetaut sind. Das alles ist über jeden Zweifel erhaben, und doch kommt ihm ihr Mut-ter-Sohn-Haushalt manchmal fragwürdig vor. Brüchig, gefähr-det, er spürt die Sorge der Mutter, ob sie das alles hinbekommt oder ob das Konto doch wieder gesperrt ist. Womöglich ist es gar nicht ihr Eigensinn, der dem Jungen so falsch vorkommt, sondern einfach ihr mangelndes Geschick, das Leben auf eine sichere Grundlage zu stellen? Womöglich verdeckt ihr ganzes Kommunikationsevangelium nur mehr schlecht als recht die prosaische Armut, bei der es so oft vorn und hinten nicht reicht?

Seinen Vorbehalt legt er erst nach den Pubertätsjahren ab, als er begreift, dass die Mutter zum Star seiner Schulfreunde geworden ist. Wie erstaunt ist er, als ihm eine Freundin erzählt, wie gut man sich mit seiner Mutter unterhalten könne. Sie nehme einen so ernst. Sei keine Spießerin mit festgefahrenen Urteilen, vielmehr eine Zuhörerin, die die Jugend in ihren Nöten verstehe. Nun ja, er selber hätte das nicht so gesagt ... Er beschließt, sich nicht mehr für die Mutter zu schämen. Die Sorge, Anstoß zu erregen oder zumindest verwunderte Blicke auf sich zu ziehen, gehört der Vergangenheit an. Mochte man einst in der Sparkasse auch genervte Blicke auf das überzogene Konto der Mutter geworfen haben, das heikle, gefährdete Mutter-Sohn-Gespann gehört nun moralisch zu den Besserverdienern. Mag er auch selber noch oft von ihr genervt sein (und es genießen, die Zuneigung der Väter seiner Freunde zu erobern), sie ist jetzt nicht mehr seine Schwäche, sein wunder Punkt, sondern Quell einer besonderen gesellschaftlichen Bewunderung.

VON SCHLESIEN AUS

Meine Mutter wurde 1939 in Schlesien geboren, in einem Ort namens Pilgramsdorf in der Nähe von Breslau. Aus dieser Zeit hat nicht viel überlebt. Auf einem Foto ist ein zweistöckiges Haus zu sehen, von einem schmalen Garten umgeben. Vielleicht sind es Stockrosen, die sich entlang der Rabatten an der Hauswand emporranken. Das Haus macht einen schlichten, aber soliden und gepflegten Eindruck. «Reinlich» dürfte man das früher genannt haben. An der Längsseite ein ausladender Schriftzug: «Brot-, Weiß- u. Feinbäckerei, Mehl-, Futter- u. Getreide-Geschäft, Inh. Paul Witteck». Es klingt, als träfen sich hier Tier und Mensch am selben Trog.

Paul Witteck: mein Urgroßvater, der Vater meiner Großmutter. Tatsächlich steht die ganze Familie, mit der stolzen Haltung einer Antwerpener Handwerkergilde auf einem flämischen Genrebild, versammelt vor dem Zaun, der das Haus zur Straße hin abgrenzt: Paul Witteck, seine Frau Anna und ihre Kinder Helene (meine Oma) und Erhard (den ich nur aus Erzählungen meiner Mutter und ihrer Schwestern kenne, da hieß er immer «Onkel Erhard»). Dazu der Hund, ein Spitz. Wenn ich das Alter meiner 1906 geborenen Oma richtig einschätze, muss die Aufnahme um 1924 gemacht worden sein.

Von Opa Pauls Backstube hat Mama gern erzählt. Die Wärme des Backofens, die eindrucksvollen Maschinen, der Duft frisch gebackenen Brots, der Zwieback mit dem Zuckerguss: die Geschäftigkeit eines ehrbaren Handwerks. Auch wenn sie zwischen Opa Pauls Beinen herumwuselte, war sie ihm nie im Weg.

Bei den Wittecks wurde viel gesungen, und zwar, darauf legte man Wert, sehr gut. In der Polyphonie die eigene Stimme halten zu können gehörte zu den Selbstverständlichkeiten. Meine Oma, ein glockenheller Sopran, lernte Klavier, Erhard Geige. Die Musikalität verband die Wittecks mit den Mangolds, die ursprünglich Berliner waren; mein Urgroßvater Alexander Mangold wurde in einen gutgehenden Schneidereibetrieb hineingeboren. Als er gegen den Willen der Eltern unter seinen Verhältnissen heiratete, kam es zum Zerwürfnis. Enterbt zog er mit seiner Frau nach Schlesien, wo mein Großvater Willi 1904 zur Welt kam.

1929, mit 23 Jahren, heiratete meine Großmutter Willi Mangold. Der war ein sogenannter Zwölfender, hatte also zwölf Jahre in der Reichswehr gedient und sich damit den Anspruch auf eine Stelle im gehobenen Dienst erworben. Er schloss seine Dienstzeit im Rang eines Stabsfeldwebels ab und begann ein ziviles Leben bei der Reichsbahn. Auf dem Hochzeitsfoto trägt Oma ein weißes Brautkleid und hat einen fröhlichen, gewitzten Gesichtsausdruck; ein bisschen steifer, aber keineswegs verdruckst steht der Ehemann neben ihr in der Uniform der Reichswehr (dass er sehr einfühlsam die Zither gespielt haben soll, darauf käme man als Nachgeborener nicht unbedingt). Schon ein Jahr später kommen Zwillinge: Willy, der den Namen seines Vaters trägt, nur dass aus dem i ein y geworden ist, und Gerda. 1935 folgt Inge, 1939 meine Mutter Ulla und schließlich, als Nesthäkchen, 1943 Heidi.

Der familiäre Mittelpunkt bleibt Pilgramsdorf mit der Witteck'schen Bäckerei, aber die junge Familie zieht häufig um, weil es mit Opas Beamtenlaufbahn gut vorangeht. Die Reichsbahn versetzt ihn mehrmals an neue Dienstorte in Schlesien. Zuletzt, im Jahr 1944, erreicht er den Rang eines Amtmanns, aber die Papiere, die seine Beförderung dokumentieren, sollten in Flucht und Vertreibung verlorengehen.

Noch im Spätsommer desselben Jahres – und davon war in meiner Familie oft die Rede, das war gewissermaßen der Punkt, an dem sich die Dinge zum Schlechten wendeten – meldet sich mein Großvater auf einmal an die Front. Freiwillig. Zur Bestürzung seiner Frau. Dafür gab es schließlich überhaupt keinen Grund, er arbeitete ja mittlerweile in der Reichsbahndirektion Breslau und war u. k. gestellt, unabkömmlich. Worin auch immer seine Arbeit bestanden hat, man brauchte ihn aus kriegswichtigen Gründen dort, wo er war, warum also zog er in den Krieg? Aus Kriegsbegeisterung, aus Patriotismus? Er war NSDAP-Mitglied, er hatte den richtigen Jahrgang, um von den neuen Möglichkeiten zu profitieren und aufzusteigen, aber lässt man deswegen Frau und Kinder zurück, um sich in einen Krieg zu stürzen, der längst verloren ist? Dazu hätte es eines geradezu märtyrerhaften Fanatismus bedurft – und als glühender Nationalsozialist wurde er nie gezeichnet.

Die Zeit zwischen 1944 und 1949 war in der Familie ein regelmäßiges Gesprächsthema. Als Kind standen mir das Kriegsende und meine Oma mit ihren Kindern deutlicher vor Augen als alle anderen Ereignisse im Leben meiner Mutter vor meiner Geburt. Wir waren eine Flüchtlingsfamilie. Dass man «alles verloren» hatte, war etwas, das Oma von den Enkeln verstanden wissen wollte. Wenn man nicht «alles verloren» hätte, sähe das Leben anders aus. Dass man anderen zur Last fallen könne, war für sie von jeher Beschämung und Alptraum gewesen; und genau das war passiert.

Zur freiwilligen Kriegsmeldung meines Großvaters gab es in der Familie eine Spekulation. Sooft das Gespräch diese Richtung einschlug, übernahm Oma die zweite Stimme, die die Überlegungen meiner Mutter durch Details oder chronologische Fakten ergänzte, die Deutungsmacht aber nicht an sich riss. So könnte es gewesen sein, drückte ihre Miene aus, aber letztlich bleibt es ein Rätsel. Man weiß so vieles nicht, selbst vom eigenen Ehemann.

Auch meine Mutter sprach von dieser Sache nur unter etlichen Vorbehalten. Denkbar sei immerhin, sagte sie, dass Opa durch seine Arbeit bei der Reichsbahn direkt mit der Deportation der Juden befasst gewesen sei, viel normalen Passagierverkehr dürfte es zu diesem Zeitpunkt ja nicht mehr gegeben haben, und Breslau sei ein wichtiger Verkehrsknotenpunkt gewesen. So könnte Opa Zeuge, vielleicht sogar Mittäter der Judenvernichtung geworden sein, und möglicherweise habe er es eben nicht ertragen, Teil des Vernichtungsapparats zu sein. Dann lieber an der Front sterben; war das nicht auch ein Weg, sich dem Unerträglichen zu entziehen?

Als Kind hatte ich gegen diese Geschichte erhebliches Misstrauen. Gar nicht einmal wegen der Reinwaschung meines Großvaters (der einfühlsame Zitherspieler), mir schien es nur höchst unwahrscheinlich, dass das Schicksal unserer unbedeutenden Familie so unmittelbar mit dem Gang der Weltgeschichte verknüpft sein sollte. Irgendwie kam mir das wichtigtuerisch vor. Er war doch bloß Bahnangestellter! Erst jetzt, da ich wieder darüber nachdenke, kommt mir etwas ganz anderes in den Sinn: Vielleicht war es wirklich so, vielleicht wusste Oma, dass es genau so war, entschied sich aber für den Tonfall der Spekulation, weil auf diese Weise der ja nicht minder skandalöse Kern des Großvaterlebens, ein Rädchen in der Maschine der Deportationen gewesen zu sein, gedämpft und erträglicher gemacht wurde. Auch dies nur Spekulation, die zudem die Unschuldsvermutung schwer verletzt. Das Faktum jedenfalls ist, dass mein Großvater wieder Soldat wurde. Und an die Ostfront kam. Den letzten Feldpostbrief von ihm erhielt Oma Dezember 1944. Danach kein Lebenszeichen mehr, allerdings auch keinen Totenschein. Von nun an stand sie allein da mit ihren fünf Kindern. Was von ihm blieb, war der schlesische Ausdruck für Vater, Vatl. Sonst hat sich wenig Schlesisches in der Diaspora erhalten – nur dieses eine Wort.

«Der Vatl hat so schön Zither gespielt!»

Bevor Breslau zur Festung wurde, zog Oma mit den Kindern nach Pilgramsdorf zu ihren Eltern. Platz war dort genug. Aber man war nicht mehr unter sich. Im Januar 1945 waren die ersten Flüchtlinge aus Ostpreußen gekommen und mussten einquartiert werden. Eines der Flüchtlingskinder war an Diphtherie erkrankt und steckte Heidi an. Ende Januar, drei Monate vor ihrem zweiten Geburtstag, starb Heidi.

Währenddessen näherte sich die russische Front. Die Luftangriffe galten Breslau, aber auch Pilgramsdorf wurde bombardiert, nächtelang waren die Quallaute des getroffenen Viehs zu hören. Zwei Wochen nach Heidis Tod entschied sich die Familie zur Flucht. Mein Urgroßvater und Vatls Schwester Käthe, die einen Bauern geheiratet hatte, spannten Ochsen vor einen Planwagen und machten sich auf den Weg. Ochsen, keine Pferde – die Weisheit dieser Entscheidung wurde immer gerühmt: Ochsen seien belastbarer. Als Kind stellte ich mir vor, wie ich neben dem Treck hergesprungen wäre (Ochsen trotten ja recht langsam), mit einem Stock die Brennnesseln am Wegesrand niedergedroschen und von Zeit zu Zeit das glänzende Fell der Tiere gestreichelt hätte.

Am 20. Januar hatte Gauleiter Karl Hanke die nicht wehrfähige Bevölkerung Breslaus zur Evakuierung der Stadt aufgefordert, die Mangolds müssen, vom nahe gelegenen Pilgramsdorf gen Westen ziehend, in einen gewaltigen Flüchtlingsstrom geraten sein, der sich durch die Schneelandschaft zog. Zum Glück kam Käthe von einem Bauernhof, man hatte geschlachtet, und so erhielt die Großfamilie im Tausch gegen Gepökeltes immer wieder Quartier in der ein oder anderen Scheune längs des Weges.

Man kam bis in den Sudetengau. Die Hoffnung, dort auf die Amerikaner zu stoßen, erfüllte sich nicht, stattdessen: der Russe! Das Gelobte Land wäre Bayern gewesen, aber in diesem Moment entschied der Familienrat: «Wir gehen zurück, da haben wir unsere Häuser.»

In Pilgramsdorf hatte sich die Lage im April 1945 völlig verändert. Die Sowjetarmee hatte Schlesien erobert – nur die eingeschlossene Festung Breslau hielt noch in einem götterdämmerungsgleichen Selbstzerstörungswahn bis zum 6. Mai durch. Die ersten Polen, selbst Opfer einer gigantischen Umsiedlung, hatten die Westgebiete erreicht und nahmen in Besitz, was sie vorfanden. Aus der Bäckerei hatte man die Maschinen herausgerissen; Käthes Bauernhof war von feiernden Russen abgefackelt worden. Eine Verwaltung, die die Dinge ordnete, war noch nicht wieder eingerichtet. «Wir waren Freiwild in einem Niemandsland», sagen meine Tanten noch heute mit schreckensoffenen, zugleich resignierten Augen, als hätten sie schon lange die Hoffnung aufgegeben, irgendjemand könne das Ungeheuerliche dieser Erfahrung verstehen. Einen Alltag gab es nicht, Schule fand nicht statt. Die Vertreibungen begannen. Aber während immer mehr Deutsche aus ihren Häusern gejagt wurden, durften die Mangolds und Wittecks vorerst bleiben, denn noch war kein polnischer Bäcker da, der Opa Paul hätte ersetzen können. So gehörte man zu den letzten Deutschen.

Im April 1946 steht dann plötzlich die polnische Miliz vor der Tür und führt Großmutter ab. Ein Freitagabend. Eine Erklärung wird nicht gegeben. Einen Tag und zwei Nächte verbringt sie in einem Kellerverlies; das Wasser steht ihr bis über die Knie; sie wird misshandelt. Am Sonntag in der Frühe lässt man sie ziehen. Es ist der Tag von Willys und Gerdas Konfirmation; dieser Umstand soll die polnischen Milizionäre, gute Katholiken, erbarmt haben. Aber sie sieht furchtbar aus. Die Oberschenkel voller Hämatome. Es ist klar, dass sie jetzt in der Heimat keine Zukunft mehr sehen. Aber es fällt so schwer, alles hinter sich zu lassen! Die Verwandten haben sich schon auf den Weg gemacht. Im August folgt Oma mit den Kindern. Diesmal per Zug; es geht Richtung Nordwesten. Als der Zug anhält, sind sie in Brandenburg.

Schon früh hatte meine Mutter mir ein Gedicht vorgelesen, das mein Herz erwärmte: «Herr von Ribbeck auf Ribbeck im Havelland». Ich mochte alles daran: das warme Licht des Herbstabends; die Güte des alten Mannes; seinen Dialekt, wenn er «Junge, wiste 'ne Beer?» sagt. Ich mochte Birnen, und ein Birnbaum schien mir ein viel schönerer Grabschmuck zu sein als Blumen. Ich mochte den Namen Havelland, das Träumerische daran. Und mir gefiel der Scharfsinn, mit dem der Alte den schlechten Charakter seines Sohnes vorausgesehen und ausgebootet hatte. Er, der den Dorfkindern, die am Schloss vorbeikamen, immer eine Birne in die Hand gedrückt hatte, ahnte, dass sein geiziger Sohn diese menschenfreundliche Tradition nicht fortführen würde. Also verfügte er testamentarisch, dass man ihm eine Birne mit ins Grab legen möge. Schon wenige Jahre nach seinem Tod wuchs ein schöner Birnbaum aus dem Erdreich, und wenn ein Junge oder eine «Dirn» vorbeikamen, rauschte es in den Blättern: «Ick gew di 'ne Birn.»

Das Einzige, was ich am Ribbeck auf Ribbeck nicht verstand, war die Namensverdopplung, aber seltsame Namen gab es in Märchen und Geschichten schließlich auch sonst. Überzeugt, dass es dem Sohn jedes Mal die Schamesröte ins Gesicht treiben musste, wenn er zum Grab seines Vaters ging, war ich von dem

73

Gedanken erfüllt, dass hier Gerechtigkeit für Kinder hergestellt und Geiz demonstrativ bestraft wurde; je weiter die Birnen zu sehen waren, desto weniger konnte der junge Ribbeck die Augen vor der eigenen Schimpflichkeit verschließen.

Vor allem jedoch liebte ich die Birnen. Sie leuchteten – und sie schmeckten so saftig und süß, dass ich bei jeder irdischen Birne, die ich aß, mein Unglück beklagte, wieder nur eine mittelmäßig-halbreife Frucht erwischt zu haben. Die Ribbeck-Birne war der Goldstandard.

Man kann sich daher vorstellen, dass es mir als Kind völlig absurd erschien, wenn meine Mutter erzählte, unsere unbedeutende Familie sei damals in Bagow am Beetzsee untergekommen, in Brandenburg, und zwar in einem Schloss, das über Jahrhunderte denen von Ribbeck gehört habe. Ja, sagte Mama, den Ribbecks, deren Vorfahre der Alte aus dem Fontane-Gedicht war. Es habe sich allerdings nicht um das Stammhaus mit dem berühmten Birnbaum gehandelt, sondern um ein Zweitschloss der Familie. Mama muss es geliebt haben. Es war, als habe sie dort nach dem Chaos der Flucht zum ersten Mal wieder einen Ort kindlicher Ausgelassenheit gefunden.

Für Oma war es eine schwere Zeit, «Hungerjahre», etwas ganz anderes für sie, meine Mutter: Die Verliese im Keller des Schlosses! Die dunklen Gänge! Nachts hätte sie schwören können, dort Ketten rasseln zu hören. Während die neun Jahre ältere Gerda schon auf den Feldern bei der Ernte helfen musste, damit die Familie etwas zu beißen hatte, sei sie im Schlosspark herumgetobt, der sich bis zur Havel erstreckte. In der Havel habe sie Schwimmen gelernt, vom Park habe man direkt in den Fluss springen können.

Ich glaubte ihr kein Wort, behielt als rücksichtsvoller Sohn meine Zweifel aber für mich. Es gab berühmte Gedichte, und es gab unsere unbedeutende Familie; dass sich beide an einem zufälligen Punkt der kosmischen Raumzeit überschneiden sollten, schien mir demselben Wunsch nach Bedeutungssteigerung zu entspringen wie die angebliche Beteiligung meines Großvaters an der Judendeportation. Im Grunde brauchte man sich darüber nicht weiter zu wundern: Sie hatten ja alles verloren damals, da bildet man sich schon mal, um die verletzte Seele zu trösten, dies und das ein und versetzt sich in ein Märchenschloss. Wenn es einen Phantomschmerz gibt, gibt es auch ein Phantomglück.

Fast zwei Jahre lebte die Familie im Schloss am Beetzsee. Natürlich nicht allein, das Haus quoll über von Flüchtlingen, die es wie sie aus den Ostgebieten des Reichs nach Brandenburg verschlagen hatte. Die Ribbecks selbst waren längst enteignet (tatsächlich schon während des Dritten Reichs, die Gestapo hatte Rittmeister Hans von Ribbeck 1944 ins KZ Sachsenhausen verschleppt, wo er gestorben war). Oma bezog ein enges Zimmer im ersten Stock, darin wohnte man, schlief, kochte und aß. Im Erdgeschoss gab es eine Art Aula, nun als Schule genutzt. Mit acht Jahren erhielt Mama hier ihren ersten Unterricht, sie musste noch lesen und schreiben lernen. Manchmal steckte ihr eine Klassenkameradin, deren Eltern einen Lebensmittelladen besaßen, ein Vesperbrot zu – einfach in Mamas Tasche hinein, ohne ein Wort zu sagen. Einmal hat Inge einen Blinddarmvorfall; die Einzigen, die im Ort ein Auto besitzen, sind die Eltern des Schlagersängers Rudi Schuricke; sie bringen sie gerade noch rechtzeitig ins Krankenhaus nach Brandenburg. Wenn Tante Inge später die «Capri-Fischer» hört, muss sie jedes Mal an die hilfsbereiten Eltern des Sängers denken.

Als Flüchtling aus dem Osten besaß man nichts außer dem, was man am Leib trug. Hatte der Familienvater den Krieg überlebt, war es schon einfacher, meine Großmutter aber stand allein mit den Kindern da. Eine Witwenrente wurde ihr in der Sowjetischen Besatzungszone nicht gezahlt. Gegen Naturalien half sie den Bauern bei der Ernte. Irgendwann sagte ihr der Schreiner aus der Nachbarschaft, der es gut mit ihr meinte: «Gehen Sie rüber in den Westen, wo ihre Verwandten sind. Hier sind Sie ganz auf sich gestellt, das schaffen Sie nicht.» Tatsächlich war Schwägerin Käthe mit ihrer Familie – ebenso wie Omas Vater Paul – bereits in Westfalen, in der Nähe des Städtchens Steinheim.

Ende 1948 macht man sich dorthin auf den Weg. Mittlerweile ist Weiterziehen Routine; die zwei Jahre waren zu kurz, um Wurzeln zu schlagen. Fluchthelfer bringen sie des Nachts zur Zonengrenze. In einem Wäldchen hinter einem Hügel wartet man die Dämmerung ab. Als das erste Morgengrauen den Himmel erhellt, marschiert der kleine Trupp über die grüne Grenze nach Westen. Keiner sieht sie, alles geht gut.

In Steinheim macht meine Mutter ihren Realschulabschluss. Oma erhält mittlerweile eine Witwenrente, wenn auch nicht in Höhe der letzten Besoldungsstufe ihres Mannes, weil die Papiere über seine Beförderung zum Amtmann in den Kriegswirren verlorengegangen sind. Der Traum vom gehobenen Dienst, obwohl bereits Wirklichkeit geworden, löst sich auf wie Nebel.

Es waren bedrückende Jahre, kaum ein Wort der Zufriedenheit ist aus jener Zeit überliefert. Omas Hoffnung bis zuletzt: Eines Tages würde ihr Mann die Straße daherkommen als einer der letzten Heimkehrer aus der Kriegsgefangenschaft. Oft stand sie am Fenster der Wohnung, betrachtete die Straße, taxierte die Passanten, aber der, auf den sie wartete, war nicht darunter. Stattdessen verlor sie auch noch ihren Sohn Willy, der mit dem Leben nicht zurechtkam, sich in der Zeit des Wirtschaftswunders heillos verschuldete und dann nur noch einen Ausweg für seine Malaise sah: Er machte rüber – entgegengesetzt zur üblichen Strömungsrichtung. Eine politische Überzeugungstat vermochte darin beim besten Willen niemand zu erkennen. Willy hatte einfach bloß in großem Stil die Zeche geprellt. Er muss recht viele Kinder in die Welt gesetzt haben, aber es gab keinen Kontakt. Einmal hörten wir über Ecken, dass er im Gefängnis saß, doch selbst das hatte einen so haltlosen Charakter, dass es für eine heroische Überformung zu traumtänzerischer Dissidenz nicht taugte. Oma hat von ihm, dies war der Schmerz ihres Lebens, nie wieder gehört. Ein Jahr vor ihrem eigenen Tod im Jahr 1993 erreichte sie aus den dann neuen Bundesländern die Nachricht, dass er gestorben war.

Meine Mutter machte in den frühen sechziger Jahren eine Ausbildung zur Gemeindehelferin im Burckhardthaus in Gelnhausen, einer Einrichtung der evangelischen Kirche. Das Burckhardthaus war damals, unter dem seinerzeit berühmten Theologen Jörg Zink, ein Ort, an dem man um ein fortschrittliches, politisch bewusstes Christentum rang, das gleichwohl nicht geistlich ausgetrocknet war. Das Wort «Ringen» scheint mir für das Milieu kennzeichnend: Keinesfalls wollte man es sich leichtmachen. Leichtgemacht hatten es sich die Mitläufer im Dritten Reich, jetzt sollte ein neues Deutschland heranwachsen, eben eines, das rang. Im Mittelpunkt stand die «Bibelarbeit», und ich erinnere mich, dass meine Mutter in Erinnerungen an das Burckhardthaus das Wort «Bibelarbeit» immer mit einem gewissen knarzenden preußischen Schneid in Stellung brachte, wohl um sich von der Gitarren-Religiosität abzusetzen, die später im Schwange war. Manchmal ergänzte sie das Wort durch das Adjektiv «streng». «Strenge Bibelarbeit», das brachte zum Ausdruck, dass das Philologische in ihrem Wertesystem weit über dem bloß engagiert Schwärmerischen stand. Der

Sohn sollte nur nicht glauben, dass es damals um zielloses Rum-gelabere gegangen sei; müheloser Moralität misstraute meine Mutter zeit ihres Lebens.

Die Worte, die Grillparzer in seinem Schauspiel «Bruder-zwist in Habsburg» dem Wortführer der böhmischen Stände in den Mund legt: «Wir baun auf festen Boden, auf die Schrift», könnten auch für meine Mutter gelten. Auch sie baute auf die Schrift. Keineswegs allein auf die Bibel, auf Bücher überhaupt, auf Briefe, die sie in großer Zahl schrieb und empfing, auf eine Überlieferung, an die sich anknüpfen ließ. Schrift war Tradition, die das eigene Leben hin zu allem, was war, öffnete, mithin das Innere größer und weiter machte. Das Burckhardthaus mit sei-ner «strengen Bibelarbeit» war, könnte ich mir vorstellen, für sie, die kein Abitur hatte, auch der Zugang zu einem Schrift-studium: Hintertür zur Philologie und gleichzeitig ein Ort, der sich der Welt verschrieb und ihrer Verbesserung.

Die Sommermonate verbrachte sie in sogenannten Aufbau-lagern, wo junge Christen aus aller Welt als ehrenamtliche Helfer nützliche öffentliche Einrichtungen renovierten, zum Beispiel ein Krankenhaus in Griechenland – Grenzen wurden überschritten, neue Gemeinschaften entstanden, die Arbeit mit den Händen wurde durch gemeinsame Bibelarbeit vergeistigt. Wenn ich Briefe aus diesem Jahrzehnt, an sie adressiert und von ihr aufbewahrt, durchgehe, werden Lebensfragen ständig mit Paulus-Deutungen verknüpft. Besonders schreibfreudig ist ein junger Grieche, den sie im Sommer 1960 in einem Aufbaulager in Wien kennengelernt haben muss. Basilius. Ihm geht das Herz über. Manche seiner Briefe lesen sich, als hätte er in Zungen geredet. Einerseits. Andererseits siezt er meine einundzwanzig-jährige Mutter. Die Anrede «unvergessliche Ulla» verbittet sie sich, das klänge so unwahr. Wie, entgegnet er, könne sie sagen, dass er unwahr schreibe?

Basilius ist voller Zweifel, ob er die Priesterlaufbahn einschlagen oder sich nicht doch lieber um ein Stipendium bemühen soll, um in der Schweiz Medizin zu studieren. In Griechenland hat er bereits orthodoxe Theologie studiert, ist sich seiner Sache nun aber nicht mehr sicher, Theologie und Medizin, grübelt er, seien doch keine Gegensätze? Auch der Evangelist Lukas sei Arzt gewesen. Immer wieder bittet er meine Mutter um Rat. Ihr Rat bedeute ihm viel, aus ihren Briefen sprächen Idealismus und Realismus in guter Mischung, nach jedem Brief von ihr sehe er die Dinge deutlicher. Außerdem dankt er, dass sie «so rein» schreibe. Für ihn, dessen Deutsch ambitioniert, aber wackelig ist, muss die Schreibschrift eine Herausforderung gewesen sein.

Die Alternative zwischen Priestertum und weltlichem Beruf wird durch einen weiteren, nicht offen ausgesprochenen Aspekt verkompliziert: Für das Medizinstudium in der Schweiz spricht offensichtlich auch, dass die, deren Rat er so schätzt, dann näher bei ihm wäre. Dass Gott Liebe ist (deus caritas est), dieser Satz wird ein bisschen zu oft wiederholt, um nicht etwas von seiner himmlischen Unschuld zu verlieren. Da ist man schnell auf einer schiefen Ebene. Doch kaum driftet Basilius von caritas zu eros ab, schon entschuldigt er sich für seinen Gefühlsüberschwang. Rein sei im Übrigen nicht nur die Handschrift meiner Mutter: auch ihr Herz. In einen Brief hat er ein Foto von sich eingefügt; er sitzt auf einer Terrasse, dunkler Anzug, weißes Hemd, schmale Krawatte, die Beine übereinandergeschlagen, seine linke Hand umfasst ein Buch. Er sieht nicht unsympathisch aus, aber man möchte ihn spontan zu ein bisschen mehr Unbedenklichkeit ermuntern – das ewige «Ein Schritt vor, zwei zurück» ist keine Strategie, mit der man Eroberungen macht.

Am Ende entscheidet sich Basilius für das Medizinstudium, und die Paulus-Zitate werden durch Sappho-Zitate ersetzt, aber es hilft nichts, seinen letzten (erhaltenen) Brief muss er in die

USA schicken, denn mittlerweile hat meine Mutter sich nach Cincinnati begeben – nach vier Jahren umfassender Korrespondenz endet der Briefwechsel.

Ein Flug wäre teuer gewesen, also hat meine Mutter 1967 einen Platz für sich auf einem Frachtschiff gebucht, von Bremerhaven nach New York. Das war ihr gerade recht: Erfahrungen, so sah es meine Mutter auch später noch, müssen angeeignet werden, und dieser Prozess des «Erwerbens» benötigt Zeit, damit die äußere Welt zum inneren Besitz wird. (Wie nervte mich als Kind der Satz, mit dem sie begründete, warum sie auf unseren Radtouren keine Fotos schoss: «Ich mache innere Bilder.») Sechs Tage Überfahrt, dann, als sich die Silhouette von New York über der Küstenlinie abzeichnete, fühlte sie sich, auch wenn sie wusste, dass sie nach zwei Jahren zurückkehren würde, doch ein wenig wie die unzähligen Ausgewanderten, die vor ihr Deutschland Richtung USA verlassen hatten, um ihr Glück zu wagen und die Freiheit zu atmen.

Vier Jahre hatte meine Mutter, im Anschluss an ihre Ausbildung im Burckhardthaus, in einer Kirchengemeinde in Münster die Jugendarbeit geleitet, jetzt trat sie, von der evangelischen Kirche entsandt, eine Stelle in Cincinnati, Ohio, an. Die dortige Gemeinde, in der Innenstadt gelegen, war ursprünglich eine deutsche gewesen, in den Kirchenfenstern konnte man noch deutsche Bibelstellen lesen. Doch in Cincinnati war ein Bevölkerungsaustausch im Gange. Die deutsche Community zog in die Vororte, die schwarze rückte nach, was auch auf die Kirchengemeinde Auswirkungen hatte, die übergangsweise zwei Milieus unter einem Dach versammelte. Die neuen Mitglieder konnten die alten Kirchenfenster nicht mehr entziffern. In den Kirchenbüchern waren alle Taufen, Hochzeiten und Beerdigungen noch auf Deutsch verzeichnet.

Um diesen Wandel zu begleiten, wurden zwei junge Frauen eingestellt, die eine german, die andere african american, meine Mutter und Yvonne. Verschiedene Welten. Yvonne hatte zu diesem Zeitpunkt noch fast keinen Kontakt zu Weißen gehabt, ihr Freundeskreis war schwarz, Weißen begegnete sie nur auf einer professionellen Ebene, ansonsten mit Vorbehalt. Allein mit Schwarzen teilte man die prägenden Abwertungserlebnisse, und der gemeinsame Erfahrungshorizont erlaubte es, sich zu öffnen. Und nun kam da diese junge Weiße in die mittlerweile schwarze First Reformed Church of Cincinnati, und das auch noch aus Deutschland, wo man vor nur etwas mehr als zwanzig Jahren sechs Millionen Juden aus Rassismus getötet hatte. Yvonne hatte einen älteren Bruder, der in den späten fünfziger Jahren in Westdeutschland stationiert gewesen war; was er von dort berichtete, war nicht dazu angetan, sich das Land als ein angenehmes vorzustellen. Die Deutschen, hatte er berichtet, würden von den Schwarzen sagen, sie hätten Schwänze wie Affen. Wie also würde die junge deutsche Gemeindehelferin sich in Cincinnati bewähren?

Das Englisch meiner Mutter war bei ihrer Ankunft äußerst rudimentär. Vielleicht brauchte es auch deshalb eine gewisse Zeit, bis beide sich näherkamen. Am Anfang beobachtete Yvonne noch aus interessierter Distanz, wie die verbliebenen älteren Gemeindemitglieder mit Mama deutsch sprachen und dabei strahlten. Dann fing Mama an, die Kinderarbeit der Gemeinde zu organisieren; dass sie später Kinder- und Jugendlichenpsychotherapeutin werden sollte, dafür wurde, sagt Yvonne, der Grundstein in Cincinnati gelegt. Der Umgang meiner Mutter mit den Kindern muss etwas ausgelöst haben bei Yvonne: Der Damm brach, es gab kein Halten mehr. Jetzt verbrachten sie fast alle Zeit miteinander. Yvonne wollte wissen, was das heißt: im Krieg aufgewachsen zu sein, auf der Flucht gewesen zu sein, den

Vater an der Front verloren zu haben. Mama wiederum lauschte Yvonnes Lebensgeschichten, die im Kern um die eine Erfahrung kreisten, in einer Gesellschaft groß geworden zu sein, in der man per Gesetz als minderwertig wahrgenommen wurde. «Im Supermarkt musstest du also warten, bis auch der letzte Weiße in der Schlange bedient worden war?» Als Yvonne meine Mutter einige Zeit darauf mit nach Norfolk zu ihrer Familie nahm, fühlten sie sich wie Schwestern. Beide Jahrgang 1939, beide christlich, beide tief in ihren Familien verwurzelt. Mama ging mit Yvonne in deren Hauskirche, die Norfolk-Macedonia United Church of Christ, danach buk sie Apfelstrudel für alle Delks.

Was politisches Engagement hieß, das hat meine Mutter in den USA gelernt. Nicht in K-Gruppen Marx interpretierend, sondern mit street workers das Evangelium, the gospel, singend. Als sie 1968 nach Deutschland zurückkehrte, kam ihr die Studentenbewegung theatralisch, poserhaft und akademisch vor – auch verwöhnt. Obwohl sie manche ihrer Antriebe teilte, fühlte sie sich der Welt dieser Bürgersöhne und -töchter nie zugehörig, und dass die redegewandten Studenten immerfort die Arbeiterklasse im Munde führten, schien ihr lächerlich. Der *struggle* der Black Americans dagegen, wie sie ihn durch Yvonne kennengelernt hatte, hatte nichts Verblasenes, das Leid und das Unrecht, gegen das man aufbegehrte, war echt, der Kampf deshalb konkret und handfest. Abstrakten Weltbeglückungsprogrammen misstraute sie, und dogmatische Großsätze kamen ihr nicht über die Lippen. Sie glaubte nur an die sichtbare Beziehung, die sich zwischen einzelnen Menschen stiften ließ.

Die Arbeit für die Kirche, in der geistliche Gemeinschaft und politisches Engagement ineinandergriffen, hatte ihr Leben geprägt und war ein Quell des Glücks und tiefer Freundschaften geworden. Woher ihre Beziehung zum Gottesreich kam, kann ich nicht sagen; ich habe lange gebraucht, um überhaupt zu realisieren, wie viel der Glaube ihr bedeutete. Man merkte es nämlich über weite Strecken nicht. War sie wirklich gläubig? Oder eine fröhliche Agnostikerin, die lediglich für die schönere Möglichkeit, die Existenz Gottes, votierte? Oder nichts als eine Kulturprotestantin, die die Schrift memorierte und die Traditionen pflegte? Auf die christlichen Feiertage und auf ihren Taufspruch hätte sie so ungern verzichtet wie auf eine Wanderung durch den Odenwald an Pfingsten. In diesen Punkten war sie unnachgiebig, daran hing ihr Herz, aber es war nie so, dass man in ihrer Gegenwart das Gefühl hatte, ein bisschen weniger Glauben wäre für alle angenehmer.

Zu den Lieblingswörtern meiner Mutter gehörte zweifelsohne das Adjektiv «konkret». Das Konkrete schlug das Abstrakte grundsätzlich, die Welt bestand aus Konkretionen. Allein das Konkrete konnte beobachtet und sinnfällig werden. Moral, die nicht konkret war, war leeres Gerede. Hinter viele Psalme hat sie mit dem Bleistift geradezu triumphierend notiert: «konkreter Weltbezug!» Die kirchliche Arbeit, der sie sich mit so viel Enthusiasmus in ihren Zwanzigern gewidmet hatte, war für sie eine Manifestation von konkretem Handeln gewesen, und aus demselben Grund schätzte sie die Liturgie – als konkreten Vollzug von etwas Übersinnlichem, was die Frage nach der Glaubensgewissheit fast schon überflüssig machte.

Mit ihrer Rückkehr aus den USA endete ihre Arbeit für die Kirche. Meine Mutter wollte ihrem Leben noch eine neue Wendung geben und ging nach Heidelberg, wo es ein Institut gab, das Kinder- und Jugendlichenpsychotherapie lehrte, zu jener Zeit noch kein akademischer, sondern ein Ausbildungsberuf. Eine Chance für meine Mutter, die kein Abitur besaß. Ich weiß nicht, ob es zumindest unbewusst zu ihrer Motivation gehörte, dass sie auf diesem Weg eine Tätigkeit ausüben würde, die akademisches Ansehen genoss, ohne ein Hochschulstudium vorauszusetzen. In jedem Fall sollte sie ihren Beruf sehr lieben, denn er war, wie sie sich ausdrückte, «konkrete Arbeit mit Menschen».

Eines Tages ging sie zu einer Versammlung, auf der sich junge Nigerianer mit deutschen Kirchenvertretern trafen. In Nigeria tobte ein Bürgerkrieg, nun wollte man über eine gemeinsame Strategie beraten, wie man die deutsche Politik zu einer entschiedeneren Stellungnahme bewegen könnte. Plötzlich saßen meine Mutter und mein Vater nebeneinander.

Nigeria, 1960 in die Unabhängigkeit entlassen, drohte damals von seinen ethnischen Differenzen auseinandergesprengt zu werden. Im Januar 1966 hatten sich Igbo-Offiziere der Nationalarmee an die Macht geputscht, weil sie sich von der muslimischen Bevölkerungsmehrheit der Hausa aus dem Norden des Landes an den Rand gedrängt fühlten. Die Hausa-Generalität sammelte ihre Kräfte und holte im Juli desselben Jahres zum Gegenschlag aus. Im Norden kommt es zu Pogromen, und Hunderttausende strömen zurück in den Süden, ins eigentliche Igbo-Gebiet. Das Land spaltet sich. Am 31. Mai 1967 ruft die Militärregierung des Südostens, in deren Territorium die Ölquellen liegen, die Republik Biafra aus.

Erst 1970 wird der Sezessionskrieg mit der Niederlage der Igbo enden. Eine Million Menschen kommen in dem Krieg um, und eine Hungerkatastrophe fordert weitere drei Millionen Tote. Das militärisch unterlegene Biafra versucht früh, die Aufmerksamkeit der Welt auf die Vorgänge in Nigeria zu lenken, und Igbos in aller Welt gründen Unterstützungskomitees, um auf die jeweiligen Staatsregierungen Einfluss zu nehmen. In der Schweiz und in den USA werden sogar professionelle PR-Agenturen für die Sache Biafras engagiert. Kann die Welt tatenlos zuschauen, wie an den Igbos ein, so heißt es vielfach, Genozid verübt wird? Im August 1968 titelt der «Spiegel»: «Biafra – Todesurteil für ein Volk». Und der «Stern»: «Bilder klagen an. Die verhungernden Kinder von Biafra.» Endlich ist die Öffentlichkeit wachgerüttelt.

Seit August 1968 gingen Briefe zwischen meiner Mutter und meinem Vater hin und her. Leider habe ich nur die seinen. Er war damals Medizinstudent in Heidelberg. Das politische Schicksal seiner Heimat spielt darin immer wieder eine Rolle; mein Vater berichtet, wen sie gerade zum Präsidenten des Komitees gewählt haben und dass man sich noch nicht einig sei, ob man der deutschen Regierung einen Totalboykott Nigerias empfehlen solle. Wenn er etwas von seiner Familie aus Nigeria hört, erzählt er davon. Aber vor allem geht es um Alltägliches: um Prüfungen, um zu viel Arbeit im Krankenhaus, zu teure Zimmer und wer wen grüßen lässt. Ein Gebrauchtwagen (Opel) wird gekauft, wenig später ein Motorschaden vermeldet, und wieder einen Brief später wird berichtet, wie unkompliziert das Trampen in Deutschland auch über weite Strecken sei. Sind die ersten Briefe noch mit Lewis unterschrieben, wechselt er bald zu Ozurumba – nicht ohne in dem entscheidenden Wiedertäufer-Brief noch einmal in Erinnerung zu rufen, wie lange sie, Ulla, gebohrt habe, bis sie seinen Igbo-Namen herausgefunden habe, und dass sie damals geradezu entrüstet gewesen sei, dass er sich überhaupt mit seinem englischen Namen vorgestellt habe, der doch mit ihm und seiner Geschichte viel weniger zu tun habe. Er, Ozurumba, könne nicht leugnen, wie sehr es ihm gefalle, wenn sie ihn Ozurumba nenne.

Wenig später hat er dann eine Stelle in Saarbrücken. Man sei total unterbesetzt im Krankenhaus, aber das Team arbeite hervorragend zusammen, auf diese Weise lerne er viel. Auf dem Gang des Wohnungstrakts gebe es ein Telefon. Samstags habe er immer frei, da werde er sie in Heidelberg besuchen. Oder fahre sie nächstes Wochenende nach Steinheim zu ihrer Mutter? Dann möge sie sie bitte ganz herzlich von ihm grüßen.

Einmal erkundigt er sich nach einer Tagung, an der meine Mutter in Stuttgart teilgenommen hatte: «Interessant, dass sich ein antiautoritäres Mädchen an einer Diskussion über Antiautorität beteiligt. Konntest du dich durchsetzen?» Trotz des leicht gönnerhaften Tonfalls scheint er an ihrer Durchsetzungsfähigkeit keinen Zweifel zu haben.

Wann aus der Freundschaft eine Liebesbeziehung wurde, lässt sich aus seinen Briefen nicht herauslesen. Irgendwann jedenfalls passiert es, und kurz darauf ist meine Mutter schwanger.

TEIL II

TENNO

Die Erinnerungsbilder, die uns am lebendigsten vor Augen stehen, die jederzeit zur Hand sind, von denen wir uns selbst und anderen, wann immer es passt, sofort erzählen können, diese gut archivierten Erinnerungsbilder, die zum Kernrepertoire unseres Ichs gehören, sind keineswegs die unverfälschtesten. Je besser wir etwas erinnern, desto öfter haben wir es aufgerufen, desto geschmeidiger, gefügiger hat unser ständiger Gebrauch das Erinnerte gemacht und den jeweiligen Erfordernissen angepasst. Wie beim Stille-Post-Spiel werden die Anekdoten des eigenen Lebens von vergangenen Ichs in unendlicher Kette einander ins Ohr geflüstert, nur dass die Geschichten, weil alle Ichs so vertraut miteinander sind, nicht von Station zu Station absurder, grotesker und sinnentleerter werden, sondern, im Gegenteil, laufend kompakter, gerundeter und süffiger. So kommt es, dass unsere verlässlichsten Erinnerungen die am wenigsten authentischen sind. Wir haben sie, wie das Meer den Stein schleift, allen Regeln der Erzählkunst unterworfen. Wir haben sie raffiniert, wie man Erdöl raffiniert. Jetzt glauben wir ihnen, weil sie unser Leben begleitet haben, glauben ihnen sogar mehr als den Erinnerungsflashs, die unvermutet im Gedächtnis aufleuchten, um uns zu überraschen und herauszufordern, weil wir zu ihnen noch gar keine Meinung haben. Dabei wissen wir schon lange, dass die uns besonders vertrauten Erinnerungen gerade keine Direktverbindungen in ein früheres Leben sind, sondern Erinnerungen an Erinnerungen. Wir erinnern sie so, wie wir sie das letzte Mal erinnert haben, und auch das war, wie wir ebenfalls schon lange wissen, nur die Erinnerung an einen noch weiter zurückliegenden Erinnerungsakt.

Auch viel von dem, wovon ich hier berichte, gehört zum festen Bestand meiner autobiographischen Folklore. Anderes hingegen war lange vergessen und meldet sich erst jetzt, wo ich danach suche, zu Wort, Jahrzehnte nachdem es passiert ist. Ein solcher Nachzügler ist auch eine Episode, von der ich nicht sagen kann, wie alt ich war, als sie sich zugetragen hat oder genauer: zum ersten Mal zugetragen hat, denn ich glaube, meine Mutter hat mir, worum es hier geht, mehr als ein Mal gesagt. Und zwar mit einer gewissen Eindringlichkeit, der ich mich nicht entziehen konnte: Jetzt galt es zuzuhören und zu akzeptieren. Schwarze hätten, sagte sie, in Amerika durchaus Erfolg, allerdings vor allem in den Bereichen des Showbusiness und des Sports. Und so schön diese Erfolge seien, müsse man doch auf der Hut sein, die Schwarzen nicht auf die Unterhaltungsbranche und die Rolle des Clowns festzulegen, es müsse auch schwarze Anwälte, Ärzte und Politiker geben. Ernsthaftigkeit sei wichtig.

Diese Erinnerung kommt aus einer solchen Ferne, dass sie noch roh und unbehandelt sein muss. Sie hat noch keinen Ton, keine Beleuchtung. Ich drehe am Frequenzregler in der Hoffnung, das Rauschen zu reduzieren, um die Stimme meiner Mutter deutlicher und ohne Störgeräusche zu vernehmen, aber da ist einfach nur Mamas Mahnung, dass es Sport und Entertainment allein nicht sein könnten. Ging es ihr um etwas wie die bildungsbürgerliche Abwehr von Entertainment? Um eine Ermahnung zu sittlichem Ernst? Wollte meine Mutter mir etwas sagen, das sich irgendwie auf meine künftigen Berufswünsche bezog? Sollte der Satz mich verpflichten, oder war er nur der Versuch, ein Klischee zu demontieren und mir die Weite des Horizontes vor Augen zu führen?

Ebenso wenig kann ich mich erinnern, wie ich, was meine Mutter sagte, aufgenommen habe, ich weiß bloß noch, dass ich die Ohren diesmal nicht auf Durchzug stellte. Habe ich ihren Satz in Verbindung gebracht mit meiner eigenen Sportleidenschaft? Damals war ich Leichtathlet, Mittelstreckenläufer, und verbrachte mindestens fünf Tage die Woche auf Sportplätzen. Habe ich, als später der Sport durch die Theater-AG ersetzt wurde, das Gefühl gehabt, ihre Warnungen allzu genau erfüllt zu haben?

Ich kann nur noch sagen, dass der Satz meiner Mutter von mir nicht wie üblich abgewehrt wurde. Sie sprach von Schwarzen, und ich hörte zu. Irgendwie war ich von ihrer Beobachtung fasziniert. Vielleicht gar nicht so sehr von deren Inhalt als von der Entdeckung, dass man etwas überhaupt so beobachten konnte: dass eine bestimmte Gruppe von Menschen bestimmte Berufe ergriff. Diese Beobachtung war meine erste, noch ganz unbewusste Berührung mit den Tatsachen der Gesellschaft.

Ich musste, um den Satz meiner Mutter mit Leben zu erfüllen, dann immer an Harry Belafonte denken. Von Harry Belafonte stammte die einzige Pop-LP in der Schallplattensammlung meiner Mutter; manchmal legte ich sie auf, irritiert von der zugreifenden Musik, ihrem Rhythmus, der mir ein bisschen peinlich war, von der Stimme, die gar keine Zurückhaltung zu wahren schien in ihrem Versuch, alle zum Tanzen aufzufordern. Dabei schaute ich mir den Sänger auf dem Plattencover an und fragte mich, ob ich wohl etwas mit ihm gemeinsam hätte. Er sah so rank und schlank aus, so elastisch, so dehnbar, aber darin auch irgendwie übertrieben körperlich, zu sexuell, wie eine Witzfigur, dachte ich. War es das, was Mama meinte?

Von anderen Plattencovern ging jedenfalls ein ganz anderer sittlicher Ernst aus – zum Beispiel von dem würdevollen goldenen Horn auf rotem Untergrund, das sich auf dem Plattencover zu Mozarts Hornkonzert befand. Überhaupt hatten diese Platten etwas Einschüchterndes: Die klassische Musikindustrie pflegte damals noch einen verbissen pathetischen Stil; mit einem Blick, in dem der alles Mittelmaß vernichtende Wahnsinn des Genies aufblitzte, schaute Beethoven vom Cover der 9. Symphonie herab. Aber es gab in der Plattensammlung meiner Mutter auch die ätherisch-meditative Verklärtheit, die ein Herr mit Vollbart ausstrahlte, der Bachs Violinkonzert a-Moll eingespielt hatte. Und es gab den Mann, um dessen Gesicht damals ein Aufwand getrieben wurde, wie man ihn sonst nur aus dem Personenkult der totalitären Diktaturen und römischen Gott-Kaiser kannte, jenen Mann mit der Adlernase, den silbergrauen Haaren, den wie gemeißelten Gesichtszügen, dessen Blick stets nach oben ging, in kosmische Fernen – gern vor einem stahlgrau schimmernden Bergmassiv, vor dessen erhabener Ordnung die Monumentalität seines Gesichts selbst felsenhafte Züge annahm und beim Betrachter den strengsten Eindruck hinterließ; so gebieterisch, so unerbittlich, so ganz und gar zu keinen Späßen aufgelegt war sein Ausdruck, dass man sich nicht wundern musste, dass es kaum eine Schallplatte gab, auf der das Foto dieses halbgöttlichen Zuchtmeisters der Musik nicht zu finden war, immer verbunden mit einem Namen, der mit seiner mir damals noch rätselhaften Präposition in der Mittelstellung tatsächlich nicht von dieser Welt zu sein schien: Herbert von Karajan. Ferner als Harry Belafonte und Herbert von Karajan konnten sich zwei Gesichter nicht sein, auch wenn sie sich in der Plattensammlung meiner Mutter geradezu gegenseitig in die Augen blickten. Wer blinzelt zuerst? Vermutlich war Karajan über eine anatomische Notwendigkeit wie den Lidschlag erhaben, wohingegen sich Harry Belafonte während eines Wimpernschlags längst dreimal um die eigene Achse gedreht haben würde, ein Körper wie Quecksilber, zu schnell für jede Erstarrung und der Schwerkraft

ein Schnippchen schlagend, ohne der Erhabenheit entgegen-
zustreben.

Verband mich etwas mit Harry Belafonte, weil wir dieselbe
Hautfarbe hatten? Das konnte ich nicht sehen. Andere freilich
konnten zu einem anderen Schluss kommen, denn sie vermochten naturgemäß nicht, in mich hineinzuschauen, sie konnten
nur nach dem äußeren Anschein urteilen, und der mochte in
der Tat eine gewisse Verwandtschaft und Gleichursprünglich-
keit nahelegen. Meine Mutter übte bei diesen Fragen zarte
Zurückhaltung, nur dann und wann überkam sie eine pädagogische Mission – oder war es ein Moment schwärmerischer
Erinnerung an meinen Vater? –, dann trat sie quasi als Bot-
schafterin des fernen Kontinents auf und gemahnte mich, dass
Afrika ein Teil, und zwar ein besonders würdevoller Teil, meiner
Identität sei.

Gern erwähnte meine Mutter, dass mein Vorname ein Igbo-
Name sei. Das Wort Igbo stand für etwas Besonderes. Wenn
meine Mutter es gebrauchte, hatte ihre Stimme einen Zug ins
Jubilierende. Im Biafrakrieg waren die Igbo militärisch unterlegen, moralisch dagegen schienen sie gesiegt zu haben. Die
Hausa mochten die Macht im Staate Nigeria haben, die Bildung
und den IQ hatten die Igbo. Seelisch hätte mir der Begriff Afrika
an sich genügt, um meine väterliche Linie zu verorten; und obwohl ich keine Vorstellung von den afrikanischen Grenzverläu-
fen hatte, war ich, schon um guten Willen zu beweisen, bereit,
von Nigeria zu reden. Aber Igbo – das ging mir nun doch zu
weit. Das kam mir vor, als sollte ein mathematischer Ignorant
die Zahl Pi bis zur neunten Stelle hinterm Komma auswendig
lernen, auch wenn er ganz sicher nie im Leben in die Verlegenheit kommen wird, mit der Zahl Pi rechnen zu müssen. Weshalb
also sollte ich übergenau sein, weshalb den fernen Kontinent so
nah heranzoomen, dass plötzlich ein Wort wie Igbo mit Leben,

Detail und Tiefenschärfe versehen war? Das erschien mir abwegig. Die unausgesprochene Aufforderung, etwas von mir selbst mit diesem Wort in Verbindung zu bringen, irgendeine Form vornehmen Herkunftsnarzissmus gar, kam überhaupt nicht in Frage.

Gespräche über Afrika blockierte ich entsprechend durch Passivität. Wenn Mama von Afrika erzählte, hörte ich stieren Blicks zu, stellte keine Gegenfragen, machte keine Einwürfe. Lange hielt Mama das nicht durch, dann hatte ich es hinter mir. Sie ahnte wohl, dass es aussichtslos war, mich weiter zu bedrängen, und so wurde die Moralkeule, wonach man doch *kommunizieren* müsse, in diesem Falle nicht gezückt.

1981 war ich aufs Gymnasium gewechselt. Es war mein Wunsch gewesen, auf das humanistische Kurfürst-Friedrich-Gymnasium zu gehen, dessen altes Gebäude über dem Neckar thront, weil mein bester Freund, mit dem ich einst auf das falsche Pferd bei den Bürgermeisterwahlen gesetzt hatte, auch dort hinging. Sein Vater war Lateinlehrer und hatte einst selber am KFG unterrichtet. Mama stand meinem Wunsch, ausgerechnet auf dieses Gymnasium zu gehen, das einen elitären Ruf genoss, anfangs abwartend bis skeptisch gegenüber und warnte mich, sie könne mir bei Latein nicht helfen, doch aus irgendeinem Grund, den ich nicht zu benennen vermochte, wollte ich nun einmal partout aufs KFG, obwohl mir überhaupt nicht bewusst war, wofür diese Schule mit ihrer über vierhundertjährigen Geschichte stand. «Gut», sagte meine Mutter, als sie meine Hartnäckigkeit zur Kenntnis nehmen musste, «dann melden wir dich aber für den Griechisch-Zweig an» – ein schicksalsergebenes «Wennschon, dennschon», als wollte sie die Ernsthaftigkeit meines Wunsches einer Prüfung unterziehen. Würde ich aber genommen werden? Der Direktor, bei dem meine Mutter und ich uns vorstellen mussten und den die Sorge drückte, dass der Griechisch-Zug immer kleiner werden könnte, sodass es am Ende nicht mehr für einen regelrechten Griechisch-Leistungskurs reichen, die Kernidentität der Schule mithin in Gefahr geraten würde, nahm unsere Wahl mit einem warmherzigen Strahlen auf. Er gratulierte mir zu meiner Entscheidung. Damit tue sich eine große, bedeutungsvolle Welt auf – und ich dachte erstaunt, dass Mama offensichtlich einmal einen richtig geschickten Schachzug getan hatte.

Gleich in der ersten Stunde, als wir Sextaner (wie es von nun an nur noch hieß: Vor den Sommerferien war man noch Viertklässler gewesen, nun Sextaner – das war weit mehr als nur ein chronologisches Voranschreiten, es war ein völlig neuer Seinsmodus) aufgereiht in den uns noch unbekannten, ehrfurchtgebietenden Schulräumen saßen, forderte unser Lateinlehrer, der gleichzeitig der Klassenlehrer war, jeden von uns auf, seinen Namen zu sagen. Als ich an die Reihe kam und meinen Namen gesagt hatte, versank er kurz in besorgtes Grübeln, irgendetwas hatte ihn offenbar aus dem Tritt gebracht, und jetzt bedurfte es seines besonderen Scharfsinns, die Lage wieder in den Griff zu bekommen. Dann hellte sein Gesicht sich auf, und er erklärte feierlich, dass die A-Endung, wie sie uns überraschenderweise in meinem Vornamen begegnet sei, zwar gewöhnlich ein Femininum anzeige, das Lateinische aber auch Ausnahmen kenne wie «agricola», «Bauer», ein männliches Substantiv trotz A-Endung. Und schon war die Anomalität meines Vornamens durch den Segen des Lateinischen aufgehoben und erfolgreich assimiliert. Ich nahm die Analogiebildung meines Lateinlehrers mit Erleichterung auf. Ich war doch kein Mädchen.

Alles war neu, die Karten waren nicht nur neu gemischt, man wusste nicht einmal mit Sicherheit, welchen Wert die Karten, die man in der Hand hielt, im neuen Bezugssystem haben würden. Welchen Rang würde man in der Klasse einnehmen, würde man zu den Wortführern zählen oder sich am unteren Ende der Hackordnung wiederfinden, wo jene bedauernswerten Gestalten ihr Dasein fristeten, die im Sportunterricht, wenn sich durch wechselnde Zuwahl die Mannschaften bildeten, von einem der Mannschaftsführer mit abwinkender Handbewegung den anderen überlassen wurden: «Den Rest könnt ihr haben ...» – wofür der so überheblich Sprechende vom Sportlehrer dann streng ins Gebet genommen wurde, aber das war es wert.

Die ersten Monate muss sich alles noch ordnen und finden, wechselnde Konstellationen wurden ausprobiert, und dem ein oder anderen wuchs zwischenzeitlich eine überragende Stellung zu, aber das beruhte auf einem Missverständnis, man hatte sich in ihm getäuscht, er / sie gehörte eben doch zu den Schwachen, den Unsportlichen, den Uncoolen, es hatte nur so ausgesehen, als hätte er / sie einen natürlichen Anspruch auf Autorität, nun wurde er / sie ohne viel Federlesen wieder vom Thron gestoßen. Das sind so Anlaufschwierigkeiten. Bald schon hat sich ein hierarchisches System als feste Ordnung herausgebildet, innerhalb deren es nur noch selten zu Ausfällen oder Rangerhöhungen kommt. Die in der Klasse herrschende Staatsform ist (sieht man von der demokratischen Wahl des Klassensprechers ab, mit dessen Posten allerdings keine echte Macht verhandelt wird) die Oligarchie. Wie in allen Schulklassen. Einige wenige, die Granden, geben den Ton vor. Zwar traue ich dem Frieden noch nicht ganz und bin selbst überrascht, aber offenbar gehöre ich zum Führungszirkel innerhalb unserer Klasse, bin dann sogar, da sind wir schon Quintaner, Teil der sogenannten 6er-Gruppe.

Die 6er-Gruppe sind drei Jungs und drei Mädchen. Am Anfang nennen sie sich gar nicht so. Sie verbringen nur viel Zeit miteinander und achten darauf, keine Zeit mit anderen zu verschwenden. Einmal übernachten alle sechs in der Wohnung eines der Mädchen, genauer: in einer kleinen Holzhütte, die auf der großen Dachterrasse steht. Vor dem Einschlafen erzählt ihr Vater ihnen Geschichten aus Brasilien, wo er aufgewachsen ist, es sind gute Geschichten. Dann macht er Fotos, wie sie in ihren Schlafsäcken nebeneinanderliegen wie die Ölsardinen in der Büchse. Als die Fotos entwickelt sind, schauen sie sich diese in den Schulpausen, auf den Tischen im Klassenzimmer sitzend, an. Die anderen gucken ihnen über die Schulter, sie wollen auch wissen, was auf den Fotos zu sehen ist.

Allmählich spüren sie, welcher Zauber von Namen ausgeht. Wenn sie sich selber 6er-Gruppe nennen, werden die Blicke der anderen neidisch. Diese entblöden sich nicht zu fragen, ob sie bei der 6er-Gruppe mitmachen können. Aber die 6er-Gruppe ist ein konservativer Orden, man nimmt keine neuen Mitglieder auf. Wie auch: Eine 6er-Gruppe, die aus mehr als sechs Mitgliedern besteht, ist keine 6er-Gruppe mehr. Manche schnallen's einfach nie. Je öfter jetzt von der 6er-Gruppe die Rede ist, umso mehr versinkt der Rest der Klasse in der Bedeutungslosigkeit. Das Tolle: Die 6er-Gruppe muss gar nicht viel tun, ein bisschen Flüstern miteinander in den Pausen genügt, damit ihre Macht wächst.

Die 6er-Gruppe geht ins Kino, in «Die letzten Tage von Pompeji». Der Clou: Der Film ist ab zwölf Jahren freigegeben, sie sind aber erst elf. Den ganzen Vormittag malen sie sich aus, wie sie an der Kinokasse sagen werden: «Sechsmal ‹Die letzten Tage von Pompeji›.» Wird man sie reinlassen oder auslachen? Werden sie Ärger bekommen? Sollte es ihnen gelingen reinzukommen, wird ihr Ruhm weithin erstrahlen.

Sie sind nervös, als sie sich für die Nachmittagsvorstellung an der Kinokasse anstellen. Ob es überhaupt eine so gute Idee ist, in einen Film zu gehen, der erst ab zwölf freigegeben ist? An der Kasse keine Probleme, sie zahlen und kriegen ihre Tickets. Jetzt sind sie in Hochstimmung. Der Film ist schon ziemlich heftig, mit den Gladiatorenkämpfen, dem Vulkanausbruch, der glühenden Lava überall und wie die Stadt zerbirst, aber darum geht es nicht: Während sie mit angehaltenem Atem in den Kinosesseln hängen, malen sie sich schon ihren Auftritt morgen in den Schulpausen aus. Am besten wird's sein, wenn sie nur verschwörerisch dreinschauen und allenfalls beiläufig ein dunkles Stichwort fallenlassen ... Wichtig ist, dass sie nicht selbst mit der sensationellen Nachricht herausplatzen, sondern die anderen von ihnen wissen wollen, was sie gemacht haben ... Gefragt werden ist wichtig, nur so kann man dann mit gespieltem Widerwillen das Geheimnis preisgeben ...

Und das Erstaunliche: Es funktioniert. Immer will einer unbedingt wissen, was die 6er-Gruppe wieder angestellt hat. Man kann es den Gesichtern ansehen, dass ihre Aktion, sich in einen Film geschlichen zu haben, der eigentlich erst ab zwölf ist, ziemlich verwegen war.

Sie haben's einfach raus. Keine Frage.

Den Ritterschlag erhalten sie, als sie offiziell unter dem Tagesordnungspunkt 6er-Gruppe Gegenstand eines besorgten Elternabends werden. Damit sind sie quasi diplomatisch als souveräner Staat, als machtvolle Formation, die man nicht länger ignorieren kann, anerkannt. Das ist den anderen in der Klasse nicht sofort klar. Als bekannt wird, dass es der 6er-Gruppe an den Kragen gehen soll, frohlocken manche schon, aber die haben nur nicht verstanden, dass sie damit ihr eigenes Todesurteil unterschreiben – jetzt wird die 6er-Gruppe erst richtig glamourös.

Für die Eltern ist es nicht leicht, ihre Sorge in eine wirkungsvolle Gegenstrategie münden zu lassen oder auch bloß eine belastbare Anklageschrift zusammenzuzimmern. Das klassische

Mittel wären Vorhaltungen, der Nachweis schlimmer Vergehen und ein daraus resultierendes Verbot der kriminellen Vereinigung. Aber: Sie haben ja nichts gegen sie in der Hand! Die Vergehen der 6er-Gruppe sind mitnichten mit Händen zu greifen! Im Gegenteil, sowie man über die 6er-Gruppe spricht, ist sie nur noch ein Phantom, spricht man nicht über sie, beherrscht sie den Raum. Dass eines der unbescholtensten Mädchen der Klasse, das für sein Verantwortungsbewusstsein bekannt ist, Teil der 6er-Gruppe ist, macht die Sache nicht leichter. Außerdem haben sie sich absolut nichts zuschulden kommen lassen. Man kann ihnen noch nicht einmal nachweisen, dass sie sich 6er-Gruppe nennen. Sie machen halt gerne Dinge zusammen, das ist doch wohl erlaubt. Barmend fragen die Eltern am Ende, warum sie denn nicht mit den anderen spielen wollten. Die 6er-Gruppe erwidert mit hängenden Köpfen und einer Mischung aus Langeweile, Müdigkeit, Überdruss und Verachtung: Klar könnten sie auch mit den anderen spielen … Das Wort «andere» dehnen sie dabei so, dass zwischen ihnen und den anderen ein unendlicher Abstand entsteht.

Dass ich exotisch aussah, schien an der Schule niemand groß zu bemerken. Damals gab es in der Bundesrepublik Ausländer, aber ich gehörte nicht dazu. Wenn wir in der Schule über Ausländerfeindlichkeit diskutierten (und das war regelmäßig der Fall), kam niemand auf die Idee, nach meinen Erfahrungen zu fragen. Meine fremdländische Aura wurde nicht nur nicht thematisiert, sie wurde gar nicht wahrgenommen. Woran das lag, kann ich nicht sagen, denn lange ist es mir selber nicht aufgefallen. Vermutlich an beidem, meiner Anpassungskunst und dem entspannten, weltoffenen, in so vieler Hinsicht begünstigten Heidelberger Klima. Und natürlich hatte es auch damit etwas zu tun: Ein Ausländer war – und ist! – jemand, der Probleme macht. Er muss zu einer Problemgruppe gehören, sonst ist er kein Ausländer, sondern hat nur eine interessante Lebensgeschichte, eine Lebensgeschichte, nach der man fragt, indem man sagt: «Erzählen Sie doch mal!» Bei einem Ausländer fragt man nicht nach seiner Lebensgeschichte, denn man kennt sie immer schon: Schulabbruch, Parallelwelten, Ehrenmorde.

Die Einzigen, die sich, was mich anging, keinen Sand in die Augen streuen ließen, waren die echten Ausländer. Die zunächst jugoslawischen und griechischen, dann türkischen Gemüsehändler bedienten mich mit einer gerührten Herzlichkeit und einem Überschwang, den ich lange für landesspezifisches Temperament hielt, bis mir irgendwann dämmerte, warum ich bei Griechen und Türken einen Schlag hatte: Es war Solidarität unter Ausländern! Wir waren Brüder, denn wir wussten, was es heißt, unter den Deutschen zu leben. Und vielleicht mischte sich auch ein Moment der Bewunderung hinein, dass es mir so gut gelang, mit diesen Deutschen umzugehen, denn dass das nicht einfach war, wussten sie nur zu gut.

Es waren Jugoslawen, Griechen und Türken, die sich so verhielten, nicht Italiener. Die hatten in den achtziger Jahren das Ghetto bereits hinter sich gelassen und sahen sich nicht mehr als Ausländer. Wurden auch nicht mehr als Ausländer betrachtet. Ein Ausländer war man in der Bundesrepublik genau so lange, wie man der entsprechenden Gastarbeitergruppe nachsagte, sie stänke. Ich kann mich noch erinnern, dass Italiener in den siebziger Jahren im Sinne dieser öffentlichen Meinung nach Knoblauch stanken; dass man nichts gegen Italiener habe, nur leider würden sie so stinken, ist ein Satz, von dem ich schwöre, ihn noch auf der Straße gehört zu haben. Grundsätzlich hielten sich die Deutschen noch bis tief in die achtziger Jahre für das einzige saubere Volk auf der Welt. Selbst bei Österreichern hatte man hinsichtlich der Hygiene der Hotels seine Zweifel.

Als sich dann in den achtziger Jahren die italienische Küche als allgemeiner kulinarischer Standard durchsetzte, waren es auf einmal nur noch die Jugoslawen und die Griechen, die nach Knoblauch stanken. Da der Deutsche einer war, der sich für sehr sauber hielt, galt der Geruch von Knoblauch als eine Form der Unreinlichkeit. Manche Leute, das konnte man immer wieder hören, gingen nicht zum Griechen, weil es dort schmutzig war. Das musste nicht im Einzelnen nachgewiesen werden.

Ich hatte auch deshalb ein genaues Gehör für solche Untertöne, weil ich mich immer in der Gefahr sah, mit den Ausländern in Sippenhaft genommen zu werden. Und diese Gefahr bestand ja wirklich, auch wenn es nie dazu gekommen ist. Folglich war ich hellhörig. In der sechsten Klasse begann ich, viel Leichtathletik zu machen; in meiner Altersklasse hielt ich die badischen Rekorde über 1000, 2000 und 3000 Meter. Einmal sagte mein Trainer, ein Herz von einem Menschen, voller Anerkennung zu jemandem über mich: «Der hat eine Lunge wie ein Tier!» Ich zuckte zusammen. Noch Tage später schaute ich mir den Satz von allen Seiten an, besorgt, hinter dem Bild «wie ein Tier» könnte sich eine Anspielung auf meine afrikanischen Wurzeln verbergen, weil man Afrikanern doch gern eine besondere Animalität zusprach. Überhaupt missfiel mir der Umstand, dass so viele berühmte Läufer Afrikaner waren; bestätigte ich also durch meine Läuferqualitäten nur eine afrikanische Gruppeneigenschaft? (So wie später die Leute zu mir sagten: «Du musst doch ein guter Tänzer sein!» War ich aber nicht – obwohl ich es gern gewesen wäre.)

Ähnlichen Schrecken löste das Wort «negativ» bei mir aus, und diese Alarmstimmung hat sich seltsamerweise bis zum heutigen Tag erhalten. Denn erst wenn der Sprecher bei der dritten Silbe angekommen ist, ist die Gefahr gebannt, er könnte es auf das Wort «Neger» abgesehen haben. Es passierte fast nie, aber ich war auf der Hut. Wie ein Soldat, der Nuklearwaffen bewacht: Nie passiert etwas, aber seine Aufmerksamkeit darf trotzdem keine Sekunde nachlassen.

Wenn ich zum Friseur ging, sagte der jedes Mal, bevor er mit dem Schneiden loslegte, einen offensichtlich sinnlosen Satz: «Wie immer?», als gäbe es zwar an sich jede Menge Alternativen für mich, weil ich aber so wahnsinnig zufrieden mit meinem Haarschnitt war, bliebe ich dem eben treu. Die traurige Wahrheit: Es gab keine Alternativen. Vor dem Friseurbesuch sind die Haare etwas länger, nachher etwas kürzer. Das ist alles. Es gibt nur graduelle Unterschiede, von einer neuen Frisur kann überhaupt nicht die Rede sein. Deshalb war es auch lächerlich, wenn der Friseur mir nach getaner Arbeit einen Handspiegel hinter den Kopf hielt, damit ich überprüfen konnte, ob ich damit zufrieden war, wie er mir den Nacken ausrasiert hatte.

So ging das nun schon seit Jahren. Dann trat Udo Lindenberg in mein Leben.

Als 1983 «Sonderzug nach Pankow» herauskam, kaufte ich mir die LP, die «Odyssee» hieß, und jeder Song war gut. Vor allem die Texte. Was der alles sagen konnte! So müsste man selber zu sprechen wagen, da würden die anderen aber mit den Ohren schlackern. Besonders gefiel mir der Song «Beim Bund» mit dem Refrain:

Ich bin beim Bund, ich bin beim Bund, ich bin ja so ein armer Hund!

Eine Stelle war völlig abgedreht, die ließ ich mir immer auf der Zunge zergehen, eine so dichte Konzentration von Kraftausdrücken und Fremdwörtern, dass ich jedes einzeln unter die Lupe nehmen musste, um den Sinn zu erahnen:

Der Spieß pöbelt rum wie die letzte Sau,
der hat bestimmt Komplexe oder Trouble mit seiner Frau.
Schreit hier rum, so 'n beknackstes Schwein.
Ich sag: Dein Gesicht und mein Arsch könnten gute
Freunde sein.

Dem Spieß vorzuhalten, dass er Komplexe hat, fand ich absolut genial, denn das drehte die Machtverhältnisse schlagartig um. Nicht der Rekrut war in Wahrheit die arme Sau, sondern der Spieß (was immer das war: *ein Spieß*. Ein Spießer? Hm, hätte ja irgendwie Sinn ergeben).

Es ging aber nicht nur darum, wie Udo Lindenberg zu reden, sondern auch auszusehen wie er. Tatsächlich gelang es mir, einen Schlapphut, wie er ihn trug, ausfindig zu machen. Allerdings sah der Schlapphut auf meinem Kopf nicht so aus wie auf dem Kopf von Udo Lindenberg; die typische Udo-Silhouette war ja die Kombination aus Hut und langen Haaren, also brauchte auch ich lange Haare.

Als ich das nächste Mal zum Friseur gehe, bin ich hochnervös. Heute nämlich werde ich auf die Frage «Wie immer?» mit «Nein» antworten! Vorausgesetzt, ich habe den Mut dazu. Es ist so schwer, etwas zum ersten Mal anders zu machen. Noch sind zwei Kunden vor mir dran. Ich würde am liebsten wieder gehen. Dann ist es so weit. Der Friseur fragt: «Wie immer?», und ich antworte stockend, denn ich habe ja keine Ahnung, wie man so etwas sagt: «Also hinten ... hätte ich es gern lang.» Der Friseur starrt mich an. Ich schaue erschrocken zurück. Ich merke, dass er selber hilflos ist, als er fragt, was ich mit «hinten lang» meine? Da sei ja sowieso nur der Haaransatz, meine Haare seien ja nicht in dem Sinne *lang*. Es ist zum Verzweifeln. Ich kann ihm schlecht sagen, ich möchte Haare wie Udo Lindenberg, also sage ich zittrig: «Hinten halt nicht so viel wegschneiden.» Er nickt langsam und ernsthaft: «Dann rasier ich dir den Nacken nicht aus.»

Als ich zu Hause bin, prüfe ich meine neue Frisur sehr genau vor dem Badezimmerspiegel: Es sieht alles exakt so aus wie immer.

So vieles war neu und aufregend, aber man wusste nicht genau, wie es auf richtige Art zu handhaben war. Besonders bestimmte Wörter waren heikel. Es gab wichtige und geheimnisvolle Wörter, die man kennen zu müssen schien, obwohl ich ihre Bedeutung nicht ganz verstand. Zum Beispiel tauchte in letzter Zeit immer wieder das Wort «double feature» auf. Das klang wirklich gut, und mein Klassenkamerad Mirko hatte es schon einmal verwendet, und da hatten alle ehrfürchtig geschwiegen. Leider war es ausgeschlossen, Mirko zu fragen, was ein «double feature» sei, das musste ich schon selber herausbekommen. Aber wie? Ich konnte nicht ausschließen, dass es sich möglicherweise sogar um eines jener extrem geheimnisvollen Wörter handelte, die eine anzügliche Zweitbedeutung hatten. Das war überhaupt die Gefahr bei etlichen neuen Wörtern: Es konnte immer sein, dass sie auch einen sexuellen Sinn hatten, und wenn man das nicht schnallte, würde man sich komplett blamieren. Bei «double feature» klang es nicht danach, aber ganz sicher war ich mir nicht: Hieß «double» nicht «Doppel», also zwei, und waren zwei, nun ja: Menschen nicht die Grundkonstellation für etwas Sexuelles, zwei Menschen, deren Gestalten, «features»?, sich dann, o mein Gott!, durchdrangen?

Dann gab es Wörter, die von ihrer Bedeutung her nichts Anzügliches hatten, wenn man ihre Wortbestandteile allerdings isolierte, sah es schon wieder ganz anders aus: «Fiktiv» musste man dann als «fick tief» lesen. Auch wenn vom «Graphiker» die Rede war, kicherten alle. Und wie stand es um Boris Becker, Heidelberger wie wir, den die «Bild» «Bum-Bum-Becker» getauft hatte?

Musste man da nicht das Wort «bumsen» mithören, das ohnehin eine ähnliche Stoßrichtung hatte wie Beckers Aufschlag?

Apropos «Bild»-Zeitung, die nannten ältere Damen gern «Bums-Blatt», das war wirklich komisch, wussten die gar nicht, was sie sagten?

Und was genau war «Petting»? Wie sollte man die Grenze zwischen «Petting» und «Bumsen» ziehen? In der «Bravo» schrieb ein Mädchen, das zum ersten Mal mit ihrem Freund geschlafen hatte: «Und dann haben wir die Sterne gesehen.» Würde man beim «Petting» auch die Sterne sehen oder nur beim «Bumsen»? Und woher kamen eigentlich plötzlich diese Sterne?

Brennende Fragen, aber ich wusste nicht, mit wem ich sie besprechen sollte. Die 6er-Gruppe hatte sich überlebt, das Grundvertrauen war vergessen, man hatte sich nicht mehr viel zu sagen. Überhaupt war das Leben gar nicht so einfach. Bestürzt nahm ich zur Kenntnis, dass sich auf meiner Oberlippe ein Flaum bildete.

Dafür waren manche Bücher plötzlich interessant. Im Geschichtsunterricht hielt ich ein Referat über Friedrich Engels' Schrift über die Bauernkriege. Engels war, wenn ich das richtig verstand, Marxist, mehr noch, er war ein Freund von Karl Marx. Obwohl er aus einer reichen Familie kam, war er für das Proletariat. Das Wort «Proletariat» war, wenn auch auf andere Art, ebenso faszinierend wie das Wort «double feature». Vielleicht war ich selber auch Marxist? Das war, sah ich, gar kein so schlechtes Gefühl. Und offensichtlich machte es auf alle Eindruck, dass ich über Friedrich Engels sprach. Ich stand auf der Seite der unterdrückten Bauern, während Luther, das konnte man gar nicht oft genug sagen, sich opportunistisch auf die Seite der Fürsten geschlagen und die Bauern verraten hatte.

Mein Geschichtslehrer war mit meinem Referat zufrieden. Dann aber ging die Bombe hoch.

An der Schule gab es einen Religions- und Hebräischlehrer, Herrn Vaupel: ein echter Kalter Krieger, ein Mann von altem Schrot und Korn, er sei, verkündete er gelegentlich (und legte uns damit nahe, dies selber auch zu sein), *Gesinnungspreuße*. Gebürtiger Preuße ging ja nicht mehr, schon gar nicht als Heidelberger. Also: *Gesinnungspreuße*. Jetzt mussten wir umdenken: Bisher waren wir am KFG in dem Bewusstsein erzogen worden, dass wir begünstigt seien, weil wir innerhalb der Grenzen des Römischen Reichs geboren wurden, gerade erst hatten wir im Landschulheim den Limes im Taunus abgewandert. Das sei einfach eine alte Kulturlandschaft! Wer sich nicht zu diesen glücklichen Römern zählen konnte, der mochte wenigstens noch innerhalb der Grenzen des karolingischen Reichs geboren worden sein; jenseits davon hausten die Barbaren. Und nun plötzlich: *Gesinnungspreuße*. Natürlich nahmen wir als Schüler weder das Römerbewusstsein noch die Preußenidentifikation ernst, das war ja beides völlig lächerlich, reaktionär und anachronistisch, aber bemerkenswert war die Verschiebung der kulturtopographischen Achse doch, mit der sich Herr Vaupel zu Preußen bekannte.

Am Revers trug er die Mitgliedsnadel der CDU. Zuletzt hatte er ein Mädchen aus dem Unterricht geworfen, weil sie das lila Tuch des Kirchentages getragen hatte; allerdings war des Mädchens Vater ein hohes Tier in der evangelischen Landeskirche, und die Sache endete mit einem Verweis durch das Oberschulamt für Herrn Vaupel, der sich seiner besonderen Verbindungen zum Oberschulamt doch immer gerühmt hatte; nun ließ man ihn so im Regen stehen! Auf Loyalitäten war offensichtlich kein Verlass mehr, aber er genoss seine Isolation auch wieder.

Da ich, ungetaufter Heide, am Religionsunterricht nicht teilnahm, war Herr Vaupel nicht mein Lehrer. Von meinem Referat hatte er trotzdem Wind bekommen. In einer Pause stand ich im

Gang, als er auf mich zustürzte. Choleriker in jeder Nervenfaser, schüttelte er den hochroten Kopf, fuchtelte mit den Armen, keuchte, vor Wut am ganzen Körper zitternd: «Da bist du aber auf dem ganz, ganz falschen Dampfer!»

Alle bekamen seinen Wutanfall mit. Es war unglaublich. Ich war gerade erst Marxist geworden, und schon verlor der Klassenfeind die Nerven.

Ein andermal, als wir uns im Unterricht kritisch mit dem Einfluss der Werbung auseinandersetzten, sollten wir Menschen auf der Straße interviewen, ob sie glaubten, von Werbung beeinflusst zu sein. Die Idee dahinter war wohl, dass die Leute das verneinen würden, wir es aber, ha!, besser wussten. Wir würden durchschauen, wie verblendet die anderen sind, das ist immer ein gutes Gefühl.

Mit einem Klassenkameraden stand ich in der Fußgängerzone und bat Passanten um Kurzinterviews, als ein Mann mit anarchischem, weitgelocktem Haar, klein und mit einem kugelrunden Bauch, der Behaglichkeit, ja Selbstzufriedenheit ausstrahlte, auf uns zukam. Sein weit aufgeknöpftes Hemd hing ihm über die Hose, auf der Nase trug er eine Nickelbrille, er reichte uns seine Visitenkarte: Er sei vom Süddeutschen Rundfunk. Was wir da machten, sei ja hochinteressant, über die manipulative Wirkung von Werbung wollte er schon länger mal ein Feature machen, wir seien da an einer echt relevanten Sache dran. Das Problem: Wenn er die Leute befrage, würden sie, von Erwachsenem zu Erwachsenem, nicht ehrlich antworten, wir Jungs hätten da einen Vorteil, wir würden gewiss die authentischeren Antworten bekommen. Ob wir nicht Lust hätten, dasselbe für ihn zu machen, nur mit Aufnahmegerät? Auf der Karte da stehe seine Adresse. Wenn man die Klingel mit seinem Namen gleichzeitig mit der obersten Klingel links drücke, gehe die Tür von allein auf. «Hehe», lachte er, als hätte er es den Spießern mit ihrem kleinmütigen Sicherheitsbedürfnis gezeigt. Warum wir nicht einfach morgen nach der Schule bei ihm vorbeischauten, man könnte zusammen Mittag essen, dann würde er uns sein Tonbandgerät geben, und es könnte losgehen. Übrigens würden ihn alle Tenno nennen.

So begann die Tenno-Zeit.

In seiner höhlenartigen, originell geschnittenen Wohnung mit kleinem Innenhof (von wildem Wein überrankt) in der Heidelberger Altstadt ging eine ganze Schar von jungen Männern ein und aus: die Tenno-Jünglinge. Nach der Schule hingen sie in Tennos Höhle ab. Etwas komisch fand ich, dass Tenno-Jünglinge ausschließlich vom Kurfürst-Friedrich-Gymnasium rekrutiert wurden, obwohl Tenno keine Gelegenheit ausließ, diese Schule, die sich wohl für eine Kaderschmiede des Heidelberger Großbürgertums halte, zu verspotten. Offensichtlich sah er in seinen Jünglingen eine Geheimtruppe, die der ehrwürdigen Institution von innen zusetzen sollte. Die wichtigste Botschaft, die Tenno den Knaben beibrachte: Jeder Einzelne von ihnen sei diesen abgeschmackten Lehrern um Welten überlegen. Seine Ansicht der Dinge fiel bei uns auf fruchtbaren Boden.

Besonders hatte Tenno es, der einst Musikwissenschaften und Komposition studiert hatte, auf einen Musiklehrer des Gymnasiums abgesehen. Wenn unter dessen Leitung das Schulorchester in der Stadthalle ein Konzert aufführte, schrieb er unvermeidlich eine Kritik darüber in der «Rhein-Neckar-Zeitung», in der er die Schüler für ihr von Freude beschwingtes Spiel lobte, dem Musiklehrer und Dirigenten aber nachwies, dass er in Brahms' Vierter Symphonie einen Einsatz verpatzt habe. Maßlos konnte er sich darüber aufregen, dass bei einem anderen Konzert besagter Musiklehrer einmal mit einer barschen Armbewegung vom Dirigentenpult ins Publikum hinab dieses zur Stille verdonnert hatte, nachdem einige Schüler aus Versehen zwischen den Sätzen zu klatschen begonnen hatten; man solle doch den Überschwang der Schüler nicht so pedantisch abwürgen! Überhaupt hielten sich zu viele Lehrer für verkannte Genies, während sie in Wahrheit Mittelmaß seien, eigentlich: lächerliche Zwerge.

Als ich Tenno kennenlernte, war ich 14 Jahre und im Dauerclinch mit der Mehrzahl meiner Lehrer, da war es, wie wir damals gern sagten, ein *innerer Reichsparteitag* für mich, ein psychologisches Argument gegen sie zur Hand zu haben, das mir unschlagbar schien: Sie waren halt traurige, bemitleidenswerte Gestalten, die nicht damit zurechtkamen, keine Genies zu sein wie einige ihrer Schüler, die sie – nicht zufällig! – am meisten auf dem Kieker hatten.

Gern erzählte Tenno die Geschichte, wie es zu seinem Spitznamen gekommen war. Als junge Pfadfinder seien sie um ein Lagerfeuer gelegen, und er, hingefläzt auf dem Boden wie auf einer Ottomane, habe einen anderen Pfadfinder aufgefordert, ihm etwas zu trinken zu bringen. Der habe gesagt: «Hol's dir selber, du bist doch nicht der Tenno!», und seither sei klar gewesen: Er ist der Tenno. Leider wusste ich nicht, wer der Tenno war. Ach so, der japanische Kaiser. Ich lachte halblaut, wie man das tut, wenn man sich nicht absolut sicher ist, ob man die Pointe eines Witzes richtig verstanden hat.

War es nicht seltsam, dass jemand, der sonst für den Sozialismus und die Gleichheit stritt und allen Autoritäten vors Schienbein trat, sich mit einem Kaisertitel schmückte? Schon, aber vielleicht lag darin gerade der geniale Move: sich nichts sagen lassen, die anderen überraschen und bei sich selbst immer eine Ausnahme machen.

Tatsächlich waren die Rebellion gegen die Autoritäten und

die Feier des eigenen Ichs ein und dasselbe, wie ich bei Tenno lernte. Man konnte fast den Eindruck gewinnen, dass der Kampf gegen Erstere nur geführt wurde, um Letzterem mehr Raum zu erstreiten. Narzissmus war nur so lange eine Charakterdeformation, als er verdruckst daherkam; bekannte man sich hemmungslos zu ihm, galt er als Ausdruck der Unangepasstheit. Gern sagte Tenno: «Eitel? Aber ja doch!», und dann strahlte sein rundes Gesicht wie ein Honigkuchen.

Zu Tennos Standardzitaten zählte ein Goethe-Wort, das ich zu meiner Überraschung bereits einmal aus Herrn Vaupels Mund gehört hatte: «Nur die Lumpe sind bescheiden.» Das alles waren für den jungen Menschen neue Möglichkeiten, jetzt auch mal das eigene Ich etwas raumfordernder in die Welt zu stellen. Sollte einem jemand mit dem Vorwurf der Großspurigkeit kommen, würde man mit dem Goethe-Zitat kontern und dabei ironisch grinsen.

«Zeig's den Ärschen!», lautete Tennos Generalkommando. Am heftigsten traf es meinen Deutschlehrer in der 8. Klasse. Erkennbar jemand, dem nichts ferner lag, als sich für ein Genie zu halten, schwach und einsam, neigte er zur Weinerlichkeit, fühlte sich ständig missverstanden und zu Unrecht nicht geliebt von den Schülern, die er doch nur glücklich sehen wollte. Als er mit mir am Ende seiner Kräfte war, bestellte er meine Mutter zu einer Klagestunde, in der er – wie mir von meiner ansonsten immer mitleidsvollen Mutter nun doch mit einem Zug ununterdrückbarer Verachtung für solche Unmännlichkeit überbracht wurde – ausrief: «Ihr Sohn, Frau Mangold, will wie eine Mimose behandelt werden, aber mich behandelt er ja auch nicht wie eine Mimose, überhaupt nicht!»

Wie gesagt, für ein Genie hielt er sich nicht, aber von dem Umstand, dass er Elsässisch sprechen konnte, war er sozusagen gerührt und in dieser Hinsicht auf eine Art von sich eingenommen, die er einfach nicht verbergen konnte. Er hatte wohl die Hoffnung, dass seine Elsässisch-Kenntnisse uns trotz unserer bekannten Hartherzigkeit nicht weniger als ihn selbst entzücken würden, und folglich war er tief enttäuscht, als sich auch hier herausstellte, dass wir nicht im Seeleneinklang waren. Seine Sprechbeispiele, er neigte zu einer feuchten Aussprache, waren gefürchtet – einmal hatte jemand in der ersten Reihe sogar einen Regenschirm aufgespannt und dreist gesagt, irgendwie würd's regnen.

Außerdem spürten wir, dass es mit dem Elsässischen etwas auf sich hatte, etwas Bedenkliches, weit über den Status eines Dialekts hinaus. Das Elsass gehörte doch nicht mehr zu Deutschland, geschweige denn zur BRD? Es gehörte zu Frankreich. Wer Elsässisch sprach, war vermutlich ein Revisionist, gewissermaßen ein nach Westen gespiegelter Schlesienvertriebener?

Dieser Lehrer liebte Johann Peter Hebel. Ich nicht. Damals. Ich fand ihn spießig. Was sollte das mit dem Alemannischen? Das war doch am Ende fast genauso fragwürdig wie das Elsässische!

Einmal musste ich wegen ungehörigen Betragens eine Erzählung von Johann Peter Hebel nacherzählen, als Strafarbeit – und zwar in der Form der Inhaltsangabe, also im Präsens geschrieben und ohne subjektive Wertung. Voller Wut traf ich nach der Schule bei Tenno ein und berichtete von dem unerhörten Vorfall. Wir waren uns schnell einig, dass das eine Unverschämtheit sei, die man diesen Typen nicht durchgehen lassen dürfe. «Gib mal her», sagte Tenno, und ich reichte ihm die kopierten Seiten mit Hebels Erzählung. Er las sie rasch, zunehmend glucksend. Dann setzte er sich an seine elektrische Schreibmaschine. Mit spitzbübischer Begeisterung legte er los. Nach einer Dreiviertelstunde war er fertig und reichte mir seine Version von Hebels Erzählung. Ich las und traute meinen Augen nicht: Das war schlichtweg genial ... Das war so *wahnsinnig genial,* ich wusste gar nicht, dass ein so *genialer* Schachzug mit bloßen Worten möglich war! Tenno hatte Hebels Erzählung so nacherzählt, dass auch dem einfältigsten Leser klarwerden musste, um was für eine erbarmungswürdig reaktionäre Erzählung es sich dabei handle, die nur ein finster-obrigkeitsstaatlicher Geist ersonnen haben konnte. Und an einer Stelle, und das war das Sahnehäubchen, hatte Tenno einen der Protagonisten in Parenthese als «verkanntes Genie mit Minderwertigkeitskomplexen» charakterisiert, sodass mein Deutschlehrer, wenn er nur Augen hatte zu lesen, begreifen musste, dass niemand anderes als er selbst gemeint sein konnte! Meine Wangen glühten. Eine solche Beleidigung dem Lehrer mitten ins Gesicht zu sagen, andererseits aber das Ganze so geschickt einzufädeln, dass er, um sich von der Beleidigung gemeint zu fühlen, zugeben müsste, sich für ein verkanntes Genie zu halten – das war *unfasslich*! Aus dieser Zwickmühle gab es kein Entrinnen. Außerdem war alles so sagenhaft gut geschrieben, dass völlig klar war, dass das nicht aus der Feder eines Achtklässlers stammen konnte. Wie würde mein Lehrer auf den Affront reagieren?

Am nächsten Tag gab ich die Strafarbeit ab. Ich konnte es nicht erwarten, sie zurückzubekommen. Im Grunde gab es ja nur zwei Möglichkeiten: eine 1 wegen Brillanz oder eine 6 wegen Beleidigung (Hebels und des Lehrers).

Doch es kam anders. Mein Lehrer tat so, als wäre nichts passiert. Er gab mir die Arbeit zurück und sagte nur flüchtig, dass eine Inhaltsangabe im Präsens geschrieben werden müsse, die meine sei im Präteritum verfasst, deshalb: 2 minus.

Noch erbärmlicher ging's ja wohl nicht ... Meine Verachtung kannte keine Grenzen.

Tenno liebte es zu kochen, und wenn wir nach der Schule die zwei Klingelknöpfe gleichzeitig gedrückt hatten und Sesam sich öffnete, stand er bereits in der Küche und bereitete ein köstliches Mittagessen mit viel Knoblauch zu. Zu betonen, dass man mit sehr viel Knoblauch koche, war etwas, was damals in Mode kam. Wer mit viel Knoblauch kochte, war Kosmopolit. Noch wichtiger als der demonstrative Knoblauchkonsum war nur das bedingungslose Bekenntnis zum Riesling, den es in großen Mengen zu trinken galt, am besten in der legendären 68er-Kneipe, deren schmucklose, kellerhafte Kargheit vom Hauptzweck der Versammlung nicht ablenkte. Die Kneipe trug zu Recht den weithin berühmten Namen «Weinloch». Ein ums andere Mal wiederholte Tenno das Bismarck-Zitat, wonach der Riesling, der nicht getrunken werde, seinen Beruf verfehlt habe. Bei Bismarck, dem ostelbischen Säufer, war allerdings von Champagner die Rede gewesen.

Zeitweilig verbrachte ich jeden zweiten Tag bei Tenno. Immer hingen fünf, sechs Jungs bei ihm rum, alle schon älter als ich, Elft-, Zwölft- und Dreizehntklässler, sodass ich bewundernd zu ihnen und ihrer Schlagfertigkeit aufblickte. Sie waren so selbstbewusst und souverän. Gern betonte Tenno, welchen Erfolg einige der Jungs bei den Mädchen hätten. Diese bekämen regelrecht weiche Knie, sobald Clemens oder Tobias auch nur auftauchten, betonte er mit zufriedenem Stolz.

Im Lauf des Nachmittags und Abends trudelten dann verschiedenste Leute, die ohne Ausnahme ein gewisses kulturelles Air ausstrahlten, herein und bekamen unverzüglich ein Glas Riesling vorgesetzt, darunter der Kantor der Heilig-Geist-Kirche, der die Kunst, alle zu verachten, in wahrhaft olympische Höhen getrieben hatte; wenn er nach einer Aufführung der «Matthäuspassion» den Applaus entgegennahm, ließ sein Blick keinen Zweifel daran, wie wenig er auf den Zuspruch derart tauber Geister gab, während umgekehrt das Heidelberger Bürgertum ihm am liebsten die Füße geküsst hätte. Masochismus ist ja ein wesentlicher Teil des bürgerlichen Kunstgenusses. In Tennos Höhle hingegen war der Kantor von großer Leutseligkeit. Er lästerte über die Ignoranten in der Heidelberger Kulturverwaltung: «Alles Idioten, das glaubst du nicht!»

Oder es schaute mit dem Ausdruck strengsten protestantischen Pflichtbewusstseins, einen leider sehr vollen Terminkalender unter dem Arm, der Gebrauchskünstler Klaus Staeck vorbei, dessen berühmte Postkarte «Arbeiter! Die SPD will euch eure Villen im Tessin wegnehmen» gerahmt in meinem Zimmer hing. Staeck wohnte im selben Haus wie Tenno und wurde von diesem ungewöhnlich respektvoll behandelt.

Ein regelmäßiger Gast war auch Lothar aus der Nachbarwohnung, der eigentlich in Berlin lebte, aber in Heidelberg eine Zweitwohnung besaß. Lothar pflegte einen vornehmen Misanthropismus à la Schopenhauer, eine für mich bis dahin ganz unbekannte Attitüde, die mich aber zutiefst faszinierte. Er hatte nur noch einen schmalen grauen Haarkranz, hohle Wangen, stets feuchte Lippen, kein Gramm Fett am Körper, was seinen Grund allerdings ersichtlich nicht in sportlicher Betätigung hatte; er strahlte etwas tief Ungesundes und gerade dadurch Vergeistigtes aus. Immer wieder einmal erzählte er mir von seinem prächtigen Adoptivsohn, ein Mulatte wie ich, der zu Lothars Befriedigung mittlerweile ein Leben führe, das dem seinen gänzlich entgegengesetzt sei: Er studierte Sport oder BWL oder gar beides.

Tenno und Lothar waren einander in eingespielter Feindseligkeit verbunden. Wenn Tenno wieder einmal Pläne schmiedete, wie er dem SWR-Intendanten, seinem Vorgesetzten, den Spiegel vorzuhalten gedenke, und zwar so, dass es knalle und zu einem echten Eklat komme (ich hielt die Luft an: Ging er da nicht doch ein wenig zu weit?), hatte Lothar für solche theatralischen Erregungen nur ein Lächeln übrig wie für ein Kind, das ja ohnehin noch nicht strafmündig ist. Sein Zynismus machte, und das gab ihm etwas Heroisches, auch vor der eigenen Person nicht halt: Das Einzige, sagte er, was ihn von einem vollkommenen Nichtsnutz unterscheide, sei die Liebe und Aufopferungsbereitschaft für seinen Adoptivsohn. Wenn Lothar wieder einmal anlasslos misanthropisch seufzte, mochten ihm der gebrechliche Zusammenhang der Welt und die eigenen Versuche, sich in ihr einzurichten, vor Augen stehen.

Tenno hielt Lothar seinerseits zwar nicht für einen Spießer, aber für etwas fast noch Gefährlicheres: einen Geschichtspessimisten. Dass in Lothars Wohnung ein Gemälde hing, das Friedrich den Großen zeigte, war für Tenno eine echte Zumutung. Er konnte an dem Bild nicht vorbeigehen, ohne mit der Hand vor der Stirn hin und her zu wischen, um zum Ausdruck zu bringen, dass er offensichtlich in einem Narrenkäfig gelandet sei. War noch mehr Dampf abzulassen, machte er sich lustig über die streberhaften Flötenkonzerte, die der Preußenkönig komponiert hatte. Lothar ließ das kalt, er mochte derweil an die Katte-Tragödie denken.

In unregelmäßigen Abständen lud Tenno die Eltern seiner Jünglinge zu Festen in seinen gemütlichen Innenhof ein, meist Eltern mit viel Geld, die den beschwingten und frechen Ton bei Tenno genossen und schnell überzeugt waren, dass die Bekanntschaft mit ihm für ihre Söhne eine unbedenkliche, ja geradezu sokratische Horizonterweiterung darstelle. Auch meine Mutter hatte schon die Ehre gehabt und stand im Tenno-Bann.

Bei Tenno genossen wir maximale Freiheit, und wenn es abends mal später wurde, rief er persönlich bei den Eltern an, und die Sache war geritzt. Nur in einem Punkt herrschte ein strenges, unerbittliches Regiment, gegen das keiner zu verstoßen wagte: Es durfte nur und ausschließlich Klassik gehört werden. Tenno vertrug keine Popmusik. Sein Gott war Bach, seine Religion monotheistisch, und aus den Lautsprechern seiner vorzüglichen Anlage schallten Motteten, Choräle, Orgeltoccaten und Concerti grossi. Selbst der redselige Papagei Rico, ein ziemlich arroganter Charakter, der nur auf Tennos Schultern Platz nahm und nach allen anderen schnappte, hielt den Schnabel, wenn Bach ertönte.

In Tennos Höhle standen in jeder freien Ecke und an allen Wänden bis unter die Decke Bücher – viele davon sogenannte Rezensionsexemplare, die er doch tatsächlich kostenlos von den Verlagen zugeschickt bekam. Der Begünstigte!

Damals begann ich zu lesen. Tenno förderte das, auch wenn er leider nie die Muße (oder das Interesse?) fand, mit mir über meine neugewonnenen ästhetischen Einsichten und literarischen Erlebnisse zu reden. Ich hätte so gern von ihm erfahren, wer seiner Meinung nach in den irrwitzig-tollen Streitgesprächen in Thomas Manns «Zauberberg» («die aristokratische Frage!») denn nun recht habe: Naphta oder Settembrini? Aber obwohl er immer ein großes Bohei um seine Bücher machte, hatte ich manchmal den leisen Verdacht – aber das konnte doch wohl nicht sein? –, dass er sie gar nicht gelesen hatte. Zu Thomas Mann, diesem steifen, selbstverliebten «Großschriftsteller», wie es über ihn im Tonfall der Verachtung hieß, fiel ihm immer nur ein angebliches Brecht-Zitat ein: «Ein begabter Verfasser überflüssiger Romane.» So ein Satz ging mir nahe, verunsicherte mich regelrecht, denn gerade hatte ich den «Zauberberg» zu Ende gelesen und liebte ihn, es war eine regelrechte Offenbarung gewesen. Wenn Tenno (und Brecht) also Thomas Mann ablehnten, dann wollte ich mit ihm über seine Gründe diskutieren. Zu meinem Erstaunen war er daran aber gar nicht interessiert. Das fand ich schon ein bisschen seltsam. Er war doch ein Intellektueller!

Auch was den Musikgeschmack betraf, war ich sein gelehriger Schüler. Ich hatte in einem Akt ästhetischer Schubumkehr aufgehört, Popmusik zu hören, und war von Klassik fasziniert. Nicht unbedingt Bach, aber Beethoven und möglichst viel Oper. Schauder liefen mir über den Rücken, wenn sich in Verdis «La Traviata» Alfredo und Viola ihre Liebe gestehen oder wenn der Zwerg Rigoletto begreift, dass er in dem Sack auf seinem Rücken nicht die Leiche des Herzogs, sondern die seiner geliebten Tochter trägt (für ein selig-trauriges Abschiedsduett zwischen Vater und Tochter reicht es aber noch). Ich nahm meine Platten der Neuen Deutschen Welle, sämtliche Udo-Lindenberg-LPs und selbst das zuletzt erstandene Album von Frank Zappa, verpackte alles in Tüten und schleppte meinen Schatz, der mir einst so viel bedeutet hatte, jetzt aber völlig wertlos für mich war, zu einem Laden für gebrauchte Schallplatten. Es war nicht viel, was ich dafür bekam, aber ich trennte mich leichten Herzens davon, nahm das Geld und kaufte eiskalt in einem anderen Plattenladen für 60 Mark ein umfängliches Album mit Aufnahmen zeitgenössischer Musik von Hans Werner Henze bis Wolfgang Rihm.

Dann entdeckte ich Richard Wagner. Die Versuchung war groß, denn wenn man nicht ganz auf den Kopf gefallen war, konnte einem pubertierenden Jungen Mitte der achtziger Jahre nicht entgehen, dass die einzigen Dinge, die noch den Zauber des Tabus hatten, solche waren, die durch den Nationalsozialismus diskreditiert waren. Mein Schauder beim Schlusschor zu den «Meistersingern» («Zerging in Dunst das heilge röm'sche Reich / Uns bliebe gleich die heil'ge deutsche Kunst») wäre nur halb so ekstatisch ausgefallen, wenn von dieser Musik nicht der Ruch des Verbotenen, Gefährlichen, ästhetizistisch Zügellosen ausgegangen wäre. Gerade die Ambivalenz war attraktiv: Auch Thomas Mann hatte, obwohl er das Hitler-Deutschland zur Hölle wünschte, seiner Wagner-Liebe nie abgeschworen, sondern den Kunstgenuss durch Einsicht in dessen tiefe Zweideutigkeit nur gesteigert.

Ich las und las und las, ich hörte, hörte, hörte. Auch mit Blick auf Wagner erhoffte ich mir von Tenno kluge Erläuterungen und Einsichten, aber auch da wieder: nichts. Er mochte Wagner nicht, und als ich einmal «Rheingold» auflegte, hielt er das nur für die Dauer des Vorspiels aus, dann wechselte er zu Gustav Mahlers «Lied von der Erde».

Immerhin nahm er mich mit in den vierstündigen Parsifal-Film von Syberberg, das müsse man schon gesehen haben, meinte er, obwohl Syberberg natürlich ein Nazi sei.

Apropos Nazi: Ich war jedes Mal überrascht, wenn Tenno für die Pfadfinder ein gutes Wort einlegte, denn ich dachte, dass man die wegen ihrer Uniformen, ihrer Disziplin und ihrer Hierarchie für Nazis halten müsse. Er sei in Wahrheit, erklärte Tenno, auch nicht bei den Pfadfindern gewesen, sondern bei einer autonomen Horte der Bündischen Jugend. Das war mir dann doch etwas zu kompliziert.

Seit ich zum Tenno-Orden zählte, hatte ich mit meinen Klassenkameraden nicht mehr viel am Hut. Ohnehin hatte ich mich einsam gefühlt und, seit ich zu lesen angefangen hatte, von allen missverstanden. Keiner teilte meine ungeheuerlichen Entdeckungen in der Welt des Geistes. Bei Tenno hingegen konnte man sich ein Buch aus dem Regal nehmen und darin lesen, man tat damit genau das, was der Umgebung entsprach. Und so las ich, wenn ich bei ihm war, und Tenno schrieb auf seiner elektrischen Schreibmaschine, aus einer erdfarbenen Teekanne schenkten wir uns Tee nach, und dann war es auch schon später

Nachmittag, und die ersten Freunde trafen ein mit einer Flasche Wein unter dem Arm. Doch bevor der erste Besuch kam und das Tratschen und Klatschen losging, versuchte ich, noch schnell eine Frage loszuwerden. «Tenno, was hältst du eigentlich von Wolfgang Leonhards ‹Die Revolution entlässt ihre Kinder›?»

«Hm», brummte er, sein Schreiben kurz unterbrechend, «schon ganz gut.»

Eigentlich hatte ich auf eine Antwort gehofft, die mir erklärte, wie man als Linker damit umzugehen habe, dass die Sowjetunion leider doch kein Menschheitsparadies sei, doch dieser Konflikt schien ihn nicht in gleicher Weise zu bedrücken wie mich. «Scheißbonzen», fügte er noch hinzu, und damit war klar, dass er sich für die Spießer jenseits des Eisernen Vorhangs nicht verantwortlich fühlte.

Natürlich bekamen meine Klassenkameraden schnell mit, dass ich nach Schulschluss nicht mehr mit ihnen Wassereis und Colaflaschen am Kiosk kaufte, sondern zu Tenno in die Altstadt pilgerte. Zudem galt ich, seit ich gern Fremdwörter verwendete, als arrogant. Ich litt darunter, aber gegen die Fremdwörter, die aus mir heraussprudelten, war ich machtlos. Ich konnte ihnen nicht abschwören, ich war festen Glaubens, dass sich mir durch sie eine höhere Wahrheit offenbarte. Als Zeuge der Wahrheit musste man eine gewisse Isolation wohl hinnehmen.

Und dass aus der Tenno-Richtung ein Wind der Freiheit wehte, das konnten meine Klassenkameraden nicht in Abrede stellen, ohne als neidisch dazustehen. Dennoch galt es, mir einen Dämpfer zu verpassen, sonst könnte ich mich womöglich noch für etwas Besseres halten, nur weil ich Tenno kannte. Irgendwann stellte Mirko, mit dem ich zu Zeiten der 6er-Gruppe sehr eng gewesen war, mich in der Pause: «Du gehst jetzt also auch zu Tenno. Der ist doch 'ne schwule Sau!»

Gut, ja – sicher war Tenno schwul, aber wie hieß es auf einer der Udo-Lindenberg-Platten, die ich gerade verhökert hatte: «Na und?»

Im Grunde war jedem klar, dass Tenno die Gesellschaft seiner Knaben nicht vorzüglich deshalb genoss, weil diese ihn an ihren neuesten Entdeckungen im Gesamtwerk Thomas Manns teilnehmen ließen. Es war ein Geben und Nehmen auf unterschiedlichen Ebenen, aber darüber musste man nicht reden, es war offensichtlich und brauchte nicht problematisiert zu werden. Wenn ich bei Tenno übernachtete, weil es zu spät geworden war, um nach Hause zu radeln, und er sehr viel getrunken hatte, legte er manchmal einen Arm um meinen Hals und zog meinen Kopf an seine Brust, aber dann musste man nur wie ein Hund, der sich aus der Leine schüttelt, den Kopf aus dieser Schlaufe wieder herausziehen, und das war es. Eher nervte, dass Tenno an solchen Abenden gern mal in meine Richtung lallte: «Na, mein Negerle.» Aber er war ja betrunken, und vor anderen hätte er das nicht gesagt. Es sollte wohl so eine Art um die Ecke gedachter Vertrauensbeweis sein.[*]

Als die Odenwaldschule im nahen Heppenheim ihr 75-jähriges Jubiläum feierte, fuhr ich mit Tenno hin. Tenno hatte kein Auto, aber immer gab es jemanden, der ihn mitnahm, wenn er Heidelberg, was selten vorkam, kurz verließ. Schon Klaus Mann sei auf der Odenwaldschule gewesen, erzählte er, und das machte großen Eindruck auf mich, hatte ich doch gerade dessen Auto-

---

[*] Für das «(einmal!!) hingeflapste Negerle» schäme er sich noch heute, schrieb mir Tenno, als ich ihm das Kapitel zu lesen gab. Und fügte sehr souverän und großzügig hinzu: «Wenn du die Tennoepisode so im Gedächtnis hast, dann finde ich es in Ordnung, wenn du es auch so schreibst.»

biographie «Wendepunkt» gelesen, auf deren letzten Seiten, es waren Tagebucheinträge, sich der Ausdruck «Todeswunsch» häufte. Immer wieder stand da: «Todeswunsch», bis die Notate abbrachen und die Ankündigung vollzogen war. Da ich mich auch oft einsam und verzweifelt fühlte, hatte ich unter dem Eindruck der «Wendepunkt»-Lektüre auch einmal in mein Tagebuch notiert: «Todeswunsch». Leider sah das völlig lächerlich aus, es wieder durchzustreichen hatte bei einem Tagebuch, das man nur selber las, aber auch keinen Sinn.

Tatsächlich habe, fuhr Tenno fort, auch einer der Söhne des Bundespräsidenten, ein wahrhaftes Enfant terrible, die Odenwaldschule besucht, vermutlich würde ich ihn kennenlernen. Das allerdings war allerhand. Den Sohn des Bundespräsidenten kennenzulernen überstieg meine kühnsten Erwartungen. Schon als Tennos Begleitung dem Intendanten des Heidelberger Stadttheaters die Hand zu schütteln war ein Vorgang gewesen, der mir fast den Atem verschlagen hatte, aber der Sohn des Bundespräsidenten und eines solchen Bundespräsidenten!, das war natürlich noch mal eine ganz andere Klasse.

In jenen Jahren litt man sehr unter der tumben Mittelmäßigkeit des Bundeskanzlers aus der nahen Pfalz: Was war die schlimmere Zumutung – seine weinselige Unbedarftheit oder sein Versuch, einen Schlussstrich unter die Vergangenheit zu ziehen? Vielleicht kam ja beides zusammen, als er sich offensichtlich nichts dabei dachte, dem französischen Staatspräsidenten in Deidesheim Pfälzer Saumagen vorzusetzen? Was für ein Fauxpas, einem französischen Bonvivant, der eine Kultur des Savoir-vivre gewohnt war, ein derbes deutsches Pfannengericht zuzumuten! Das war doch genau der hässliche Deutsche, für den man sich so sehr schämte und den man in sich selbst überwunden zu haben meinte, seit man im Sommer in die Provence fuhr. Hätte man damals geahnt, dass Mitterrand Ernst Jünger las, man hätte die Welt nicht mehr verstanden – lagen Ernst Jünger und Pfälzer Saumagen doch damals in einer bestimmten Perspektive ideologisch auf derselben Linie: Manifestationen eines Deutschseins, das es zu überwinden galt.

Im Glanz des Silberhaars des Bundespräsidenten sonnte man sich indes gern. Der Mann wusste, was Satzbau ist, mit ihm konnte man sich im Ausland sehen lassen, das hatte Niveau. Sein Vater war zwar ein Nazi, aber Staatssekretär im Außenamt war jedenfalls nicht piefig.

Das Gelände der Odenwaldschule war groß und wildromantisch. Es sah aus wie die Kulisse für einen Abenteuerfilm. Die Schüler, in Grüppchen über das Gelände verteilt, wirkten extrem lässig. So, dachte ich mir, leben also die Kinder der Reichen und Mächtigen. Ich war nicht neidisch, der Mensch pflegt nur auf das Nahe und prinzipiell Erreichbare neidisch zu sein, diese Welt, in der Söhne von Bundespräsidenten in einer Filmkulisse lebten, war zu fern, als dass mein Neid an sie hätte heranreichen können.

Und dann saßen wir auf einmal auf einer Stube mit vier ehemaligen Schülern, und der eine davon war *tatsächlich* der Sohn des Bundespräsidenten. Es war total cool, wie die vier sich die Bälle zuspielten, sie lümmelten auf ihren Stühlen und auf einem Sofa, als würden sie vor Müdigkeit und Langeweile gleich einschlafen, nur um im nächsten Moment eine total abgedrehte Pointe gezielt zu setzen. Und wie wunderbar sie sich gegenseitig auf den Arm nahmen: Keiner schien beleidigt, wenn ein Witz auf seine Kosten ging, denn das Karussell drehte sich immer weiter. Und immer wieder zwinkerte mir der Sohn des Bundespräsidenten aufmunternd zu, als wollte er sagen, ich müsse keine Scheu haben, auch etwas zu sagen, aber wenn ich die Rolle des Beobachters vorzöge, sei das angesichts meines Alters auch vollkommen okay. Ich zog es wirklich vor, kein Wort zu sagen, aber als ich mit Tenno wieder zurück nach Heidelberg fuhr, ich doch kurz davon, wie es wohl wäre, mit solchen Jungs auf einer Stube zu leben.

Die Tenno-Zeit war intensiv, bildend, bereichernd und ihr Ende nach über zwei Jahren ein herausfordernder Akt. Es war die erste biographische Tat meines Lebens, eine bewusste Entscheidung, mit der ich eine Weiche umstellte – dabei hatte ich noch keinerlei Erfahrungswerte darüber, ob das Leben so formbar war, dass man es durch bewusste Entscheidungen verändern konnte – so wie damals, als meine Mutter mich aus dem antiautoritären Kindergarten herausnahm und mich den Katholiken übergab, nur dass diesmal die Verantwortung allein auf meinen Schultern ruhte. Was würde Tenno sagen? Wie würde ich es meiner Mutter erklären? Würde irgendjemand erwarten, dass ich mich rechtfertigte? Würde ich als undankbar dastehen? Wäre ich plötzlich einsam und allein? Wie würden künftig meine Tage und Abende aussehen? Auf alle diese Fragen hatte ich keine Antwort, nur eines wusste ich: Ich fühlte mich von Tenno nicht ernst genommen, meine Anwesenheit schien für ihn zu einer Selbstverständlichkeit geworden zu sein, um die er sich nicht weiter bemühen musste, ich fühlte mich in meinem Stolz verletzt, und immer klarer wurde mir, dass der Bruch unvermeidlich war.

Tenno allerdings konnte nicht ahnen, dass ich innerlich schon länger auf Distanz gegangen war, so muss er überrascht gewesen sein, als ich mich plötzlich nicht mehr meldete. Aber meine Entscheidung war unwiderruflich. Gewiss würde er es bestreiten, aber in Wahrheit interessierte er sich nicht für mich, jedenfalls nicht für das, was ich entschlossen war für mein Bestes zu halten: meine Gedanken – an deren Entwicklung er doch so großen Anteil hatte! Immer schwang er die großen Reden, aber wenn ich versuchte, ihm etwas zu erzählen, wofür man ein paar Worte mehr brauchte, ein bisschen Ruhe und Konzentration, vielleicht eine Beobachtung, die ich gerade bei meinem Versuch, Döblins «Alexanderplatz» zu lesen, gemacht hatte, dann stand er, wie mir irgendwann aufging, in Wahrheit nicht zur Verfügung, obwohl er sich doch als Büchermensch gerierte. Plötzlich fand ich sein ganzes Kulturgehabe aufgesetzt.

Außerdem war ich eifersüchtig, denn vor kurzem hatte Tenno einen neuen Jüngling, Lars, an Land gezogen, jünger noch als ich, der ich nun bereits in der 10. Klasse war, und von ihm offensichtlich bevorzugt. Lars konnte tun und sagen, was er wollte, stets schlug Tenno auf den Tisch und rief, wie witzig diese Bemerkung schon wieder gewesen sei! Ich verstand Tenno nicht: Sah er denn gar nicht die streberhaften Züge, das Milchbubihafte an Lars? Das konnte doch nicht sein Ernst sein, was fand er nur an ihm? Das unfreiwillige Publikum dieser Schäkereien abzugeben war erniedrigend. Für die anderen Tenno-Jünger, die bereits aufs Abitur zugingen, war Lars wegen des Altersabstands keine Konkurrenz, für mich dagegen schon: Wir traten in derselben Leistungsklasse an, und es war wirklich grotesk, wie oft Tenno Lars' angeblich phantastisches Bratschenspiel lobte. Sollte er sich Lars' Bratsche doch in den Arsch schieben! Das musste ich mir nicht länger anschauen, ich brauchte ihn nicht, mittlerweile hatte ich überraschenderweise einige neue Freunde in meinem Alter gefunden, die gar nicht so blöd waren! Manche von ihnen kannten Thomas Mann möglicherweise sogar besser als er. Und schließlich, Tenno hatte uns zum Ungehorsam erzogen, warum sollte ich diese Tugend jetzt nicht gegen ihn wenden? Sein ganzes Gewettere gegen die «Dumpfbackigkeit» war doch hohl, seine Stilisierung zum Sokrates, der der Polis keine Unwahrhaftigkeit durchgehen ließ, vollkommen lächerlich, ja recht eigentlich eine pubertäre Pose, sein Stil überladen und seine permanente Selbstfeier auf nicht wirklich raffinierte

Ironie gebettet. Außerdem war er, obwohl er die Bildungshuber verspottete, selber genau ein solcher, denn dass er zur Literatur nur großsprecherische Schlagwörter zu sagen hatte, davor konnte ich schon länger die Augen nicht mehr verschließen. Was waren das überhaupt für Gemeinschaftsrituale, denen ich mich da unterworfen hatte? War ich nicht immer gegen jeden Gruppenzwang gewesen?

Ich taufte in einem Tagebucheintrag die Tenno-Höhle in Tenno-Hölle um, und wenn Mama kummervoll fragte, warum ich nicht mehr zu Tenno ging, schwieg ich.

DIE THEATER-AG

Tennos Orden den Rücken zu kehren wurde mir dadurch erleichtert, dass ich inzwischen eine neue Gemeinschaft entdeckt hatte: das Theater. In der 9. Klasse hängte ich die Leichtathletik an den Nagel und trat in die Schultheater-AG ein. Es war klar, dass ich als Novize allenfalls eine kleine Nebenrolle in Shakespeares «Wintermärchen» bekommen würde, aber das war in Ordnung. Etwas anderes machte mich nervös. Vielleicht war man grundsätzlich der Meinung, ein Adliger der Shakespeare-Zeit könne schlecht von jemandem gespielt werden, der so gar nicht europäisch aussah? Da mochte Böhmen noch hundertmal am Meer liegen. Ein paar Jahre zuvor, als Quintaner, war ich von meinem Lateinlehrer ausgewählt worden, den Herakles zu spielen – grübelnd saß ich am Scheideweg: Sollte ich den Verlockungen des Lasters nachgeben oder den steilen Pfad der Tugend wählen? Zu jung, um die raffinierten Vorzüge des Lasters zu würdigen, entschied ich mich für die Tugend, schnappte mir eine Keule und erschlug den Nemeischen Löwen. Doch Herakles war eine mythologische Figur, da musste man es mit der Hautfarbe nicht so genau nehmen. Bei Shakespeare schien mir der Fall anders zu liegen, und meine Erleichterung war groß, als ich die Rolle des Lord Antigonus bekam, der den Säugling der Königin am böhmischen Gestade aussetzt, bevor er von einem Bären zerrissen wird (aber vorher stand mir noch ein echter Monolog zu).

Im Jahr darauf erhielt ich die Hauptrolle in Edward Albees «Alles im Garten», das in einem amerikanischen Mittelklasse-

Milieu spielt, in dem Schwarze allenfalls für die Säuberung des Pools zuständig sind. Doch niemand schien darin ein Problem zu sehen. Für mich hingegen bedeutete die Rolle in Albees Stück mehr als nur einen Schultheater-Erfolg, sie war der Beweis, dass ich frei war zu machen, was ich wollte. Nie würde jemand sagen: «Aber das passt nicht zu dir!»

Einmal rief mich jemand an und sagte, sie brauchten für einen Film noch einen GI. Ob ich mal Fotos schicken könne.

Ich erzählte Christian von der Sache, bei dem sich alles ums Fotografieren drehte. Wir saßen in seinem Zimmer, unsere Augen funkelten, hier ging es um was, er war als Fotograf, ich als Schauspieler gefordert, das Leben, dieses herrliche Leben, meinte es ernst mit uns! Das Problem: «Du siehst einfach null aus wie ein GI», sagte Christian. Er gab sein Bestes, um aus mir ein Raubein zu machen, zog mir eine Jeansjacke über, die bis zum Bauchnabel offen war, damit Brustbehaarung die Illusion härterer Gangart hervorriefe, aber es half nichts: Aus mir war kein GI zu machen. Ich bekam die Rolle nicht.

Wir waren ohnehin überrascht gewesen, dass mich jemand als Schwarzen casten wollte. Mein Schwarz-Sein war allenfalls ein Thema, wenn es darum ging, Vertrautheit zu zeigen, Freundschaftskult zu treiben, man machte einen Afrika-Witz, aber nicht, weil man ihn gut fand, sondern weil man beweisen wollte, man war eng befreundet und konnte sich so was herausnehmen. In den endlosen Mohrenkopf- und Negerkuss-Diskussionen, die es auch an meiner Schule gab, konnte ich mit durchschlagender Autorität die Debatte für grotesk erklären, woraufhin es die Gegenseite schwerhatte, nicht als verbiestert dazustehen, und meine Freunde waren stolz, nicht etwa, weil sie an diesen Ausdrücken hingen, das überhaupt nicht, sondern weil es, verglichen mit dem moralischen Gewinn, den es bedeutete, solche Wörter als diskriminierend zu brandmarken, noch viel moralischer und fortschrittlicher war, mit jemandem, der sich davon beleidigt fühlen könnte, in einer Weise vertraut zu sein, die über Fragen verbaler Korrektheit erhaben war. (Heute würde ich das übrigens kritischer sehen und darin den Roberto-Blanco-Effekt erkennen: «Er war doch *unser Lieblingsneger.*»)

Beliebt hingegen waren, als wir älter wurden, Geschichten über Rassismus, der mir widerfahren war. Leider gab es da nicht sehr viel. Einmal saß ich mit einem Freund auf dem Mäuerchen eines Vorgartens, als der Hausbesitzer die Tür öffnete und schrie: «Geh doch zurück, wo du herkommst – nach Griechenland ...» Aber das war dann doch eher ein Fall von, wie man in Heidelberg sagt, «zu bleed, um e Loch in de Schnee zu pisse».

Erst im letzten Schuljahr – aber jetzt greife ich weit voraus – kam eine Anekdote hinzu, die ein großer Erfolg werden sollte. Alle wollten sie immer wieder hören, sie konnten gar nicht genug davon kriegen.

Ich fuhr von Heidelberg nach München, um mich um eine Zivildienststelle zu bewerben. Mit mir im Abteil: fünf Kaffeekranz-Omis. Strahlende Gesichter, unentwegtes Lächeln, kaum dass ich Platz genommen hatte; ich wusste, es war nur noch eine Frage der Zeit, bis sie mich ansprechen würden; irgendwann war es dann so weit. Die erste Dame richtete das Wort an mich, während ihre Freundinnen lächelten, als würde gleich Jacobs Krönung serviert. *Wo ich denn herkäme.* Nun, sagte ich, aus Heidelberg, wo ich ja eben auch eingestiegen sei. Wie schön, Heidelberg! *Eine schöne Stadt.* Aber eigentlich habe sie mit der Frage, wo ich herkäme, gemeint, wo ich geboren sei. Alle nickten jetzt aufmunternd; sie wollten etwas über die Welt erfahren! Natürlich kannte ich mich aus mit dem Frage-und-Antwort-Spiel, ich war geübt darin, dem Frager die Befriedigung seiner Neugier nicht zu einfach und sofort zu gewähren; mit vollendeter Unschuld sagte ich also: «In Heidelberg!» Nun schüttelten die

Damen die Köpfe, als sei ihnen solche Begriffsstutzigkeit noch nicht vorgekommen, weshalb man sich berechtigt sah, die Verhörtechnik zu verschärfen. «Aber wo stammen denn Ihre Eltern her?» Ich antwortete: «Meine Mutter kommt aus Schlesien.» Endlich hatten die Damen bekommen, was sie wollten, ein Aufatmen war zu vernehmen, nichts ist ja befriedigender, als in den eigenen Vorannahmen bestätigt zu werden, und alle riefen sie fast wie im Chor: «*Aus Tunesien* – das sieht man doch gleich!» Ich gab mich geschlagen. Für den Rest der Zugfahrt spielten ethnische Fragen keine Rolle mehr, und wir unterhielten uns über Gott und die Welt.

Gab es Gefühle des Außenseitertums, der Ausgegrenztheit? Ja, aber sie hatten nichts mit der Hautfarbe zu tun, sondern mit meiner Neigung zu Literatur und klassischer Musik. Wenn man mit 16 Thomas Mann liest, ist es ja nicht nur so, dass man Thomas Mann versteht, sondern vor allem fühlt man sich seinerseits von Thomas Mann verstanden, und zwar besser als von den Zeitgenossen, namentlich den Schulkameraden. Und so schien mir meine Liebe zu Thomas Mann und Richard Wagner das eigentliche Stigma meines Lebens zu sein: Es machte mich zum Sonderling, der nie die Freuden der Gemeinschaft würde genießen dürfen. Zum Glück hatte kein anderer als Thomas Mann selbst die entsprechende Problematik bereits ausgeführt. Wie Tonio Kröger, von Mann als romanischer Typus beschrieben, sehnte ich mich hinüber zu den Gewöhnlichen, den Ingeborgs, den Hansens, den Blonden, den Blauäugigen, aber dabei ging es nicht um Herkunft und Aussehen, sondern um die Frage künstlerischer Vereinsamung, um einen ästhetischen Weltschmerz, der einen die Wege meiden lässt, die die anderen Menschen gehen; mein Selbstmitleid war grenzenlos. Und es war ja wirklich so: Wenn man Schubert und Bruckner hörte, wurde man angeschaut, als käme man nicht nur von einem anderen Kontinent, sondern von einem anderen Stern. Das war in der Tenno-Welt noch anders gewesen, aber jetzt war mein Musikgeschmack etwas, das mich von meinen Altersgenossen trennte. Ich verschwieg ihn deshalb nach Möglichkeit und lebte in der ständigen Sorge, es könnte sich jemand nach meiner Lieblingsband erkundigen. «Hey, Alter», hieß es bei der NDW-Band Spliff, «ich steh nun mal auf Jazz und Punk, bei Wagner muss ich kotzen, und bei Mozart werd ich krank.» Hübsch formuliert, doch es stimmte nicht mehr. Man tat, um der Subversionsrendite willen, gern noch so, als wären Wagner und Mozart das Normale, Jazz und Punk hingegen die wilde Abweichung; es war längst umgekehrt.

Einem Klassenkameraden, Mirko, dem wirklich alles Höhere fernstand und der es in seinem weiteren Leben, jedenfalls solange ich dabei war, nie wieder zu einer auch nur vergleichbar erleuchteten Situationsdiagnose bringen sollte, der aber damals, in einer begünstigten Phase schlafwandlerischer Verhaltenssicherheit, immer genau das Zeitgemäße tat und deshalb bei der Eroberung von Mädchen keinen Widerständen begegnete, dieser Klassenkamerad, unsere unterschiedliche Erfolgsbilanz beim Partykellerknutschen vor Augen, brachte die Sache auf den Punkt, als er mit wahrem Mitgefühl und der ganzen Härte der Wahrheit sagte: «Weißt du, vor zehn Jahren hättest du totalen Erfolg bei den Frauen gehabt, damals standen sie alle auf Intellektuelle, das waren halt die 68er; heute müssen Männer sportlich sein und gut aussehen wie Arnold Schwarzenegger, Bücher spielen keine Rolle mehr.» Im Grunde sprach er nur aus, was ich längst wusste.

Schon der Umstand, dass ich den deutschesten aller deutschen Schriftsteller zu meinem Schutzpatron gemacht hatte, Thomas Mann, scheint mir zu belegen, dass es jedenfalls nicht «das Deutsche» und die deutsche Gesellschaft waren, wovon ich mich ausgeschlossen fühlte. Es war ganz einfach Dünkel in Kombination mit Kunstbegeisterung: ein klassischer Brandbeschleuniger.

Das Lesen isolierte mich, das schien mir festzustehen. Dass es mir auch Achtung einbrachte, dass ich dadurch einen Ruf genoss, das sah ich lange nicht. «Red nicht so geschwollen», hatte es früher manchmal geheißen, und seither war ich vorsichtig, meine Sprachräusche mit anderen zu teilen. So war das Lesen eine einsame Sache. Allenfalls mit einem Nachbarn, einem gebildeten Buchhändler und späterem Verlagsvertreter, tauschte ich mich hin und wieder aus.

Oh, die Furchtlosigkeit, ja Schmerzfreiheit des Pubertierenden! Die höchsten Steilwände meiner Lektüre-Biographie wurden in diesem heroischen Alter bezwungen – dagegen bewege ich mich heute in der Komfortzone. Mit 16 las ich Joyce' «Ulysses» bis zur letzten Seite, obwohl ich bei mindestens zwei Dritteln der Textmasse mehr oder weniger gar nichts verstand. Aber das verschreckte mich nicht. Dahinter stand keineswegs nur Blasiertheit – gerade vom Unverständlichen gingen nun einmal die stärksten Elektroschocks aus; je mehr Siegel ein Buch trug, desto mehr Offenbarungen musste es enthalten. Und welche Befriedigung, wenn ich dann im «Ulysses» zu Passagen vorstieß, in denen ich mich wieder orientieren konnte. Das war wie das Erreichen einer ersten Hütte bei einer Alpentour.

Außerdem entdeckte ich ein gutes Mittel gegen das Unverständliche: das Auswendiglernen. Die Schallplattenaufnahme von Gründgens' «Faust»-Inszenierung spielte ich mir so lange vor, bis ich alle wichtigen Szenen mitsprechen konnte; vom «Ulysses» hatte ich die erste Seite der Wollschläger-Übersetzung drauf: «Stattlich und feist erschien Buck Mulligan am Treppenaustritt, ein Seifenbecken in Händen, auf dem gekreuzt ein Spiegel und ein Rasiermesser lagen ...» Wenn man etwas auswendig konnte, musste man es nicht verstehen, die Musik der Worte war schon Befriedigung genug. Und die coole Verbindung von Blasphemie und Tradition spürte ich immer bei Joyce, ohne dass ich ihre Bestandteile hätte benennen können. Bestimmt hätte auch ich gern einmal wie Buck Mulligan auf seinem «Treppenaustritt» gerufen: «Komm rauf, Kinch! Komm rauf, du feiger Jesuit!»

Eines Tages schenkte mir Mama, die – aber das fällt mir erst heute auf – nahezu alles, was mich interessierte, sofort in eine Bücherlieferung verwandelte, einen Band der Reihe «Text und Kritik» zu Thomas Mann. Ich überflog das Inhaltsverzeichnis: vierzehn Essays zu Werk und Leben Thomas Manns. Phantastisch – viele Lichter würden mir aufgehen; was mich bisher dunkel erregt hatte, würde ich nun klar durchdringen! Doch wie groß war meine Bestürzung, als ich feststellen musste, dass die meisten Essays wüste Abrechnungen mit meinem Lieblingsschriftsteller waren. Sie verziehen ihm die «Betrachtungen eines Unpolitischen» nicht. Sie hielten ihn für einen Opportunisten, der sich der Weimarer Republik angepasst habe, im Herzen aber ein Reaktionär geblieben sei. Selbst seine Emigration wurde ihm gewissermaßen im Munde herumgedreht: Sie sei keineswegs ein demonstrativer Akt des Widerstands gewesen, sondern Ausdruck der Unentschlossenheit, ja Bequemlichkeit; der «Großschriftsteller» sei zum Zeitpunkt der Machtergreifung ohnehin gerade auf Vortragsreise («Leiden und Größe Richard Wagners») in den Niederlanden gewesen, da sei er, gleichsam abwartend, seinen Vorteil bedenkend, kurzerhand nicht nach Deutschland zurückgekehrt. Knapp und unerbittlich brachte Walter Boehlich Thomas Manns Verhältnis zur Politik auf die Formel: «Zu spät und zu wenig.» So stand es also? Ich war in

Bedrängnis: Sollte ich mich von Thomas Mann besser distanzieren?

Von einem gewissen Yaak Karsunke gab es einen Aufsatz mit dem Titel «‹… von der albernen Sucht, besonders zu sein› – Thomas Manns ‹Der Tod in Venedig› – wiedergelesen». Dieser Text war so giftsprühend und überheblich, dass er sich selbst erledigte. Vermutlich hatte dieser Karsunke einfach unrecht, aber dann verstand ich nicht, warum man seinen Text überhaupt druckte.

Viel schlimmer erging es mir mit dem Eröffnungsessay des Bandes. Der stammte von Martin Walser und war mindestens so polemisch wie der von Karsunke, aber viel besser, was in diesem Fall hieß: viel raffinierter geschrieben. Auch er verhöhnte Thomas Mann als Repräsentanten und Nutznießer der bürgerlichen Klasse, aber zugleich schien er absolut unwiderlegbar das poetologische Verfahren des «Zauberbergs» zu entlarven, das nur in der blutleeren Gegenüberstellung von Oppositionsbegriffen bestehe: Aufklärung gegen absoluten Befehl, Entfaltung des Ichs gegen Disziplin und Opfer, Begriffsreihen, die jeweils den Kontrahenten Settembrini und Naphta in den Mund gelegt wurden. Dabei hatte ich gerade diese Dispute so aufgesogen: Settembrini, der die Sache des Fortschritts und der Humanität verteidigte, Naphta, der Jesuit, der eine so scharfe Zunge hatte, dass er völlig mittelalterlichen Ansichten rhetorischen Glanz zu verleihen vermochte. Wie Gott und Teufel im «Faust» schienen die beiden mit ihren endlosen Streitgesprächen um die Seele von Hans Castorp, «des Lebens treuherzigem Sorgenkind», zu ringen; aber wer hatte recht? Zu meiner Überraschung hatte Hans Castorp die Sache so für sich entschieden, dass Naphta zwar meistens recht habe, Settembrini aber sympathischer sei. Das schien mir nun doch die Welt auf den Kopf zu stellen, ich hätte eher gesagt: Natürlich hat Settembrini recht, aber die aufregendere Figur ist

Naphta. Die Ansichten Settembrinis verstanden sich von selbst (für das Leben und gegen den Tod, für die Wünschbarkeiten und gegen den Terror, für die Gleichheit, gegen die Aristokratie, für das klassische Maß und gegen die gotische Verherrlichung des Schmerzes, für Apollo, gegen den Gekreuzigten mit seinen Wundmalen), von Naphtas Positionen hingegen ging etwas Gewagtes, Verbotenes, Gefährliches aus. Etwas Sirenenartiges und gleichzeitig ein irgendwie tieferes Seinsverständnis.

Musste ich mich für eine der beiden Seiten entscheiden? Täte ich es nicht, wäre das Ganze ja bloß ein Spiel. Thomas Mann selbst, so schien es mir bei weiterer Beschäftigung mit dem Gegenstand, hatte sich entscheiden müssen, und zwar bis 1918 für die Naphta-Seite, um dann, als Fürsprecher der Weimarer Republik und Gegner Hitlers, die Seite zu wechseln und sich für Settembrinis Humanitätsideale starkzumachen. Natürlich war mir der Hitler-Gegner Mann sympathischer, aber je ungeheuerlicher ich manche Sätze aus den «Betrachtungen eines Unpolitischen» fand, desto weniger ließen sie mich los. Die deutsche Kultur gegen die französische Zivilisation – entsprach diesen Pathosformeln irgendeine Wirklichkeit? Gerade das Zweideutige, Ambivalente und Problematische übte seinen Reiz auf mich aus.

Das galt auch für Wagner. Gewiss liebte ich den Komponisten und seine Musik, aber die Wagnerei war auch eine Möglichkeit der Rebellion gegen die Erziehungsberechtigten im Allgemeinen. Das hatte ich von Tenno gelernt: dass man der Elterngeneration nichts durchgehen lassen durfte, dass man ihre Denkbequemlichkeiten jederzeit in Frage stellen musste. Rebellion jedoch gegen eine Generation, die sich am laufenden Band Nonkonformismus bescheinigte, war gar nicht so einfach. Wenn irgendwo, dann konnte bei Wagner noch mit Tabus gerechnet werden, stand doch im Herzen des pädagogischen Programms der Bundesrepublik die Immunisierung gegen das Pathos. Es galt misstrauisch zu sein gegen alle Formen des Pomps, dem die Menschenverachtung schließlich schon durch schiere Größe eingeschrieben war. Nichts sollte mehr auf einem Sockel stehen, nichts überlebensgroß erscheinen: Das war die zentrale Lektion, die einem jungen Menschen in den achtziger Jahren überall, im Elternhaus, in der Schule, im Fernsehen, eingebläut wurde. Eines der anspruchsvollen Fremdwörter, das man schon früh auf westdeutschen Gymnasien lernte, war denn auch: Ästhetizismus. Davor war zu warnen. Der erste Filmregisseur nach Alfred Hitchcock, den ein Gymnasiast mit Namen kannte, war Leni Riefenstahl – die Lehrer warnten vor ihrem Werk wie der Priester vorm Masturbieren, der damit bekanntlich die Begierde überhaupt erst weckt. Schon die bloße Nennung eines Titels wie «Triumph des Willens» sorgte für einen ganz speziellen Gruselschauder – eine verbotene Perversität, etwas für antiautoritäre Feinschmecker.

Der Deutschlehrer führte uns in diesem Sinne den Propagandafilm «Hitlerjunge Quex» vor. Das Gift musste uns unter Anleitung gespritzt werden, damit wir die entsprechenden Antikörper entwickelten.

Die Chiffre schlechthin aber für die ästhetische Dämonie des Dritten Reichs waren Richard Wagner und sein Werk; schon die schiere Vergrößerung des Wagner-Orchesters nahm in gewisser Weise die Germania-Visionen des Heidelberger Architekten und Rüstungsministers Albert Speer vorweg. Natürlich fand ich Wagners Antisemitismus primitiv und abstoßend, aber ich wollte auch nicht für jemanden gelten, der intellektuell wie charakterlich nicht in der Lage war, Größe und Lächerlichkeit von Wagners Werk zugleich zu würdigen. Gegen betreutes Denken und Fühlen galt es sich zu wehren.

Ich war 15, als meine Mutter mir eine Karte für eine Aufführung der «Meistersinger von Nürnberg» im Nationaltheater Mannheim schenkte. Tatsächlich nur eine, denn die Sache war nicht billig. Das städtische Theater Heidelberg, eine Drei-Sparten-Bühne, war respektabel, aber für Wagner schon wegen der Größe des Orchestergrabens nicht gewappnet, allenfalls an den «Fliegenden Holländer» wagte man sich hier heran. Wer Wagner sehen wollte, musste deshalb nach Mannheim. Meine erste Wagner-Aufführung. Ich war derart entschlossen (*Triumph des Willens*), an diesem Abend eine lebensentscheidende Initiation zu erleben, dass ich vor lauter Anspannung ganz verkrampfte, die Synapsen sich schlossen und die Musik die ganze Zeit rätselhaft äußerlich blieb (*Vergeblichkeit des Willens*). Trotzdem fuhr ich nach der sechsstündigen Aufführung mit der Straßenbahn in dem Gefühl nach Heidelberg zurück, mich nun mit Fug und Recht einen Wagnerianer nennen zu dürfen.

Dass es in der Oper die ganze Zeit ums Deutschsein ging, war nicht zu überhören. Hans Sachs sang im Schlusschor:

Was deutsch und echt,
wüsst keiner mehr,
Lebt's nicht in deutscher Meister Ehr!

Das klang schwer verboten. Andererseits waren die «Meistersinger» auch ein Anti-Spießbürger-Werk, sie erzählten die Geschichte eines Außenseiters, der am Ende erfolgreich in die Mehrheitsgesellschaft integriert wird. So zumindest verstand ich damals die Oper.

Walther von Stolzing, ein fremder Ritter, ein Eindringling regelrecht, kommt nach Nürnberg, wo er Eva in die Arme rennt. Sie verlieben sich, doch Evas Vater, der reiche Goldschmied Veit Pogner, hat seine Tochter dem versprochen, der beim Wettsingen am Johannistag siegt. Also bemüht sich Stolzing um Aufnahme in die Meistersinger-Gilde und tritt zum Vorsingen an. Ausgerechnet Beckmesser, der ebenfalls um Eva freit, versieht dort das Amt des «Merkers», des Kunstrichters. Stolzing nun gehört zur Sorte Sturm-und-Drang-Originalgenie, mit den ehrwürdigen Regeln der Nürnberger Sangeskunst ist er nicht vertraut. Das Genie gibt sich bekanntlich selbst die Regel vor. Doch jeder Verstoß Stolzings beim Vorsingen gegen das überlieferte Reglement wird von Beckmesser, der seinen Rivalen lieber schon im Vorfeld disqualifizieren möchte, lautstark mit Kreide auf einer Schiefertafel vermerkt. Tumult in der Meistersinger-Gilde, man muss sich das so vorstellen wie in Paris, als im Salon zum ersten Mal Bilder der Impressionisten ausgestellt wurden. Nur Hans Sachs, vom gefühlsechten Temperament des jungen Rittersmanns berührt, verteidigt ihn gegen «die Alten».

Beklommenheit löste bei mir die Prügelszene (musikalisch in der Form einer großen Chorfuge ausgeführt) am Ende des zweiten Akts aus. Es ist Nacht, der Johannistag steht bevor, der Lenz und alle Säfte schießen ins Blut, die Bürger von Nürnberg sind entsprechend druff. Nicht zuletzt wegen des fremden Ritters, der das Gefüge der Stadtgesellschaft durcheinanderzubringen droht, liegen die Nerven blank. Es kommt zu einer allgemeinen Prügelei, bei der kein Auge trocken bleibt; so schnell also kann aus dem putzigen Volk eine wütende Meute werden. Am nächsten Tag philosophiert Hans Sachs leicht misanthropisch: «Wahn, Wahn, überall Wahn.»

Ausgerechnet Wagner, von dem sich der Verführer der Massen, Hitler, so inbrünstig überwältigen ließ, hatte also die jederzeit abrufbare Gewaltbereitschaft des Volkes auf die Bühne gebracht. Das schien mir bemerkenswert. Die Masse war zu fürchten, das war mir ohnehin klar. Im Plural verwandelt sich der Mensch in eine archaische Horde. Nur eine weise Autoritätsfigur wie Hans Sachs kann sie dann wieder bändigen. Als

Außenseiter, an dieser Schlussfolgerung führte kein Weg vorbei, musste ich mich an die Hans Sachsens halten.

Aber während in der Prügelszene noch die Fetzen fliegen, ertönen bereits jubelnde Bläser, die auf die Festwiese vorausweisen. Eben war das Volk noch wildgewordener Mob, jetzt verwandelt es sich zur Festgemeinde. Die Gewalt ist nur die Kehrseite der schönen Sitten und Bräuche. Stolzing hat sich diese inzwischen angeeignet, sie dadurch aber auch verändert. Alles fließt. Der Fremdling Walther von Stolzing bewahrt die Gemeinschaft vor ihrem Steril-Werden: Er verbeugt sich vor den Regeln des Meistergesangs und entwickelt sie zugleich weiter. Das Volk, das kurz gebockt hatte, jubelt nun selig, wenn Walther von Stolzing Eva Pogner heiratet.

Unterdessen ging es in der Schule durchaus um Ausgrenzung und Dazugehören, allerdings mehr im Sinne von Hierarchie und Anerkennung. Die Gesellschaftspyramide am Kurfürst-Friedrich-Gymnasium war annähernd so fein gestaffelt und – zumindest auf den ersten Blick – so unerbittlich wie das indische Kastenwesen. Das Regime entspann sich entlang im weitesten Sinn sozialer, nicht ethnischer Kriterien, die Rangzuordnung war voraussetzungsreich und raffiniert. Auch für Überraschungen und Veränderungen, also für Auf- und Abstieg offener, als man es für vorstellbar hielt, wenn man auf seiner Stufe der despotischen Pyramide saß, anscheinend festgebannt für alle Ewigkeit, und sich daran erinnerte, dass Kommunikationen nach unten einen Akt der Barmherzigkeit darstellten, während Kommunikationen, die sich mehr als zwei Stufen hinauf an höhere Ebenen richteten, wo die Luft dünn wurde, reine Abenteuer waren, die jederzeit mit Gesichtsverlust bestraft werden konnten. Als ich mich im Raucherleck des Schulhofs einmal zu sehr einem der Platzhirsche, dem einflussreichen Dealer unserer Schule, genähert hatte, sagte der genüsslich, während alle, die ihn hörten, angespannt grinsten (sie wussten, das nächste Mal könnte es genauso gut sie treffen), den tödlichen Satz: «Wer bist denn du?»

Es war keineswegs das Geld, das die Rangordnung bestimmte, obwohl es durchaus eine Rolle spielte. Es gab ein System kommunizierender Röhren, Geld war nur eine davon. Ein lässiger Charakter, mutig nach außen getragen, war eine Siegerqualität; Herkunft konnte helfen, aber nur gemeinsam mit anderen Eigenschaften; Schönheit war die unumschränkte Macht, aber auch da gab es Bewegung. Ein Akt ungeheurer Erhöhung war es, als besagter Platzhirsch plötzlich die Schönheit in einem Mädchen erkannte, das bis dahin als Mauerblümchen übersehen worden war; erst als der Prinz sie geküsst hatte, fiel es allen wie Schuppen von den Augen, welche Schönheit sich in ihrem schüchternen Gesicht schon immer verborgen hatte. Selbstzerstörerischer Alkohol- und Drogenkonsum konnte Punkte einbringen, aber nur, wenn dabei die Form gewahrt blieb – man musste auch im Vollsuff irgendwie noch gut aussehen, musste schlagfertig bleiben. Sehr, sehr gute Schulnoten konnten interessanterweise beides sein: ein K.-o.-Kriterium *und* gesellschaftliches Kapital, wenn es gelang, sich als coole Intelligenzbestie und nicht als Streber darzustellen.

Und aus irgendeinem Grund wurde auch die Theater-AG irgendwann zu einem Faktor sozialer Anerkennung. Ich traute meinen Augen kaum, aber es war nicht zu leugnen: Die Theater-AG wirkte wie ein Aufzug, der mich innerhalb weniger Wochen zehn Etagen höher wieder absetzte; ich ließ die mittlere Ebene der Pyramide unter mir und kam auf einer Stufe an, von der aus ich sorglos mit der Spitze der Pyramide Umgang haben konnte. Jetzt galt ich als jemand, der nach dem Abi an eine Schauspielschule gehen würde. Für Tonio-Kröger-Selbstmitleid gab es eigentlich keinen Grund mehr.

Aber erst in dieser Zeit, im Bewusstsein meiner neuen Stellung, begann ich mich des Umstands zu schämen, dass wir keine Villa am Philosophenweg hatten, sondern eine Dreizimmerwohnung in Dossenheim. Abwehrend schüttelte ich den Kopf, als meine Mutter eines Tages meinte: «Du bist ja nun ständig auf Geburtstagsfesten eingeladen, wo ihr immer die Nacht durchfeiert, ich habe nichts dagegen, wenn du zu deinem nächsten Geburtstag auch eine Party bei uns gibst.» Ausgeschlossen ... Lieber wäre ich gestorben. Die Geburtstagspartys fanden immer unter den großzügigsten Verhältnissen statt, in den Heidelberger 1-a-Lagen, mit üppigen Buffets, Kühlschränken voller Sekt und Schlossblick von der Terrasse. Natürlich konnte ich meiner Mutter nicht sagen, dass die Bescheidenheit unserer Etagenwohnung als Kulisse für eine Party von verwöhnten Siebzehnjährigen einfach nicht genügte, doch schon der Gedanke an die unglamouröse Beengtheit, mit der wir dann in unserem Wohnzimmer herumstehen würden, bereitete mir Atemnot. Sehr genau hatte ich mir die Reaktionen gemerkt, als ein Schulfreund es vor kurzem treuherzig gewagt hatte, in die deutlich größere Wohnung seiner Eltern einzuladen. Die hatten aus Angst vor Beschädigungen die Bücherregale im Wohnzimmer mit Plastikfolien abgehängt. An jenem Abend hatte keiner das Tanzbein geschwungen. Über die mit Plastikfolien verhängten Bücherregale zerriss man sich noch Wochen später den Mund.

In der 11. Klasse freundete ich mich mit Florian an, der auch in der Theater-AG mitspielte (jetzt stand Sartres «Nekrassow» auf dem Spielplan). Ein Jahr älter als ich und gerade von einem USA-Jahr zurückgekehrt, sagte er gern: «Noch eine Anekdote aus Phoenix, Arizona!» Dass man einfach eine Anekdote ankündigte, um dann eine Geschichte zu erzählen, in der man selber die Hauptrolle spielte, beeindruckte uns alle. Dass er hinter den Städtenamen «Phoenix» den Namen des Bundesstaates setzte, erschien mir ein bisschen affektiert, aber ich sah, Florian konnte sich das leisten.

Er konnte sich überhaupt einiges, wenn nicht beinahe alles leisten. Vielleicht weil er schwul war, weil die Außenseiterposition ihn scharfsinniger und unabhängiger gemacht hatte. Es war, als gewönne er durch diese Besonderheit Autorität gegenüber dem ganzen Jahrgang. Seine Bonmots waren geschliffen, und wen sie trafen, der war erst mal erledigt.

Florian konnte feststehende Werteordnungen umdrehen, und plötzlich galt ein neuer Verhaltenskodex. Wenn man mit jemandem, der schon einen Führerschein hatte, im Auto unterwegs war, hatte es bis dahin immer ein unwürdiges Gebalge darüber gegeben, wer vorn sitzen durfte; hinten sitzen war, wie auf den Kindersitz geschnallt zu sein. Bis irgendwann Florian mit ruhiger Stimme, leise, doch entschlossen, sagte: «Ich sitz lieber hinten.» Eine unglaubliche Wende, so kam es uns vor, vom Eigensinn eines Einzelnen in die Welt gesetzt. Danach gab es zwar, wir waren ja keine Volltrottel, nicht regelrecht Kämpfe um die hinteren Plätze, aber doch einen Dauerwettbewerb darum, wer seine Gleichgültigkeit gegenüber der Sitzordnung am deutlichsten zum Ausdruck brachte.

Florian war keine Schönheit, wenigstens nicht im gewöhnlichen Sinn, er hatte weiche Züge, aber auf seinem Gesicht entfaltete sich seine charaktervolle Mimik. Sein Look war durch keine schulübliche Mode gedeckt: Er trug Stiefeletten, dazu Jeans mit Jackett oder Weste, war aber, um zu so viel bewusster Form einen Kontrast zu schaffen, immer wie aus Zerstreutheit unrasiert.

Über seine Akne klagte er häufig. Führte seine Klagen aber derart offenherzig, dass die Akne schon bald den Charakter eines Problems, für das man sich schämte, verlor; er war vielmehr der Aknespezialist, außerdem der souveräne Philosoph, der freimütig über alles, was die Sterblichen bedrückt, reden konnte. Am KFG war er Pionier darin, Aufrichtigkeit als Überlegenheitsgeste einzusetzen.

Auch dadurch brachte er in die Theater-AG einen neuen Ton. Er verkörperte seine Rollen mit einer Dringlichkeit, die nicht darauf Rücksicht nahm, ob er dabei schön aussah. Er schuf eine eigene Ausdrucksweise, ein Repertoire an Gesten und Tonfällen, die nicht aus seinem Normalleben übernommen, sondern betont manieriert waren. Wenn ich Florian auf der Bühne sah, fand ich mein eigenes Spiel glatt. In Sartres «Nekrassow» spielte ich einen Hochstapler, und wie ein solcher kam ich mir vor, als ich erkennen musste, wie selbstvergessen Florian sich in seine Rolle warf.

Beide waren wir glühende Anhänger eines Schriftstellers, der sich hervorragend gegen den damals dominanten Brecht-Kanon in Stellung bringen ließ: Botho Strauß. Besonders dessen «Trilogie des Wiedersehens» hatte es uns angetan; unser Deutschlehrer hatte uns eine VHS-Kassette besorgt mit der Schaubühnen-Inszenierung von Peter Stein, über die so viel gesprochen wurde. Wir schauten die Kassette wieder und wieder. Längst hatten wir Strauß' Stück als Zitatensammlung zur eigenen Verwendung geplündert, aber der Clou war, dass Florian mich lehrte, so zu reden wie Libgart Schwarz in der Stein-Inszenierung. Libgart Schwarz war eine Offenbarung. Ihre Art zu spielen ließ jeden braven Realismus hinter sich. Wie sie die Worte dehnte, die Sätze sinnwidrig betonte, das R rollte, manchmal klang es, als spräche sie mit osteuropäischem Akzent! Zuerst konnten wir es nicht glauben, dass sich jemand traute, so exaltiert, so künstlich, so gaga, so grenzdebil zu sprechen. Aber dann erkannten wir: Das ist Kunst! Und Florian erkannte zusätzlich noch: Und das Leben muss man so behandeln wie die Kunst, also lasst uns selber möglichst maniert sein!

Florian wohnte in der Weststadt. Im Erdgeschoss des Stadthauses aus der Gründerzeit war die Arztpraxis der Mutter untergebracht; im ersten und zweiten Stock lebte die Familie. Bei Florian zu Hause wurde man immer sehr wie ein Erwachsener behandelt. Sein Vater, sagte Florian, sei Hausmann. Das war ungewöhnlich, aber irgendwie passte es zu Florians Unkonventionalität. Wenn man allerdings zwischen 13 und 15 Uhr bei ihm anrief, hatte man seinen zornigen Vater am Telefon, der wissen wollte, wer es gewagt habe, ihn aus seinem Mittagsschlaf zu reißen. Nun, er war ein Eigenbrötler, und wenn man ihn nicht gerade in der Mittagsruhe störte, bekam man nicht allzu viel von ihm mit. Jahre später sollte Florian sagen: «Eigenbrötler? So kann man es auch nennen! Er war halt alkoholkrank.» Aber das haben wir damals nicht gesehen.

Auch meine Mutter liebte Florian, sofort erkannte sie seine überragende Individualität. Florian war immer sehr charmant zu ihr, und diese gegenseitige Sympathie half mir nun meinerseits, meine Mutter mehr zu achten. Waren sie und Florian vielleicht ein Genre? Mir dämmerte, dass ich Mama womöglich aus spießbürgerlichen Ängsten unterschätzt hatte.

Ich war stolz, mit Florian befreundet zu sein, aber ganz sicher war ich mir unserer Freundschaft nicht. Florian bestand auf hochfahrende Art auf seiner Freiheit, sodass man nie fest mit ihm rechnen konnte. Es gab keine Routinen, Verabredungen konnte er vergessen, wenn sie ihn nicht mehr interessierten, und davor fürchtete ich mich am meisten: vor seiner Gleichgültigkeit gegenüber Dingen, die ihn langweilten. An einem Tag konnte er für etwas brennen, von dem er eine Woche später erklärte, das sei nur für Langweiler. Wichtig war, einer Mode vorauszugehen und sie abzulegen, sobald sich ihr zu viele anschlossen. Seine Empfindlichkeit dafür, wann aus wenigen zu viele wurden, war ausgeprägt. «We few, we happy few, we band of brothers ...»

Warum aber sollte ausgerechnet ich zu den happy few gehören? Ganz klar war es mir nicht. Warum hielt mich Florian, der in den ersten Kreisen unserer Schule verkehrte, seiner Freundschaft für würdig? Was hatte ich beizusteuern außer meine Belesenheit? Mit der Belesenheit kam man doch nicht weit, sie – so hatte ich im «Tonio Kröger» gelernt – führte im Gegenteil zu Vereinzelung und Vereinsamung. Scharfzüngige Bonmots wie Florian konnte ich nicht formulieren, mit seinem durchdringenden psychologischen Blick schon gar nicht mithalten. Wenn ich in seiner Gegenwart etwas sagte, war ich immer in Sorge, es könnte ihn langweilen.

Das aber war ein allgemeines Problem, mit dem ich mich auch später noch herumplagen sollte: Ich dachte, man müsse ununterbrochen schlagfertig sein, sonst würden sich die Menschen mit einem langweilen. Gesprächspausen waren um jeden Preis zu vermeiden! Dass man jemand anderem, ohne dass man etwas sagt oder tut, einfach so sympathisch ist, konnte ich mir nicht vorstellen. Ich dachte, man müsse sich fortwährend beweisen, müsse fortwährend um sein Leben reden.

Florian hatte eine ältere Schwester, Nora, Modedesignerin in Paris. Ich hatte es bis zu diesem Moment für unmöglich gehalten, dass eine Modedesignerin aus Paris direkt verwandt sein könnte mit einem mir bekannten Menschen, das eine war schließlich die Wirklichkeit, das andere der Stoff, aus dem die Träume sind: Aber so war es. Nun, sie hatte nur ein kleines Atelier, man hätte sie auch eine Schneiderin nennen können, aber das verlieh ihr erst recht einen bohemehaften Glanz. In allen Stilfragen berief sich Florian auf seine Schwester, was für uns die Unfehlbarkeit einer päpstlichen Verlautbarung zur Glaubenslehre hatte: «In Paris machen die Leute das jetzt so» – Florian war der Einzige, der so etwas sagen konnte. Der Satz beeindruckte mich fast so sehr, wie wenn Florian über das Musical «Cabaret» sagte, es sei «einfach eine Liebeserklärung ans Leben». So konnte man über das Leben nur reden mit diesem weiten Pariser Horizont, *schon klar*. Die Anekdoten aus Phoenix, Arizona, wurden verdrängt durch Beispiele des französischen Savoir-vivre. Irgendwann kam Florian ohne Schultasche zur Schule, die Bücher und Hefte trug er einfach unter dem Arm. Extrem unpraktisch, aber lässig aussehend. In Frankreich, erzählte er mir später, würden die Schüler das auch so machen. Mit den Büchern unterm Arm erschien er frei wie ein Vogel, während wir anderen an unsere schweren Schultaschen gekettet blieben. (15 Jahre später, Florian war mittlerweile Assistent des Opernintendanten Gerard Mortier, beschwerte er sich bei mir: «Gerard glaubt dauernd zu wissen, wie man etwas richtig macht und wie nicht. Kürzlich hat er mir erklärt: ‹Florian, in einem Hotel, ob in Tokio, Sydney oder Oslo, musst du immer in den Grill gehen, nie in die anderen Restaurants, immer in den Grill!›»)

Nora hatte in etwa dieselbe Hautfarbe wie ich. Sie war Florians Halbschwester, auch sie, älter als ihr Halbbruder, hatte einen afrikanischen Vater. Obwohl es diese ungewöhnliche Parallelität zwischen uns gab, hat das Florian und mich nie interessiert. Florian sagte nicht: «Du musst meine Schwester kennenlernen, ihr habt etwas gemeinsam.» Wenn Nora auf Familienbesuch in Heidelberg war, bewunderte ich sie, weil sie so glamourös aussah (Paris!), aber nicht, weil wir uns ähnlich waren. Das war einfach nicht von Interesse.

Für ihren kleinen Bruder fertigte Nora höchst ungewöhnliche Kleidungsstücke an, die Florian dann so trug, als schaue er nur kurz aus dem Marais bei uns im Klassenzimmer vorbei, um seine Klausur abzugeben, während er eigentlich schon wieder bei einem Café au lait im Bistro sitze (ja, Archäologen der Sitten, es gab mal eine Zeit, da war das Epitethon des trendbewussten Zeitgenossen nicht der Latte macchiato oder der Galão, sondern, believe or not, der Café au lait). Wenn man so was trug, musste man nicht mehr groß rumerzählen, dass man gerade bei der Schwester in Paris gewesen sei, das war auch so jedem klar. Also kassierte man zusätzlich noch Punkte in Understatement, der Königsklasse. Eine Art Weste aus rotem Samt mit goldenen Knöpfen hatte Florian mir überlassen, und ich trug sie mit wahrer Inbrunst. Die Weste war äußerst auffällig, aber es war mir egal, wenn die Leute schauten, es verunsicherte mich nicht, denn ich verließ mich darauf, dass etwas, das aus Noras Hand kam, über jeden Zweifel erhaben war.

Auch Noras Freund, ebenfalls etwa sechs oder sieben Jahre älter als wir, erschien mir groß, ja herrscherlich. Als ich ihn sah (Florian hatte mich mit nach Paris genommen), dachte ich mir: So also müssen Männer aussehen, die eine solche Frau bekommen!

Ich hatte natürlich bemerkt, dass meine Freundschaft mit Florian meine gesellschaftliche Stellung enorm festigte. Die Theater-AG hatte mich aus der Masse heraus recht weit nach oben katapultiert, die letzten Meter bis knapp unter den Gipfel des Olymps schleppte Florian mich mit. Auf wolkigen Höh'n aber wohnen die Götter.

Es war vielleicht eine Schar von zehn oder zwölf Schülern, die diesen Hochadel bildeten. Kam es, selten genug, zu Neuzugängen, stand die staunende Menge mit angehaltenem Atem vor diesem geschichtlichen Vorgang. Aber auch dieser vornehmste

Kreis war in sich noch einmal abgestuft. Die Krone trug legitimerweise Rebecca.

Hochgewachsen, schlank, ohne schlaksig zu wirken, intelligent und von makelloser Schönheit, die nichts Billiges hatte, wurde sie durch eine gewisse moralische Sollübererfüllung zwar nicht sympathischer, aber unangreifbar. Ihre größte Schwäche: Sie errötete, wenn ihr, was alle Schaltjahre einmal passierte, eine geringfügige Fehlleistung unterlief, sei es, dass sie die Ironie einer Bemerkung nicht sogleich erfasst hatte, sei es, dass sie sich selber bei einer kleinen Gemeinheit erwischt hatte. Eigentlich war es ein Wunder, dass jemand, der sich so streng kontrollierte, zugleich so sexy sein konnte. Sie war streng wie eine Gouvernante, Verfehlungen anderer wurden unerbittlich an den Pranger gestellt, aber trotzdem wirkte sie nicht zugeknöpft, sondern hatte Sprezzatura und konnte ausgesprochen witzig sein – so sehr, dass es ein diebisches Vergnügen war, sich vorzustellen, welches arme Opfer ihr Witz das nächste Mal treffen würde. Es muss ihrem eigenen Vollkommenheitsideal geschuldet gewesen sein, dass sie sich gelegentlich sogar zur Selbstironie zwang.

Rebeccas Augen, immer in Bewegung, bekamen alles mit, was um sie herum geschah. Auch geringe Veränderungen der sozialen Tektonik entgingen ihr nicht. Und weil sie schnell im Kopf war, war sie auch – im Rahmen des sittlich Wertvollen – für überraschende Volten gut.

Natürlich genoss die Schülermitverwaltung nicht das geringste Ansehen. Da ließen sich irgendwelche Gesichter aufstellen, die man noch nie gesehen hatte und mit denen man vor allem auch niemals gesehen werden wollte. Wer sollte im Ernst daran glauben, dass das Ergebnis einer allgemeinen und gleichen Wahl, bei der jeder nur eine Stimme hatte, etwas über die tatsächlichen Machtverhältnisse an der Schule aussagte? Hierarchien entstanden nicht durch Wahlen, die vom Oberschulamt angeordnet wurden. Die Schülermitverwaltung war mithin etwas für mausgraue Streber; worüber sie zu entscheiden hatte, war nichts, was zählte.

Bis eines Tages Rebecca und ihr Freund Marius eintraten. Man müsse sich engagieren, hieß es nun. Etwas, das Rebecca und Marius taten, konnte nicht ganz uncool sein. Man mochte Marius' lebensgefährliche Intelligenz und Arroganz fürchten, aber keiner konnte ihn für einen Streber halten. Jetzt machten sie richtig viel Wind bei der Schülermitverwaltung. Ihr engster Hofstaat war sogleich gefolgt, auf dem Pausenhof gab es zeitweise kein anderes Thema mehr als die nächste SMV-Freizeit – immerhin zwei Übernachtungen. Sogar der einflussreiche Drogendealer der Schule würde seine Anlage mitbringen und Musik auflegen!

Alles, was Rang und Namen hatte, strömte in die Schülermitverwaltung. Rebecca wurde gewählt, die ungekrönte Königin plebiszitär bestätigt.

Eines Tages in der großen Pause standen Florian und ich vor dem Getränkeautomaten, Florian unruhig-vibrierend, wie das so ist, wenn man sich kurz vor dem Durchbruch zu einer Erkenntnis befindet. Dann der Satz: «Ist dir eigentlich auch schon aufgefallen, dass die bestaussehenden Mädchen bei uns alle aus reichen Familien kommen?» Er präzisierte noch, was er mit «bestaussehend» meine, dieses gewinnende Wesen, diese Siegerattitüde, aber ich war bereits wie vom Donner gerührt. Wie konnte man auf so einen Zusammenhang kommen? War das nicht geradezu krank? Aber irgendwas war dran an seiner Beobachtung. Es gab zwar Familien mit Geld, die unscheinbare Töchter hatten, aber die fünf, sechs Mädchen, die mit weitem Abstand das Feld anführten, die ganz oben auf der Gesellschaftspyramide saßen und unangefochten ihre Stellung hielten, weil ihre Schönheit und Selbstsicherheit eine uneinnehmbare Festung bildeten, diese Mädchen (die jetzt Brieffreunde in Kuba hatten und für Castros Gesundheitswesen schwärmten) kamen alle aus wohlhabenden Familien, mit partytauglichen Villen am Schlosswolfsbrunnenweg und Ferienhäusern auf den Balearen. Diese Mädchen waren weder zickig noch tussig, Vulgarität war bei ihnen verpönt. Der Reichtum war nichts, dessen man sich rühmte, man nahm ihn eher wie eine leicht peinliche Launenhaftigkeit des Schicksals hin. Mittlerweile (das Engagement bei der Schülermitverwaltung blieb nicht folgenlos) wurde sogar regelrecht Wert darauf gelegt, Arroganz und Attitüden zu vermeiden und auch mit den Vertretern rangniederer Kasten ohne Herablassung, mit einer gewissen Hilfsbereitschaft, ja Warmherzigkeit zu verkehren. Befreundet war man mit ihnen deshalb natürlich noch lange nicht.

Und nun schwärmten diese Mädchen für Florian, bewunderten und fürchteten ihn zugleich auf eine den Geist belebende Art. Folglich war es vornehmlich Florians Stellung zu verdanken, dass wir beide in den Sommerferien tatsächlich in das Ferienhaus von Rebeccas Eltern auf Mallorca, im Anschluss auch noch in das ihrer Freundin Jette auf Formentera eingeladen wurden. Es war unglaublich, wobei es nicht ganz zutreffend war zu sagen, Rebecca und Jette hätten uns eingeladen – Florian hatte uns vielmehr in einem spontanen Überrumpelungscoup selbst eingeladen, nachdem die beiden uns von ihren geplanten Sommerferien erzählt hatten. Ein bisschen ein ungutes Gefühl hatte ich bis zuletzt, aber Florian fand, es gebe keinen Grund für Betretenheit.

Zuerst also Mallorca bei Rebecca: Ihren Eltern, die das Entzücken an ihrer eigenen Bohemehaftigkeit nicht zu unterdrücken vermochten, war Florian sichtlich ein wenig zu großspurig und auch nicht hinreichend zerknirscht genug, als er bereits am ersten Abend eine mallorquinische Töpferware zu Bruch gehen ließ. Da mochten sie noch so viele Joints rauchen, das verziehen sie Florian nicht, der seinerseits, als wir an diesem Abend das Gästezimmer aufsuchten, ungerührt und tatsächlich ohne alle Gewissensbisse feststellte: «Cool auf 68er machen, aber dann so ein Gezeter wegen einer hässlichen Vase veranstalten! Alles total aufgesetzt.» Dass er sich damit nicht nur selbst entschuldigte, sondern die Geschädigten auch noch des Posertums in Tateinheit mit schlechtem Geschmack überführte, war atemberaubend selbstbewusst.

Ich hingegen wurde von Rebeccas Eltern mit Wohlwollen aufgenommen. Erneut machte ich die Erfahrung, von den Eltern meiner Klassenkameraden als angenehm und wohlerzogen empfunden zu werden, was mich überraschte; ich war nicht davon ausgegangen, dass meine Mutter, die keinen Führerschein, keinen Fernseher und keinen Ehemann hatte, mich gut erzogen haben könnte. Das muss ich noch etwas präzisieren: Mein Blick auf meine Mutter hatte sich inzwischen gewandelt; ich wusste, dass ihr Eigensinn etwas war, mit dem ich auch wuchern konnte; das aber änderte nichts daran, dass wir kein bürgerliches Haus waren, dass wir in einer Dreizimmerwohnung am Rand von Dossenheim wohnten, wo der Teppich (es war kaum zu fassen, und meine Oma schämte sich jetzt wirklich, wenn sie uns besuchte) weiter vor sich hin gammelte. Irgendwie verband ich wohl – man lernt diese Dinge ja nur langsam – gutes Benehmen, Manieren überhaupt mit einer Villa am Philosophenweg und konnte mithin nicht voraussetzen, dass ich darüber verfügte.

Die Scham über unsere beengten Verhältnisse ließ sich zwar nicht einfach ausschalten («Armut ist keine Schande», diesen Satz hatte ich einmal zu oft gehört, um ihm zu glauben), aber allmählich wurde mir klar, dass an meiner Schule Bildung mehr zählte als Geld (das höchste Ansehen genoss der Universitäts-

150

rektor) und dass unter diesem Gesichtspunkt Mama und ich etwas geradezu Heroisches ausstrahlten, inbrünstig auf der Seite der Bildung stehend, selbst wenn das Geld dafür manchmal nicht reichen wollte. Am ersten Weihnachtsabend saßen wir immer in der ersten Reihe (ich sollte das Orchester sehen können, fand meine Mutter) des Heidelberger Stadttheaters und tauschten uns danach lange über die «Fidelio»-Inszenierung aus, wobei es meine Mutter, der alles Hochfahrende fremd war, ziemlich anging, wenn ihr Sohn den Regisseur als provinziell aburteilte. Nur ein Mal, es muss uns das Wasser wohl bis zum Hals gestanden haben, musste Mama für ein Jahr ihr Theaterabo aussetzen – das hat sie wirklich getroffen, fast verbittert; darauf, fand sie, hatte sie einen Anspruch. Der Klavierunterricht aber stand selbst in Zeiten höchster Not nicht zur Disposition.

Als Florian und ich weiter nach Formentera zu Jette zogen, wo als dritte beste Freundin auch noch Nathalie sein würde, gab uns Rebecca einen Brief für die beiden mit – sie selber würde erst später nachkommen. Es wurmte Florian, nicht zu wissen, was in diesem Brief stand. Er hatte so eine Ahnung, dass etwas mit Rebeccas Freund im Argen liegen könnte, hätte es aber gerne genauer gewusst, einfach um im Bilde zu sein. Zwischenstopp in Ibiza: An diesem Abend hielt es Florian nicht mehr aus. «Wir öffnen jetzt diesen verdammten Brief!» Ich, in meiner legalistischen Biederkeit, die ich nie verlieren werde, warnte trotz brennender Neugier vor so einer Tat; etwas über das Liebesleben dieser Göttinnen zu erfahren war eine Verlockung, der nur schwer zu widerstehen war. Mein Herz klopfte noch in einer Mischung aus Klatschsucht und Gewissensbiss, als Florian den Brief bereits sachte ins Mittelmeer getaucht hatte: «Wir sagen einfach, der Brief sei uns leider ins Meer gefallen und habe sich dabei geöffnet.» Das war absolut lächerlich. Es erfüllte noch nicht einmal in einem äußerlichen Sinn die Form einer Ausrede, es war einfach nur dreist. Aber Florian war überzeugt, damit durchzukommen.

Der Inhalt des Briefs übertraf unsere kühnsten Erwartungen. Ja, Rebecca wollte sich von Marius trennen, weil sie tatsächlich mit dem Freund ihrer anderen besten Freundin … Wie sollte sie der das nur sagen? Ein echtes Problem.

Florian hätte bestimmt Rat gewusst, aber wir mussten ja so tun, als wüssten wir von nichts. In Formentera angekommen, übergab er den gebeutelten Brief mit Wasserschlieren und sagte: «Ist uns ins Meer gefallen. Mist.»

Jette, kurz aufschnaubend, den Kopf schüttelnd: «Was ist das für ein Schwachsinn, den du da erzählst!»

Für zwanzig Minuten war die Stimmung frostig, das war aber auch alles.

Seltsam, wie die Welt funktionierte.

Um noch einmal auf Florians Satz über die Schönheit der Mädchen zurückzukommen: Als ich ihn vernahm, verlor ich in einem gewissen Sinn meine Unschuld. Soviel ich über die Welt bisher auch nachgedacht haben mochte, dass soziologische Gesetzmäßigkeiten so unmittelbar der Anschauung zugänglich sein könnten, damit hatte ich nicht gerechnet. Doch Florians Beobachtung war nicht von der Hand zu weisen, so unwohl man sich damit auch fühlen mochte. Sein kalter Blick faszinierte mich: Was das wohl für mich und die bescheidenen Verhältnisse, in denen ich mit meiner Mutter lebte, bedeutete?

So hatte Florians Beobachtung für mich Konsequenzen, an die er selber gar nicht gedacht haben kann. In meinem damaligen Weltbild war Gleichheit nicht nur ein anzustrebendes Ziel, sondern immer schon gegeben, die Menschen waren gleich, selbst wenn es auf den ersten Blick anders aussah, weil man auch dann von ihnen als gleichen denken musste. Dass die Güter der Welt ungleich verteilt waren, war eine gesellschaftlich bedingte Schändlichkeit und nichts, was die wesenhafte Gleichheit in Zweifel zog; dass auch die Geistesgaben ungleich verteilt waren, ging aufs Konto der sozialen Verhältnisse und der Erziehung, ein Umstand, der schon aus Gründen der Rücksichtnahme nicht auch noch ausgesprochen werden sollte. Man war für den Klassenkampf, ja, aber klassenspezifische Beobachtungen waren verpönt. Und am Ende war die Frage, ob unsere Schulgöttinnen wirklich so gut ausschauten (ja, das taten sie!) und ob nicht auch die Tochter der italienischen Eisdielenbesitzer ziemlich gut aussähe (ja, das tat sie – aber an unserer Schule hatte sie trotzdem nicht viel zu sagen), nachgeordnet; die aufregende Neuheit war, dass man eine offensichtliche Wahrheit, nämlich dass der Vermögensstand des Elternhauses den Erfolg der Kinder beeinflusste, aussprechen und damit das, was in der Welt geschah, präziser erfassen konnte als durch unsere Schwärmereien für das kubanische Gesundheitssystem.

Nach den Sommerferien auf Mallorca und Formentera habe ich dann lange darüber nachgedacht, was dieser Urlaub für mich bedeutete. Unbestritten hatte ich meine Ferien in den Häusern der zwei einflussreichsten Mädchen unserer Schule verbracht. Nicht einfach nur bei einer, sondern tatsächlich bei beiden, ich musste lachen, so unwahrscheinlich erschien mir das noch immer. Mir war klar, dass das nicht meine eigene Leistung gewesen war, sondern Florians. Wenn ich allerdings jetzt an den aufgebrochenen Brief dachte, fiel mir noch etwas anderes auf: Das Peinliche daran war ja nicht der Bruch des Briefgeheimnisses, sondern der demütigende Umstand, dass wir uns wie die Mäuse von den Klatsch-Krümeln ernährt hatten, die vom Tisch des Herrn, in diesem Fall der Damen, heruntergefallen waren. Wir waren die Voyeure, nicht die Akteure. Wie man in der *yellow press* vom Leben monegassischer Prinzessinnen liest, so hatten wir uns hechelnd über Rebeccas Liebesleben gebeugt: Zuschauer, nicht Mitspieler. Und die ganze Wahrheit war sogar noch unerfreulicher: Genau betrachtet nämlich, galt diese demütigende Bilanz nur für mich, nicht für Florian, denn der war schwul, sein Blick aus der Zuschauerloge war frei von sexuellem Interesse.

In dieser Situation erweiterte ich Florians Diagnose um einige empirische Beobachtungen: Nicht nur kamen die schönsten Mädchen aus vermögenden Familien, tatsächlich waren ihre Freunde ebenfalls in einer der Villen in der Nachbarschaft aufgewachsen, sie kannten sich mithin seit dem Kindergarten. Meinen Minderwertigkeitskomplex wollte ich nicht herunterspielen, aber diese Faktenlage war zumindest auch einmal zur Kenntnis zu nehmen.

Jette hatte eine dänische Mutter und war blond wie das Mädchen mit den Zöpfen aus der Rama-Werbung. Sie sah unverschämt gut aus und hatte ein ungebrochenes Verhältnis zu Äußerlichkeiten. Ihre Freundinnen Nathalie und Rebecca mit ihrem protestantischen Ethos verdrehten manchmal die Augen, wenn Jette sich wieder ganz ohne kritische Reflexionsinstanz dem Schönen und Reichen des Seins ergab, aber irgendwie lag in ihrer Unbekümmertheit, ihrer selbstgenießerischen Unverkrampftheit auch eine eindrucksvolle Kraft. Blondinenwitze perlten an ihr ab, gerade weil sie so perfekt zu passen schienen. Es war Florian, der uns auch hierin wieder voraus war, wenn er erklärte, dass es nicht immer nur um das Wahre-Schöne-Gute gehen müsse, sondern dass manchmal der Schönheit auch um ihrer selbst willen zu huldigen sei. Für Florian verkörperte Jette diese Form der reinen Schönheit am vollkommensten. Und plötzlich war Jette nicht mehr die oberflächliche Blondine, sondern L'art pour l'art. Ich konnte kaum begreifen, dass solche Schönheit auf Erden wandelt ... Jette war so unerreichbar, lebte in einer so gänzlich anderen Sphäre, dass ich mich nicht einmal unglücklich in sie verlieben konnte. Dafür sollte ich mit einem ihrer Freunde gut stehen. Natürlich waren die immer älter als wir, das verstand sich von selbst, Andreas, mit dem sie zu jener Zeit liiert war, sogar schon Anfang zwanzig, aber vor allem war er: ein Yuppie. Er handelte mit Aktien. Dass etwas, das wir bis dahin nur aus dem Film «Wall Street» kannten, sich plötzlich leibhaftig in Heidelberg materialisierte, war ein Ereignis, und dass dieses «etwas» dann auch noch mit Jette zusammen war, erhöhte meine Erregung. Vielleicht konnte ich ihn mal fragen, wie man denn nun das u in Yuppie richtig ausspräche, er musste es schließlich wissen. Eigentlich hassten wir, soweit man das *rein theoretisch* kann, Yuppies, das waren verächtliche Typen. Wie würden Rebecca und Nathalie mit ihrer Kuba-Solidarität eigentlich darauf reagieren, dass ihre beste Freundin jetzt ausgerechnet mit einem Yuppie zusammen war?

Als Jette Andreas dann erstmals auf eine Party mitbrachte, hatte er es nicht leicht, man sah ihm an, dass er sich unwohl fühlte. Als trüge das Geld eine Scheu vor der Bildung. Mit seinem jungenhaften Gesicht strahlte er etwas unbeholfen Herzliches aus. Er sei also, sagte ich, Broker? Das müsse er mir mal erklären. Was er gern tat. Er hielt eine kleine geschichtsphilosophische Rede, wonach die siebziger Jahre vorbei seien und die Dinge jetzt anders liefen. Das kam mir bekannt vor, davon hatte doch früher schon einmal Mirko gesprochen: Der Zeitenwechsel, der für mich so verheerend war, spielte Andreas voll in die Karten. Schön und gut, sagte ich, da sei er ja, wie immer man das nun genau ausspreche, ein richtiger Yuppie! Wie erstaunt war ich, als ich nun sah, dass man einem abwertend, ja beleidigend gemeinten Begriff die Spitze nehmen kann, indem man ihn selbst offensiv auf sich anwendet: Allerdings, rief Andreas aus, genau das sei er: ein Yuppie! Geld verdienen mache ihm Spaß!!

Er war, das muss man dazu sagen, kein Großkotz, kein Angeber, er rechnete sich seine Erfolge nicht als persönliche Leistung zu, sondern hielt sie eher für etwas wie ein freundliches Schicksal: ein Glückskind halt, das bei der Tombola das richtige Los gezogen hatte – hoppla, plötzlich stand ein Porsche vor der Tür! Und um weltmännisch oder einschüchternd rüberzukommen, sprach er in jedem Fall viel zu sehr Heidelberger Dialekt. Vom KFG kam er nicht. Dass ich ihm nicht feindselig gegenübertrat, tat ihm ersichtlich gut, denn er hatte eine rührende Unbeholfenheit: Ihm fehlten der Schliff und Habitus der Bildungsbürgerkinder, da half auch der Porsche nicht. Kurz dachte ich: Vielleicht hat Andreas ja noch größere Minderwertigkeitskomplexe als ich? Aber das hinderte ihn nicht daran, jetzt den Arm um Jette zu legen, um seinen Besitzanspruch der Welt zu zeigen.

Ein paar Jahre später, ich saß in einem Heidelberger Bistro, kam er an meinen Tisch. Er hatte eine Kellnerschürze an. Mit strahlendem Gesicht und lachendem Herzen sagte er: «Ich habe alles verloren: Wie gewonnen, so zerronnen!» Keine Spur Bitterkeit war in seinem noch immer jungenhaften Gesicht zu sehen.

Am Ende der 12. Klasse erklärte Florian, es sei an der Zeit, die Theater-AG zu verlassen, jetzt würde da wirklich jeder mitmachen, das sei ja völlig grotesk. Tatsächlich war das Theaterspielen mittlerweile ein Breitensport geworden, und Leute waren in die AG eingetreten, von denen Florian maliziös behauptete, er habe gar nicht gewusst, dass die an unserer Schule seien. Es hatte uns schwer empört, als diese Neuzugänge gegen das von uns alten Granden favorisierte Stück votierten und auf diese Weise durch schnöde Stimmenmehrheit das lächerliche Schülertheater-Stück von Erich Kästner «Die Schule der Diktatoren» durchsetzten.

Dabei waren wir doch die Kunst-Aristokratie.

Auch ich kochte vor Wut. Es war völlig eindeutig, warum die Mehrheit für das elende Kästner-Stück votiert hatte: Da gab es nämlich keine ausdrücklichen Hauptrollen, da waren alle Rollen mehr oder weniger gleich groß. Der ordinärste Egalitarismus hatte den Sieg davongetragen, während auf unsere Anciennitätsrechte keine Rücksicht genommen worden war.

Ich war gekränkt. Florian aber sah sofort, wie die Niederlage in einen Sieg zu verwandeln war: Sollten sie doch sehen, was sie ohne uns auf die Bühne brächten. Wir würden unsere eigene Theatergruppe gründen, und die hätte dann auch nichts mehr mit dem KFG zu tun, das würde gleich viel erwachsener aussehen. Florian hatte schon ein Stück zur Hand: «Picknick im Felde» von Fernando Arrabal. Sogenanntes absurdes Theater, sehr maniert, ganz wie es unserem Geschmack entsprach. Außerdem gab es nur sieben Rollen, das war doch perfekt. Florian würde inszenieren, ich die Hauptrolle spielen, und für die drei Frauenrollen musste Florian nicht lange überlegen: Rebecca, Nathalie und Jette (dass Jette überhaupt nicht schauspielern konnte, sahen wir in diesem besonderen Fall nicht als Hindernis). Der Clou: Wenn Rebecca, Nathalie und Jette mit uns die Theater-AG verlassen würden, wäre das gesellschaftliche Prestige der Theater-AG am Boden.

Florian konnte andere immer sehr gut von seinen Ideen überzeugen, und so brauchte er nicht lange, um die drei Königinnen der Schule mit ins Boot zu holen. Abtrennung, Sezession, neue Gruppenbildung, das hatte man als KFGler im Blut. Den Fernando Arrabal würden wir in reinster Libgart-Schwarz-Manier angehen, auch ästhetisch brachen wir zu neuen Ufern auf. Die schließliche Aufführung wurde ein Ereignis, zumindest gesellschaftlich, denn es durften nicht einfach Krethi und Plethi kommen: «Nur mit Einladung!»

GESINNUNGSPREUSSEN

Der Einzige, der in der Schulzeit immer wieder einmal auf mein fremdartiges Aussehen zu sprechen kam, war Herr Kaufmann, der Vater von Christian, meinem Fotografen-Freund, der einst versucht hatte, aus mir einen GI zu machen. Es war ihm offenbar nicht möglich, mein Anderssein unkommentiert zu lassen. Seine Kinder schämten sich dann immer in Grund und Boden und machten ihm Vorwürfe, ich hingegen sah darin einen Ausdruck unserer *special relationship*, denn wir mochten uns: Für jemanden, der mangels Erfahrung ein Faible für kauzige Patriarchen hatte, war Herr Kaufmann eine Art Idealbesetzung, während er meine Besuche nutzte, um seine neuerworbenen Geschichtsbücher, vor allem über das Dritte Reich, mit mir zu diskutieren.

Als Sechzehnjähriger war er zur Flak eingezogen worden. Er war ein konservativer Knochen, und seine Kinder schrien jedes Mal auf, wenn er seine Weltansichten zum Besten gab. Seine Kriegserlebnisse trieben ihn um, wieder und wieder erzählte er davon, aber auf eine Art, die keine moralische Haltung erkennen ließ: Es wurde der Krieg weder verherrlicht noch verurteilt. Ein Granatsplitter hatte ihn im Auge getroffen, und ohne Narkose war ihm das zerstörte Auge von einem beherzten Sanitätsarzt herausgeschnitten worden. Seither trug er ein Glasauge, das er abends, nach ein paar Flaschen Wein, gern herausnahm und in die Luft warf. Wie ein Kind liebte er es, Leute zu erschrecken, ob durch sein Glasauge oder durch seine Ansichten.

Zur Grundüberzeugung des Konservativen dieses Zuschnittes gehörte damals die Ansicht, dass es der jungen Generation viel zu gut gehe. Den Satz «Euch geht es viel zu gut» konnte Herr Kaufmann in unendlichen Variationen formulieren. Gerecht war das nicht, denn dass es ihr, der jungen Generation, so gut ging, dafür konnte sie nichts, dafür sorgte allein Herr Kaufmann selbst, der arbeitete und arbeitete, bis er jedem seiner Kinder in Heidelberg ein Haus vererben konnte. Dazu mehrere komplette Sätze Bettwäsche, denn er hielt an der Tradition der Aussteuer fest.

Herr Kaufmann war Kieferorthopäde, und weil er einen preußischen Pflicht- und Korrektheitsbegriff hatte, führte er einige Prozesse gegen die Krankenkassen, die er alle gewann – in zehn Fällen habe er, so drückte er sich aus, «obsiegt». Die Krankenkassen waren so beeindruckt, dass sie ihn daraufhin als Gutachter engagierten. Wenn er ein Problem intellektuell durchdringen wolle, sagte Herr Kaufmann bisweilen, dann übersetze er sich den Sachverhalt einfach ins Lateinische, und schon liege ihm die Struktur des Problems klar vor Augen.

Seine Praxis allerdings befand sich nicht in Heidelberg, sondern in Ludwigshafen, auf der anderen Rheinseite, wo die Schlöte der BASF rauchen. «Lumbehave» heißt das auf Kurpfälzisch. Für Heidelberger eine ferne Welt, allenfalls berichtete manchmal einer der BASF-Vorstände, die in Heidelberg wohnten, vom Leben in der Rheinebene. Nun, in diese raue und wahre Wirklichkeit, so sah es Herr Kaufmann, fuhr er jeden Tag; wie die Wirklichkeit wirklich aussehe, davon hätten wir, denen es, wie gesagt, viel zu gut gehe und die wohlbehütet in Heidelberg hockten, keine Ahnung! Das galt, fand er, speziell für mich und mein sonniges Gemüt. Auch mir gehe es, wenn auch auf andere Art als seinen Kindern und Erben, viel zu gut. «Komm du mir mal nach Ludwigshafen, da wird dir das Lachen aber vergehen.» Dass mein ausländerhafter Phänotyp kein Problem für mein Leben sei, das verdanke sich nur dem milden, doch ganz und gar unrealen Schutzklima Heidelbergs, in Ludwigshafen hingegen, in der Arena des echten Lebenskampfs, würde ich mich ganz anderer Schmähungen zu erwehren haben. Und so mochte es tatsächlich sein, das Irritierende war nur, dass Herr Kaufmann nicht erkennen ließ, welchen Zustand er selbst für den erstrebenswerteren hielt, die künstliche Heidelberger Sanftheit oder die authentische Ludwigshafener Realität. Der Wahlspruch aller Konservativen, «Erkenne die Lage», zielt ja stets auf einen anthropologischen Pessimismus ab: Der Mensch sei des Menschen Wolf; ich könne ihn, wenn ich entsprechende Einsichten erhalten wolle, gern einmal in seiner Ludwigshafener Praxis besuchen.

Rasse und Klasse, diese Lektion nahm ich aus Herrn Kaufmanns Bemerkungen mit, verhielten sich also zueinander wie kommunizierende Röhren. Je höher in der Klassenhierarchie man gelangte, desto unwesentlicher wurde die Rassenfrage. In der *upper class* gab es keine Ausländer, sondern nur argentinische Cousinen.

Das Kurfürst-Friedrich-Gymnasium galt als Eliteschule. Die meisten Lehrer benutzten diesen Begriff, wenn überhaupt, nur ironisch; wir Schüler dagegen spuckten auf ihn, wir verhöhnten die, die ihn gebrauchten, wir waren bereit, im politischen Kampf gegen die Eliten unser Leben zu lassen – allerdings konnte, während so georgelt wurde, einen unversehens der Verdacht beschleichen, dass man sich möglicherweise einfach nur an einer moralischen Win-win-Situation berauschte; man brüstete sich mit seiner Unkorrumpierbarkeit, man wies einen Titel, den man eigentlich für sich beanspruchen könnte, zurück, aber je lauter man die Rede von der Elite verurteilte, desto mehr bestätigte man in Wahrheit nur das eigene Anrecht darauf: Wie sollte schließlich jemand, der überhaupt nicht in dem Verdacht stand, zur Elite zu gehören, den Begriff für sich zurückweisen?

Der Einzige, der ein – um es zurückhaltend auszudrücken – unbefangenes Verhältnis zum Elitebegriff pflegte, war Herr Vaupel, jener Religionslehrer, den mein Engels-Referat einst so erbost hatte. Er hatte mich seither, wie man damals sagte, «auf dem Kieker», und ich brauchte eine Weile, um zu begreifen, dass das bei ihm eine Auszeichnung war, weil Streit und Auseinandersetzung Ebenbürtigkeit voraussetzten. Ich war überrascht, dass er nach seinem Wutunfall gelegentlich auf mich zusteuerte und mir etwas über Gott und die Welt erzählte. Ich hörte ihm gern zu, denn er war unverwechselbar. Erzählte zum Beispiel, er habe in der 68er-Zeit, während der Springer-Proteste, sein «FAZ»-Abo gekündigt und aus Solidarität mit dem Springer-Konzern die «Welt» abonniert. Das musste man erst mal fertigbringen.

Nun war Herr Vaupel aber nicht nur Religionslehrer (er trug, darauf legte er wert, noch den altertümlichen Titel eines Gymnasialprofessors), sondern lehrte auch Hebräisch. Er leitete die Hebräisch-AG, die in zwei Jahren, in der 10. und 11. Klasse, zum Hebraicum führte. Teilnahme: freiwillig.

Für Herrn Vaupel gab es drei bedeutende Topographien: Preußen, Griechenland und Israel. Entweder sprach er als Grieche oder als Preuße oder als Zionist. Wenn als Grieche, dann selbstverständlich als alter Grieche im Sinne von *die alten Griechen*, mit den aktuellen war ja kein Staat zu machen, die waren faul und hauten einen Preußen bloß übers Ohr, davon konnte er, Herr Vaupel, ein Lied singen, war er doch gerade dabei, sich ein Haus auf Kreta zu bauen, «genauer: eine Trutzburg, die Fenster schmal wie Schießscharten, aber von strenger Form, minimalistisch im Bauhausstil». Eine Trutzburg im Bauhausstil? Auch als Siebzehnjähriger begreift man, dass das zumindest originell ist.

Als Preuße pries er männliche Tugenden wie Zähigkeit, Disziplin, Wagemut und Geistesgegenwart und schien sich nicht davon beeindrucken zu lassen, dass das seine Schüler im besten Fall für Phrasen hielten, im schlimmeren für jene Sekundärtugenden, mit denen man, so war damals oft zu hören, auch ein KZ leiten konnte. Und als korrespondierender Zionist stand er mit Blick auf das Menschheitsverbrechen der Shoa wie ein Mann an der Seite Israels (die erste Silbe wurde in die Länge gezogen und das s stimmhaft ausgesprochen): Einen anderen Platz könne es, meinte er, für einen Deutschen gar nicht geben als an der Seite Iiiesraels. Außerdem gefiel ihm das Wagemutig-Militärische des jungen Staates: Wie anschaulich konnte er vom Yom-Kippur- und vom Sechstagekrieg berichten, dass einem die Wangen glühten, und weil er den Hedonismus und das Wohlleben verachtete, erkannte er im Kibbuz etwas Preußisch-Karges, das ihm entsprach.

Vielleicht wäre Herr Vaupel vor 150 Jahren ein gebildeter und geachteter Militärkaplan in Moltkes Armee gewesen. Zwar fragten wir uns schon, ob er nicht einfach eine Schraube locker hatte, aber dass es überhaupt so völlig andere Weltbilder geben konnte, dass man Begriffe so völlig anders, aber in sich folgerichtig verbinden konnte, das war für mich eine Erfahrung, der ich mich mit einem gewissen Lust-Grusel aussetzte. Doch lassen wir Herrn Vaupel selbst zu Wort kommen: «Latein kann jeder, die Elite nimmt Griechisch und die Elite der Elite noch Hebräisch.»

Natürlich nahm kein Schüler, der bei Trost war, Hebräisch, um zur «Elite der Elite» zu gehören, auch nur davon zu sprechen kam uns, wie gesagt, peinlich vor. Aber Herr Vaupel hatte noch ein anderes, ein stärkeres Lockmittel: eine dreieinhalbwöchige Reise nach Iiesrael in der 11. Klasse, kurz bevor das Büffeln fürs Hebraicum losging. Also trat ich – der außer in Geschichte nur richtig schlechte Noten nach Hause brachte, aber das war mir egal – in die Hebräisch-AG ein.

Ich zoffte mich weiter mit Herrn Vaupel, doch das war für ihn kein Problem. Seine rhetorischen Fähigkeiten waren überwältigend, sein Satzbau anspruchsvoll und absolut fehlerfrei. Er sprach mit einer absurd gepressten Stimme, dabei wie ein Weinkenner die Silben kauend, doch diese Eigenart, diese ganze guttural-nasale Lautbildung, verlieh seinen Reden Zauber. So stand er, eine hagere, zähe Gestalt, die Haut von der Sonne Israels und Griechenlands ledrig gebräunt, in der Negev-Wüste in der Höhle von En-Gedi und berichtete, wie, genau hier, Saul in die Hände von David gefallen war. Dreimal schon hatte Saul nach Davids Leben getrachtet, jetzt findet der ihn hier, in der Höhle, schlafend. Davids Leute reden auf ihn ein, das sei genau die Situation, von der der Herr gesprochen habe: Er werde ihm, David, einst den Saul ausliefern, damit er mit ihm machen könne, was ihm gefalle. Doch David tötet Saul nicht. Er schont ihn, er schneidet nur einen Zipfel vom Rock des Schlafenden ab. Als Saul am nächsten Morgen weiterzieht, folgt David ihm und ruft ihm aus der Ferne zu: «Siehe, ich hätte dich erwürgen können, aber ich habe nur den Zipfel deines Rockes abgeschnitten, würde ich doch nie Hand legen an das Haupt eines Gesalbten!» Wir lauschten beeindruckt, was für dramatische Geschichten das Alte Testament zu bieten hatte. Hatte einem vorher ja keiner gesagt.

Wir erstürmten mit Vaupel an der Spitze Masada, und wer den Aufstieg in der sengenden Hitze der Wüste nicht zügig genug schaffte, auf den wurde nicht gewartet – schon schilderte Herr Vaupel den verzweiflungsvollen Kampf der Juden gegen die römischen Besatzer: In der Festung Masada hatten sie sich verschanzt, als aber absehbar wurde, dass die Römer die Befestigungsmauern mit Rammböcken schleifen würden, zogen die Belagerten einen ehrenvollen Tod einem elenden Überleben vor. Per Los wurden die Männer bestimmt, die die anderen zu töten hatten, bevor sie sich selbst den Todesstoß geben würden. Herr Vaupel führte gerade aus, dass dies alles durch die Schrift des jüdisch-römischen Historikers Flavius Josephus überliefert worden sei, als die vor Erschöpfung blasse Nachhut eintraf. Herr Vaupel nur: «Na, auch endlich geschafft?», als hätten sie Müdigkeit vorgetäuscht.

Wir Vaupel-Schüler pflegten zu ihm eine ironische Loyalität, wir teilten nicht seine Ansichten, verteidigten ihn aber als Kauz. Wir studierten ihn wie Ethnologen, die einen vom Aussterben bedrohten Ureinwohnerstamm am Amazonas beobachten. Er war ein Museumsstück. Aber während man noch meint, seine Ansichten bloß als anachronistische Kuriosität zu würdigen, findet eben doch eine geistige Infizierung statt. Das wusste im Übrigen keiner besser als er selbst, der, wäre er kein Preuße und Protestant gewesen, auch einen sehr guten Jesuiten abgegeben hätte.

Meine rebellische Phase lag damals lange hinter mir. Geradezu von einem Tag auf den anderen war mir die Erkenntnis gekommen, dass ich problemlos faul sein konnte, wenn ich nur freundlich und ein bisschen geschmeidig war – schon mochten einen die Lehrer und ließen einem alles durchgehen. Es war eine neue Erfahrung: Wie leicht und unbekümmert konnte das Leben sein, vielleicht war ich ja doch kein Tonio Kröger?

Nur eines reizte auch weiterhin meinen Widerspruchsgeist, nämlich die vorhersehbaren, absolut konventionellen moralischen Werturteile der meisten Lehrer über die Welt. Wenn man die Lehrer ins Schwitzen bringen wollte, musste man nur, natürlich auf informierte Art, das weite Feld tabuisierter Namen und Begriffe ins Spiel bringen. Der Geschichtslehrer schnappte nach Luft, wenn man, unter Verweis auf Sebastian Haffner, den damals alle lasen, anmerkte, an der These der Alleinschuld des Deutschen Reichs am Ersten Weltkrieg gebe es Zweifel. Schon witterte er, der ohnehin ständig vor einem weiteren Rechtsruck warnte (nach der «geistig-moralischen Wende» von 1982 war Polen sozusagen offen), schlimmsten Revisionismus.

Als ich kurz darauf Sebastian Haffners «Preußen ohne Legende» las, bekam ich Argumente in die Hand, mit denen man tatsächlich für Preußens Glanz und Gloria eintreten konnte: Vernunftstaat, Aufklärung, Judenemanzipation, Friedrichs Briefwechsel mit Voltaire und so weiter. Außerdem konnte man bei Haffner lernen, dass es einer von Hitlers entscheidenden strategischen Zielen in den Tagen nach dem 30. Januar 1933 gewesen sei, die preußischen Institutionen auszuschalten, um die Machtergreifung abzurunden. Hitler war also gar nicht die logische Steigerung und Vollendung von Friedrich dem Großen.

Das alles waren aufregende intellektuelle Neuheiten, und plötzlich kam einem auch Herr Vaupel nicht mehr gar so abgedreht vor. Was war eigentlich so schlecht daran, *Gesinnungspreuße* zu sein?

War der alte Ribbeck von Ribbeck, dessen Birnen mir seit Kindestagen so köstlich erschienen, nicht auch ein Preuße? Überhaupt berührte es mich, dass da einmal etwas war, das es jetzt nicht mehr gab. Das Nicht-mehr-Sein war vielleicht überhaupt die vornehmste Form zu sein, die deshalb auch den meisten Respekt verlangte. All die Toten, die einmal etwas gewollt, etwas geformt hatten – vergeblich, vorbei –, aber irgendwas war geblieben. Der Alliierte Kontrollrat, las ich bei Haffner, habe mit Beschluss vom 25. Februar 1947 den Staat Preußen aufgelöst. Und doch wirkte da etwas weiter, das mich anzog. Da waren doch mal eine Macht und eine Idee gewesen, da schlugen doch mal Herzen dafür, darüber hatten sich die Leute doch einmal

Gedanken gemacht, da musste doch noch etwas sein, und sei es nichts als die Erinnerung an einen Birnbaum. Oder die Katte-Tragödie, furchtbar und groß; der Prinz, der die Hinrichtung seines Freundes mit ansehen musste; kein Wunder, dass er später zu seinen Soldaten gesagt hatte: «Hunde, wollt ihr ewig leben?» Plötzlich hatte ich eine Ahnung, warum Tennos Ritualfeind Lothar so misanthropisch war.

Und dann war Preußen, zuerst unbewusst, dann direkter ins Auge gefasst, auch eine verlorene Landschaft, die ich mir immer ein bisschen vorstellte wie jene Ostseeinsel, auf der Erich Kästners «Emil und die drei Zwillinge» spielte. Die märkische Sandbüchse, Kiefernwald. Dann las ich Siegfried Lenz' «So zärtlich war Suleyken» und hatte die Masurische Seenplatte vor Augen. Das waren nicht nur geographisch, sondern auch chronologisch in ein Jenseits gerutschte Orte; und kamen wir selber nicht auch aus so einer verlorenen Landschaft, aus Schlesien?

Neuerdings war es öfter vorgekommen, dass Mama mir ihren Missmut anvertraute über Freunde und Bekannte, die es nicht ertrugen, wenn sie die Vertreibung unserer Familie aus Schlesien erwähnte. Schon die Nennung des Namens Schlesien führe bei Abendessenseinladungen zu eisernen Reaktionen, als wäre das Erzählen von der eigenen Kindheit bereits ein erster Schritt zur Rückholung Schlesiens ins Reich. «Da wird etwas abgeblockt», sagte meine Mutter trotzig, «das ist mir zu dogmatisch.»

Das mit Schlesien begann mir zu gefallen. Wenn es schon über meine väterliche Linie nichts zu erzählen gab, sollte es zumindest auf der mütterlichen Linie etwas Herkunft geben. Ich probierte den Satz «Wir kommen aus Schlesien» aus. Nicht schlecht. Noch mehr Effekt machte: «Ich bin Schlesier.»

«Du?»

«Ja, ich. Beziehungsweise meine Mutter. Pilgramsdorf. Liegt bei Breslau ums Eck.»

Mama und ich lasen dann beide einen schmalen Essay von Wolf Jobst Siedler, der in der eleganten Corso-Reihe erschienen war, «Wanderungen zwischen Oder und Nirgendwo». Ja, wer da mitreisen könnte in der prächtigen Sommernacht! Mamas Lieblingsschriftsteller war schon immer Theodor Fontane gewesen, dieser Funke sprang nun auch auf mich über, und das Preußen meiner Phantasie war ein seltsames Konglomerat aus Erich Kästners Ostseeinsel, Fontanes Birnbaum, Berlins Roaring Twenties, Tucholskys «Rheinsberg» und einer Familienvergangenheit, die von Schlesien zum Ribbeck-Schloss in Beetzsee führte.

Meine Mutter las beständig, wenn auch langsam, und die Lieblingsfigur ihres Lieblingsschriftstellers war der alte Dubslav von Stechlin. Er schien ihr auf ideale Art Weisheit, Herzensgüte, Liberalität und Traditionsbewusstsein zu verkörpern; und dass er nichts Menschliches aburteilte, war ganz nach ihrem Geschmack. So verhielt sie sich auch selber: Verurteilen lag ihr nicht; wenn unsere Bekannten sich vor Abscheu schüttelten, sooft von Vereinen die Rede war, weil die ganze «Vereinsmeierei» unter progressiven Zeitgenossen als schlimmste deutsche Philisterhölle galt, betonte meine Mutter den sozialen Wert, den die Vereine – «Ich möchte mich auch hier ans Konkrete halten» – zum Beispiel für ein kleines Gemeinwesen wie Dossenheim hatten. Nun war der Dossenheimer Handballverein nicht unbedingt dasselbe wie das Schloss am Stechliner See, aber solche gesellschaftlichen Rangunterschiede kannte sie nun einmal nicht, sah sie nicht einmal, und ein achthundertjähriges Familienwappen aufzupolieren galt ihr nicht mehr als die jährliche Wiederkehr des Bannweidgerichts auf der Dossenheimer Kerwe.

War ich Schlesier, war ich Preuße? Das war natürlich nur ein Spiel, bei dem mein Widerspruchsgeist und ein bestimmtes Distinktionsstreben auf ihre Kosten kamen.

Einmal saßen meine Mutter und ich bei einem uns bekannten Ehepaar. Für den Mann, einem Griechen und Chefarzt der Heidelberger Augenklinik, hatte Mama immer etwas geschwärmt, weil er so einfühlsam Cello spiele. Er sagte mir an diesem Abend, als wollte er eine entscheidende Erfahrung weitergeben: «Als Nichtdeutscher musst du immer doppelt so gut wie die anderen sein», und ich, der ich mich geehrt fühlte, dass er mich eines solchen Gesprächs schon für würdig hielt, war zugleich überrascht, dass man die Dinge überhaupt so betrachten konnte. Dass sich Karrieren auch entlang der Frage entschieden, wie einer aussah, darüber hatte ich noch nicht nachgedacht (oder allenfalls halbbewusst, als ich mir wegen Shakespeares «Wintermärchen» Sorgen machte); auch dass ich und der Augenarzt zur selben Gruppe gehörten, war eine verblüffende Neuheit. Nie hatte ich mir vorgestellt, dass meiner Wenigkeit die Ehre zuteilwerden könnte, einer gesellschaftlichen Gruppe anzugehören. Ich dachte noch länger darüber nach, vage den Reiz spürend, der darin lag, es doppelt so schwer wie andere zu haben, auch wenn mir diese Erfahrung durch nichts gedeckt schien. Nirgendwo legte einem einer Steine in den Weg. Oder war ich blind und sah es nur nicht? In jedem Fall war die Erkenntnis, ein kollektives Schicksal mit anderen zu teilen, eine so überraschende Einsicht, wie wenn man das erste Mal Marx liest und plötzlich begreift, dass man die Gesellschaft als Klassenkampf beschreiben kann.

Das alles war jetzt unter einen Hut zu bringen.

TEIL III

AFRICAN AMERICANS

Wer heute arabisch ausschaut, wird leicht ungnädig ange-
guckt; eine Form gereizter Gruppenverurteilung, der ich
nie ausgesetzt war: Ich gehörte keiner Minderheit an, ich war
eine Singularität. Ein Individuum, das wegen eines afrikanischen Vaters, der ansonsten keine Rolle spielte, anders aussah.
Dort, wo mir diese Singularität genommen werden sollte, reagierte ich verschnupft.

In den siebziger und achtziger Jahren ist mir, von Nora abgesehen, nur ein anderer Mensch begegnet, der irgendwie auch in
meine Kategorie fiel. Er hieß Kofi, besuchte eine andere Schule,
und doch war öfter von ihm die Rede, er galt als klug, selbstbewusst, charismatisch, und sein Vater kam aus Ghana. Wir
kannten uns nur flüchtig, und vermutlich hielt ich auch eher auf
Abstand, aber einmal, es muss um 1989 gewesen sein, kam er auf
mich zu und fragte, was *meine Wurzeln* seien. Ich sagte es ihm,
und er erzählte daraufhin von einem Club oder Verein, so ganz
verstand ich es nicht, in dem sich Afrodeutsche zusammentäten,
ob mich das interessieren würde. Wir teilten ja eine Erfahrung.

Das hatte ich noch nie gehört: Afrodeutscher? Was sollte das
sein? Kofi war, wie gesagt, ein feiner, keineswegs distanzloser
Mensch, aber dass er da plötzlich einen solchen Begriff aus dem
Hut zauberte, der auch noch etwas mit mir und meinem Leben
zu tun haben sollte, das empfand ich nicht nur als Übergriff,
sondern fast als Bedrohung. Ich war doch der, dessen Plädoyers
für den Vernunftstaat Preußen alle wohlwollend lauschten, zumal ich weder blond noch blauäugig war und keiner alarmiert

sein musste, das könne aus der falschen Ecke kommen. So hatte ich mich eingerichtet. Und jetzt trat Kofi auf und bot mir eine völlig andere Gemeinschaft an, in der ich mich überhaupt nicht wiedererkannte. Wenn man erst einmal begänne, mich als Afrodeutschen zu sehen, wäre ich ja eines, für das ich mich bisher gehalten hatte, ganz sicher nicht mehr, nämlich Deutscher. Was sollte dadurch gewonnen sein? Von Kofis freundlichem Angebot, kam mir vor, ging eine Gefahr für mich aus. Darauf konnte ich mich auf keinen Fall einlassen, das musste ich von mir weisen. Kofi spürte meine Verhaltenheit und drang nicht weiter in mich.

Als ich meinen Freunden erzählte, was Kofi gesagt hatte, lachten sie empört auf: Das sei ja völlig lächerlich! Ich sei Deutscher, die Hautfarbe spiele keine Rolle, das hätten Leute wie Kofi nur noch nicht begriffen! Empört waren sie, denke ich heute, weil Kofis Angebot unausdrücklich einen Mangel oder Missstand voraussetzte: Zusammentun musste man sich als Afrodeutscher ja nur, wenn den Afrodeutschen in diesem Land Unrecht geschähe. Das sahen meine Freunde (und ich) allerdings keineswegs so: Sie hatten mich ja nie, auch nicht hinter vorgehaltener Hand, als Nichtdeutschen behandelt, sie hatten mich nie ausgegrenzt. Einen Minoritätenschutz hatte ich infolgedessen nicht nötig.

Erst Jahre später erfuhr ich, dass Kofi mit seiner Band Advanced Chemistry einer der Begründer des deutschen Hiphop geworden war. «Fremd im eigenen Land» hieß der Song, mit dem sie 1992 ihren Durchbruch feierten. Ich glaube, das Lied war wichtig, um eine bestimmte Erfahrung festzuhalten, und wenn ich es mir heute anhöre, bin ich beeindruckt, wie geschickt Advanced Chemistry die Frage nach dem Anderssein mit den Mordanschlägen auf die Asylbewerberheime in Rostock-Lichtenhagen verknüpfte, mit welch sicherer Hand sie überhaupt ihr Thema, fremd im eigenen Land zu sein (und als latente Drohung zu fragen, ob die Radiosender dieses Lied wohl spielen werden), erfasste und pointierte. Aber damals war das einfach nicht meine Erfahrung. Ich hatte mich nie fremd im eigenen Land gefühlt, sondern immer gut aufgehoben.

Oder machte ich mir etwas vor? War ich blind für die Ausgrenzung, die mir widerfuhr? Aus Harmoniesucht? Verdrängte ich das Unangenehme, um glücklich leben zu können? Wollte ich den Rassismus nicht wahrnehmen aus Angst, meine Lebensblase könnte sonst platzen?

Manchmal sagten die Leute: «So deutsch wie du – das gibt's ja gar nicht!» Worin sich unausgesprochen und gewiss nur halb reflektiert die moderne Einsicht aussprach, wonach Deutschsein nicht in den Genen, sondern im Kopf steckt.

War ich überassimiliert, deutscher als jeder Deutsche? Ein Opportunist, der die Anpassung so weit trieb, bis die konservativen Väter meiner Freunde überzeugt waren, dass das deutsche Kulturerbe einzig in meinen Händen noch eine Chance auf ein Weiterleben hatte?

Überassimilation aus Angst vor Ausgrenzung, das war allerdings genau jene Art von schematischer Psychoanalyse, die ich wirklich zum Gähnen fand, auf die ich als Sohn einer Psychotherapeutin früh allergisch reagierte. Und zwar nicht, weil sie falsch, sondern weil sie zu offensichtlich war, um einen echten Erkenntnisgewinn darzustellen.

Manchmal kam es vor, dass eine Verkäuferin beim Bäcker mit mir in gebrochenem Deutsch sprach: «Sie ein Brot kaufen?» Ich bestätigte dann: «Ja, sehr richtig, das ist es, was ich möchte: dieses Brot …» Mein grammatisch wie artikulatorisch furchterregend gestochenes Hochdeutsch (mit Neigung zu gewissen Altertümlichkeiten) war gewiss ein psycholinguistischer Reflex und die Sprache meine sichtbarste Zugangsberechtigung zur deutschen Gesellschaft. Natürlich war es ein bisschen so wie bei Maggie Thatcher, die sich aus ihrer Tante-Emma-Laden-Welt hochgekämpft hatte, aber – wie die alten Familien herablassend bemerkten – bei ihrem Versuch, ein möglichst klirrendes Oxford-Englisch zu sprechen, übers Ziel hinausgeschossen sei.

Das Leben war doch auch ein Spiel.

Allerdings lässt sich jedes Spiel nur mit den Karten spielen, die man ausgegeben bekommt. Und schwarze Identifikationsfiguren, die für mich attraktiv gewesen wären, lernte ich erst später kennen. Gut, es gab Eddie Murphy. Er füllte auch in Deutschland die Kinosäle, aber es war offensichtlich, dass er keine Identifikationsfigur für einen ehrgeizigen jungen Thomas-Mann-Leser sein konnte. Im Gegenteil: Wenn Eddie Murphy Schwarzsein verkörperte (und das tat er mit ziemlichem Nachdruck weltweit), dann würde ich sogar extra darauf achten müssen, damit nichts zu tun zu haben. Schon seine absolut infantil-alberne Synchronstimme im Deutschen machte aus diesem sehr körperlichen Mann eine Witzfigur; war es das, wovor Mama mich gewarnt hatte, als sie davon gesprochen hatte, dass Schwarze nur im Sport und im Entertainment Erfolge feierten?

Neben Eddie Murphy gab es noch Michael Jackson und Prince. Alle zeichneten sich durch eine starke Körperlichkeit aus, die unter den kulturprotestantischen Bedingungen meiner Erziehung als geistfern galt. Die Übersexualisierung des schwarzen Körpers war in Deutschland ein zu überwindendes rassistisches Klischee, mit dem ich nicht in Verbindung gebracht werden wollte, während es in Amerika offensiv angenommen, überboten und inszeniert wurde – worin eine entscheidende Freiheit liegt, aber das war mir noch nicht klar.

Kurz und gut, ich kannte im Grunde keine Schwarzen außer mir selbst. Das änderte sich erst, als ich nach dem Abitur 1990 für sieben Monate in die USA ging.

Die ersten Tage im Summer Camp waren ein Desaster, vermutlich ist dort kaum je ein junger Abiturient als Counselor angetreten, der ein so erbärmliches Englisch gesprochen hat. (War da etwas beim Auswahlverfahren schiefgelaufen? Ja, durchaus. Die Amerikanerin in München, die mich interviewte, war eine höfliche Person, aber sie merkte sofort, dass ich kein Englisch konnte. Sie lächelte mit Gleichmut, quälte mich nicht lange, wir beide hatten, ohne es auszusprechen, rasch erkannt, dass es das Beste sei, die USA-Träume fahren zu lassen, das Interview zu beenden und without hard feelings auseinanderzugehen. Doch ich wollte an dem Abend unbedingt in die Münchner Kammerspiele. Also fragte ich sie, mittlerweile sprachen wir aus praktischen Gründen deutsch, quasi schon auf der Türschwelle nach dem Weg. In die Kammerspiele wolle ich? Sie war überrascht. Dieser junge Mann, der zumindest im Englischen ein absoluter Versager war, ging ins Theater? Das passte nicht zusammen. Was ich sehen wolle. Den «Helden der westlichen Welt» von John Millington Synge. Plötzlich waren wir mitten in einem Theatergespräch, und einige Tage später erhielt ich den Brief mit der Zusage.)

Das Summer Camp lag in der Dünenlandschaft des Lake Michigan, eine knappe Autostunde von Grand Rapids entfernt. Die reiche Unternehmerschaft der Region sponserte das Ganze, denn es war für «inner city children», so nannte man das damals, gedacht; auch sie sollten in den Sommerferien raus aus den Ghettos und in einer Art pfadfinderhafter Kur Sport, Natur, Frischluft, Patriotismus und Disziplin ausgesetzt werden. In Bussen wurden sie in Grand Rapids abgeholt und für zehn Tage an den Lake Michigan gebracht. (Nach den zehn Tagen blieb stets ein gutes Dutzend unabgeholt auf dem Busbahnhof von Grand Rapids zurück; die Eltern hatten sie irgendwie vergessen, und es war jedes Mal herzzerreißend, wenn man die Kinder dann an die Hand nahm, zu ihrer Wohnadresse fuhr und sie bei Nachbarn abgab, weil zu Hause niemand war.)

Jeder Counselor war für eine Gruppe von zehn Kindern verantwortlich. Da ich der Aufgabe mangels Sprachkompetenz eigentlich nicht gewachsen war, hatte man mir die Jüngsten, die Sechs- bis Siebenjährigen, zugewiesen. Und da es vor allem um die Durchsetzung von Disziplin ging, ungefähr dergestalt, dass man zum Fahnenappell ordentlich in einer Reihe stand, mit Ernst die Nationalhymne sang, bei den Mahlzeiten bis zum Ende ruhig am Tisch sitzen blieb, dass man sich nicht hinter dem Rücken des Counselors schlug und, vor allem, dass am Abend irgendwann auch mal Ruhe ist und alle schlafen; weil es also – zumindest aus der Sicht eines europäischen Zivilisten – eher um militärische Tugenden ging, spielte das einfühlsame Gespräch mit erlesenen Vokabeln eine nachgeordnete Rolle. Das erleichterte mir meine Aufgabe. Ich brüllte «Shut up!», wenn es an meinem Tisch zu laut wurde, und dann lachten meine *kids* herzlich wegen meines komischen Akzents.

Immer zwei Kindergruppen teilten sich einen Schlafraum. An diesen grenzte das Zimmer der verantwortlichen zwei Counselors. Mein Kollege Steve, Amerikaner, Ende zwanzig, eigentlich Mathelehrer, war der erfahrenste und reifste von uns Counselors, deswegen hatte die Camp-Leitung ihn wohlweislich mit mir zusammengetan. Steve hatte ein sanguinisches Temperament, er konnte überschäumen vor Enthusiasmus, er hatte aber auch etwas Strenges. Das bekam ich in den ersten Tagen zu spüren. Er hielt mich, das lag bei meiner Sprachkompetenz sehr nah, für einen Volltrottel, den man nun auch noch ausgerechnet ihm ans Bein gebunden hatte. Hilfreich und verantwortungsbewusst in praktischen Belangen, gab er sich keine Mühe, seine Geringschätzung für den Kollegen aus Deutschland zu verhehlen. Ich nahm es ihm nicht übel, ich hasste mich ja schließlich selber dafür, dass ich aus kindischem Trotz so ein blasierter Schulverweigerer gewesen war. Aber jetzt galt es zu kämpfen und zu retten, was zu retten war. Wenn abends der letzte Junge aufgehört hatte, durch das Simulieren von Furzgeräuschen die Lacher seiner Kameraden hervorzurufen, und die Truppe endlich schlief, griff ich, total erschöpft, aber das zählte jetzt nicht, zu meinen englischen Büchern, die ich mitgenommen hatte, um die Sprache zu lernen. Natürlich fing ich mit «The Catcher in the Rye» an, schlug das Lexikon auf, notierte jede neue Vokabel in ein Heft und kämpfte mich so von Satz zu Satz. Dieser grammatische Ernst führte bei Steve zu einem Umdenken. Auch meine deutschen Bücher auf dem Nachttischchen weckten sein Interesse. Wir kamen ins Gespräch. Als er herausgefunden hatte, dass ich in der Schule Griechisch, Latein und Hebräisch gelernt hatte, fand eine Neubewertung meiner Person statt, denn Steve war, so erfuhr ich kurz darauf, ein glühender Papist. Für ihn war die römische Kirche der Körper Christi. Tatsächlich hatte er drei Leidenschaften, die ihn förmlich schüttelten, so sehr war er ihnen ausgeliefert: den Papst, die Reagonomics und schöne Frauen. Mein Englisch war leider zu schlecht, um seine Erklärungen zu verstehen, wie genau sich das zu einem schlüssigen System fügte. Er war jedenfalls ein großer Sünder und gab jeder Versuchung mit bebender Verzückung nach; danach war er nicht minder gefühlvoll zerknirscht, dass er schon wieder seine Freundin betrogen hatte. Wenn ich mit ihm durch die Straßen zog, kreiste sein Blick wie ein Radar und scannte sämtliche Frauenärsche. Er japste dann förmlich nach Luft, entfesselt von Gottes unfassbar verführerischer Schöpfung. Über das heilige Sakrament der Ehe konnte er sehr schöne Reden halten, und das Reizvolle an diesem Zwiespalt lag für ihn gerade im Spannungsverhältnis zwischen Theorie und Praxis, zwischen Sein und Sollen. Ohne ein Ringen mit sich und allen Teufeln wäre das Leben fad gewesen.

Auch auf seine Kenntnis der alten Geschichte hielt Steve sich einiges zugute, und so sprachen wir bis spät in die Nacht über den Attischen Seebund und die NATO. Er führte mich ein in die Idee Amerikas, er brachte mir, voller Begeisterung für seinen lernbegierigen Adepten, die Nationalhymne bei, er hielt mir von pädagogischem Eros erfüllte Vorträge über die Reagonomics («Die Sozialisten glauben, die Größe des Kuchens stünde ein und für alle Male fest, weshalb sie nur über seine Verteilung nachdenken, es geht aber darum, versteh das bitte, dass der Kuchen wächst, und zwar für alle!»), und zu jeder neuen Vokabel, die ich lernte, bekam ich einen Exkurs über sämtliche Bedeutungen und Nebenbedeutungen, die das Wort in den unterschiedlichen Kontexten haben konnte. Diese Vokabelerläuterungen waren gleichzeitig kleine Kurse in amerikanischer Soziologie. Ein besonderes Anliegen war es ihm, dass ich das Wort «Serendipity» lerne, in ihm schienen sich ihm Rhythmus, Schönheit, Geistesgegenwart und Übermut seiner Muttersprache auf leuchtende Weise zu verbinden. Es war eine geistig hochfliegende Zeit auf den Feldbetten der Counselor-Schlafkammer des Summer Camp von Grand Rapids. Zum ersten Mal in meinem Leben begegnete ich einem Menschen, für den Ronald Reagan nicht der Gottseibeiuns war; und erst zum zweiten Mal, nach Pfeifer-Papa, einem Menschen, der den Papst mit dem weißen Haarkranz verehrte. Ich wusste nicht, was ich davon halten sollte, aber ich wusste, dass mir nichts Aufregenderes passieren konnte als genau diese Erfahrung: dass sich die Dinge auch anders betrachten ließen, als es in Heidelberg zum guten Ton gehörte.

Auf diese Weise wurde Steve mein Cicerone in die Neue Welt. Die Basis unserer Freundschaft war dabei, verkürzt gesagt, das humanistische Gymnasium. Für Steve war ich «old Europe», ein gebildeter Deutscher, dem man die sozialistischen Flausen austreiben musste, der Vorstellung nach aber auch jemand, der im

Falle eines Falles in der Lage wäre, mit dem Papst lateinisch zu reden (ja, ungefähr so gut, wie ich am Anfang mit Steve Englisch reden konnte). Und ich wiederum hatte zum ersten Mal ein Land betreten, in dem es Schwarze gab, ich hatte ein Land betreten, dessen Gesellschaft durch und durch von Segregation geprägt war, ich war der Counselor einer Gruppe armer und überwiegend schwarzer Kinder, wurde aber von meinem Protektor als eine fast bilderbuchhafte Verkörperung von «old Europe» gesehen.

Damals allerdings fiel mir das noch nicht auf. Aus einem einfachen Grund: Steve behandelte mich genau so, wie ich auch in Deutschland behandelt wurde; dass das aber hieß, er behandelte mich als Weißen, konnte ich zu diesem Zeitpunkt, am Anfang meiner siebenmonatigen Reise durch die USA, noch nicht erkennen.

Die schwarzen Jugendlichen im Camp (die ältesten waren fünfzehn Jahre alt) schaute ich staunend an. Das war nicht meine Welt. Von Hiphop verstand ich nichts. Von Zeit zu Zeit wurden ihre Stuben gefilzt, Springmesser konfisziert. Mit meinen eigenen «sweet kids» war das etwas anderes, ich weiß noch, dass ich fasziniert war, weil mich viele der Kindergesichter an Fotos erinnerten, auf denen ich als Erstklässler zu sehen war. Meine Physiognomie in anderen gespiegelt zu sehen war eine ungewöhnliche Erfahrung und ist es noch heute: Wenn mir Kinder meiner Rassenmischung auf der Straße begegnen, lächele ich ihnen komplizenhaft zu.

Anfang Oktober (in Deutschland wurde gerade die Wiedervereinigung vollzogen) ging ich für zwei Monate nach Chicago zu Yvonne. Sie war damals Executive Director der Community Renewal Society, einer mächtigen, 1882 gegründeten Organisation, die sich die Überwindung von Rassen- und Klassengrenzen aus kirchlichem Geist auf die Fahnen geschrieben hatte. Wo Yvonne auch auftrat (und sie konnte sich der Einladungen kaum erwehren – jeder Kongress, jede Feierlichkeit, jeder besondere Gottesdienst schien auf sie als Festrednerin zu setzen), wurde sie als Celebrity behandelt – falls dieser Begriff passt für eine Sphäre, in der sich politisch-emanzipatorischer Kampf, Theologie und Charisma durchdringen. Dann hielt sie mit großem Pathos eine Rede, und während ich, in der ersten Reihe sitzend, noch mit Gänsehaut kämpfte (solches Pathos war ich aus der politischen Rede der Bundesrepublik nicht gewohnt), zwinkerte sie mir beiläufig zu, als wollte sie sagen: «Na, habe ich mal wieder alle Register gezogen?»

In Artikeln, Toasts und Einführungsreden hieß es immer über sie: «Die erste schwarze Frau, die ...» Unter anderem war sie die erste schwarze Frau, die in der United Church of Christ als Pfarrerin ordiniert wurde. Einmal sagte Yvonne zu mir in ihrer gnadenlosen Ironie: «Kunststück, in meinem Leben konnte ich machen, was ich wollte, immer war ich die erste schwarze Frau, die ...»

Ihre Fähigkeit, von einschüchternder Strenge zu delirierendem Witz zu wechseln, war atemberaubend. «Huh-huh-huh», lachte sie dann aus dem Zwerchfell heraus und schlug synchron dazu in die Hände. Sie war eine mitreißende Geschichtenerzählerin, und ich genoss es, ihr zuzuhören. Sie wollte mir etwas von ihren Erfahrungen mitgeben, aber mich nicht umerziehen, mich nicht in ein Schema pressen, sie akzeptierte meine andere Biographie. Schließlich kannte sie Dossenheim, eingebettet in die lieblichen Weinberge, schon klar, dass man da milder auf die Welt blickte.

Wenn ich ihr voller Stolz zusah, wie sie vollen Sälen mit ihrer Rednergabe einheizte, dachte ich: «Das also war die Frau, mit der auf die Post zu gehen du als Kind solche Panik hattest ...»

Anders als Mama hatte es ihre beste Freundin zu bürgerlichem Wohlstand gebracht. Von Yvonnes Apartment am South Park aus (mit Doorman in Uniform) hatte man den Lake Michigan immer im Blick. Als Kind der Navy-Stadt Norfolk brauchte sie die Wassernähe. Einen leichten Kulturschock erlitt ich, als ich begriff, dass der Kamin nicht mit Holz befeuert wurde, sondern einige lächerliche Gasflammen die Atmosphäre eines knarzenden Kaminfeuers simulieren sollten. Amerika war schon auch ein komisches Land. Wenn Yvonne abends von der Arbeit nach Hause kam, tiefgefrorene *chicken wings* in die Röhre schob und für mich einen sehr guten Rotwein im *liqueur shop* (ich war ja noch nicht 21) gekauft hatte, erzählte sie mir von der Zeit mit meiner Mutter vor 25 Jahren in Cincinnati. Dass meine Mutter eine Figur in der Erzählung einer anderen wurde, war ein neues Gefühl.

Besuchte ich Yvonne hingegen tagsüber in ihrem Büro downtown, um mit ihr zum Lunch zu gehen, begleitete uns oft ihre Anwältin. Sie wurde mir als Intelligenzbestie angekündigt. Von der ersten Sekunde an war klar, dass wir uns nicht mochten. Klein, zäh, immer im Hosenanzug; wenn sie lächelte, sah ihr Gesicht aus, als hätte sie gerade auf eine Zyankalikapsel gebissen; sie brachte buchstäblich jeden Satz, den man sagte, sogleich in politische – und das hieß bei ihr immer: rassenpolitische – Zusammenhänge und ließ auch nicht zu, dass man sich aus diesen Diskussionen herausschlich. Ablenkungsmanöver wie unschuldige Heiterkeit durchschaute sie und bremste sie aus. Man konnte ihrer Meinung sein oder auch nicht, aber was sie nicht duldete, war, dass man so tat, als gäbe es ein Leben jenseits dieser Fragen. Unsere gegenseitige Antipathie war so ausgeprägt, dass wir beide versuchten, uns so zu verhalten, dass es den anderen möglichst schwer anging, und deshalb hörte ich bald auf, ihr zu widersprechen. Stattdessen versuchte ich es mit einem Fontane'schen «heiteren Darüberstehen» und nahm alles demonstrativ locker, denn ich wusste, dass ich sie damit zur Weißglut reizte. Auf mich wirkte sie humorlos und fanatisch, jemand, der alles, aber auch wirklich alles immer mit Rasse in Verbindung brachte. Ich kannte damals noch nicht Brechts Gedicht «An die Nachgeborenen», in dem es heißt:

Auch der Haß gegen die Niedrigkeit
Verzerrt die Züge.

Wenn es nach Yvonnes Anwältin ging, gab es auf dieser Welt nichts Unschuldiges, alles war vergiftet von Rassismus, während ich die Unschuld in der Welt aus meiner Heidelberger Perspektive deutlich höher veranschlagte. Und so behandelte sie mich wie jemanden, dem das Bewusstsein für die eigene gesellschaftliche Diskriminierung fehlte: Aus Trotz schien ich mich zu weigern, die Augen zu öffnen und die Wahrheit über mein Leben zu erkennen, stattdessen lebte ich in einer rückgratlosen Komplizenschaft mit den eigenen Unterdrückern. Während sie so sprach, fragte ich mich, ob sie gar nicht merkte, wie lächerlich es war, dass sie sich immer mit ihrem Doktortitel ansprechen ließ. Mochte ich in ihren Augen Uncle Tom sein, ihre Minderwertigkeitskomplexe wenigstens hatte ich nicht. Wir tauschten kühle Blicke, und die weise Yvonne genoss die Disharmonie, denn sie erkannte darin eine gute Lektion, für mich nicht weniger als für die Anwältin.

Die Anwältin war ein Spezialfall gegenseitiger Antipathie, aber offensichtlich war doch auch, dass das Koordinatensystem, unter dem ich beobachtet wurde, sich seit dem Summer Camp verändert hatte. Ich musste mich bewegen, musste mich dem Faktum stellen, dass ich zum ersten Mal in meinem Leben von

Schwarzen als Schwarzer wahrgenommen wurde. So wie sich früher in Heidelberg die türkischen Gemüsehändler in ihrem Verhalten auf etwas uns Gemeinsames bezogen hatten, nur deutlich stärker und ausdrücklicher. «Hey brother», sagten manchmal Afro Americans, wildfremde Leute, auf der Straße zu mir. Ich ließ mir nichts anmerken, aber ich war konsterniert und kurz davor zu sagen: «Verzeihung, der Herr, aber hier handelt es sich offenbar um ein Missverständnis!»

Seit ich in Yvonnes Welt unterwegs war, wurde ich regelmäßig mit warmer Anteilnahme gefragt, mit welchen Problemen sich die *black community* in Deutschland herumzuschlagen habe. Oder, wenn man sich schon etwas besser kennengelernt hatte, wie es für mich als Schwarzen sei, in Deutschland zu leben. Deutschland, so hatte ich manchmal den Eindruck, war für Afro Americans eine Art Diaspora, in die es mich, ein hartes Schicksal, verschlagen hatte.

Einmal besuchten Yvonne und ich, wir waren mittlerweile zu ihrer Familie nach Norfolk gereist, eine kleine Gemeinde auf dem Land in der Nähe von Richmond, Virginia. Eine schwarze Gemeinde: Der Gottesdienst war sehr schwungvoll, und Yvonne, als Predigerin eingeladen, sprach so kämpferisch, dass wieder mal kein Auge trocken blieb. Nach dem Gottesdienst schüttelten mir alle die Hand, und ein älterer Herr konnte sich doch tatsächlich noch an meine Mutter erinnern, die vor 25 Jahren hier gewesen sei.

Als Yvonne und ich nach dem Gottesdienst weiter nach Richmond fuhren, fragte sie mich, mit wem ich mich besonders gut unterhalten habe. Ich sagte: «Mit dieser älteren weißen Dame.» Yvonne schaute mich unwirsch an: Es habe überhaupt keine weiße Frau am Gottesdienst teilgenommen. Aber natürlich, sagte ich, eine ausgesprochen charmante, würdevolle ältere Dame, und ich berichtete, was sie mir erzählt hatte. Ach so, sagte Yvonne mit einer gewissen Missbilligung, sie wisse, wen ich meine, die sei aber schwarz. Ich war ernsthaft überrascht. Schwarz und weiß waren für mich Kategorien der Pigmentierung, und diese Frau hatte helle Haut und eine, wie die etwas brutale Kategorie der Amerikaner lautet, kaukasische Physiognomie. Darum gehe es nicht, sagte Yvonne, die Herkunft sei entscheidend. Und so lernte ich, wie das alte, eherne Gesetz des Südstaatenrassismus, es genüge ein Tropfen schwarzen Bluts und man sei ein Schwarzer, nun umgekehrt zum stolzen Identitätskern der *black community* geworden war. Zuerst dachte ich: Was ist das nur für eine ideologische Augenwischerei, wenn ich diese Frau jetzt gegen allen Augenschein schwarz nennen muss; aber je länger ich darüber nachdachte, desto mehr leuchtete es mir ein. Man ist durch eine historische Erfahrung zusammengeschweißt, die fortbesteht, auch wenn der Augenschein, das äußerlich-biologische Kriterium, das einst die Basis der Kollektivierung war, verblasst ist. Die Frau musste Vorfahren gehabt haben, die von Generation zu Generation immer heller wurden, immer mehr Weiße zählten zu ihren Ahnen, aber im Bewusstsein hielt sie an jener Linie ihres Stammbaums fest, die zu den Sklavenschiffen zurückführte, auch wenn man diese Abstammung an ihrer Hautfarbe nicht mehr ablesen konnte.

Hatte, dachte ich im Auto sitzend, während wir durch die baumreiche Hügellandschaft Virginias fuhren, mich Yvonne nicht gerade regelrecht zurechtgewiesen? Es war Elektrizität in der Luft. Und vielleicht, dachte ich weiter, wollte mir diese Geschichte noch etwas anderes zu verstehen geben: Wenn selbst diese weiße Frau sich als Schwarze fühlte, wie lächerlich war es dann, wenn ich, viel dunkler als sie, auf Weiß machte? Herrje, wenn man sich einmal auf die Farbentheologie einließ, gab es offenbar kein Halten mehr …

Ich war in den USA ein Wanderer zwischen den Welten. Die

Weißen behandelten mich als einen der ihren (und erklärten feierlich, dass BMW die besten Autos der Welt baue), die Schwarzen schlossen mich in die Arme, als wäre ich aus der Diaspora zurückgekehrt in die Gemeinschaft der Märtyrer.

Den Dezember verbrachte ich dann bei einem Freund von Yvonne, Edward, Pfarrer in Brooklyn. Das Brooklyn des Jahres 1990 allerdings hat mit dem Stadtteil von heute nur noch den Namen gemein; es war das Brooklyn vor seiner Gentrifizierung, und wenn ich spätabends mit dem D-Train aus Manhattan zurückkehrte und an der Station Prospect Avenue ausstieg, um zu Edwards kleinem Pfarrhaus zu gehen, mochte sich dieser bereits Sorgen machen, ob seinem Schutzbefohlenen aus Deutschland nicht etwas zugestoßen war. Edward war Frühaufsteher; wenn ich nach Hause kam, lag er immer schon im Bett. Aber schlafen konnte er nicht, bis er das Öffnen der Haustüre hörte. Dann rief er aus seinem Schlafzimmer: «Ijoma?», und erst wenn ich «Ja!» geantwortet hatte, schlief er ein.

Einmal fragte er mich, ob ich im D-Train läse.

«Ja, was denn sonst?», sagte ich.

«Auch während der Haltestellen?»

«Ich höre doch nicht auf zu lesen, nur weil der Zug anhält.»

«Doch, du solltest von deinem Buch hochschauen und die Türen im Blick haben, damit du siehst, wer zusteigt.»

Von allen U-Bahn-Linien dieser Welt bedeutet mir der D-Train («This is a Brooklyn bound D-Train!» – o die unvergesslichen Stimmen der New Yorker Subway-Schaffner!) am meisten. Wenn ich den Zug am Columbus Circle betrat, war ich von allen Passagieren der dunkelhäutigste, und so war alles völlig normal, fast wie in Heidelberg, nur dass mehr Asiaten neben einem saßen. Je mehr der Zug sich aber dem East River näherte, desto mehr Schwarze stiegen zu. Die meisten Weißen verließen den

D-Train spätestens bei Grandstreet; nun unterfuhr der Zug den East River. Nächster Halt: DeKalb Avenue. Die Passagiere waren jetzt eine Mischung aus Latinos und Black Americans. Sollte in meinem Waggon noch ein Weißer sitzen, wusste ich, dieser Übriggebliebene würde spätestens beim nächsten Halt, Atlantic Avenue, aussteigen. Vielleicht passierte auch mal ein Wunder, dann verließ er die U-Bahn erst Union Street. Mein Gott, er sah aber auch aus wie ein *Freak*! Bei der 4th Avenue war ich dann mit Abstand der hellhäutigste Passagier, alle Latinos hatten bereits das Weite gesucht, und wenn ich bei der Prospect Avenue die U-Bahn verließ, war ich ein Fremdkörper unter denen, die mit mir ausstiegen. Ich war in einer schwarzen Neighbourhood.

Als Hausgast des örtlichen Pfarrers gehörte ich, wie mir schien, in besonderer Weise zum Viertel. Wenn ich mit Edward durch die Straßen spazierte, stellte er mich den Mitgliedern seiner Gemeinde vor, die mich dann warmherzig willkommen hießen. Zu jedem gab es eine kleine Geschichte, die mir Edward erzählte, wenn wir weitergingen.

Wir waren beide Klassikfans – und nichts schafft mehr Vertrauen unter den Menschen als ein ähnlicher Musikgeschmack … Edward war ein politischer Mensch, durch und durch, aber es gab immer auch eine andere Welt. Das muss ich als besonders integer empfunden haben, auch weil ein Hauch von Traurigkeit über ihm schwebte; sein Leben als Pfarrer und seine Liebe zur Musik fanden in getrennten Welten statt. Nun sah es auch Edward als seine pädagogische Aufgabe an, mein Bewusstsein für Hautfarben zu schärfen. Aber anders als Yvonnes Anwältin gab es für ihn jenseits dieses *struggle* noch anderes, das ebenfalls sein durfte und nicht unter politischem Legitimationsdruck stand. Man musste sich nicht ausschließlich über die Hautfarbe definieren, man durfte sich auch als Kenner von Schuberts Liedgesang verstehen. Deshalb hatte Edward so etwas Freies und Undogmatisches, bei ihm fühlte ich mich nicht wie in einen Schraubstock eingespannt, wenn er mir etwas von seiner Lebenserfahrung als Schwarzer erzählte; umso offener war ich für seine Botschaften. Es gab etwas vorpolitisch Gemeinsames, einen Ort der universellen kulturellen Heimat, den wir teilten, von dem aus er mich an die Hand nehmen und mir für die hässlichen Seiten der amerikanischen Gesellschaft die Augen öffnen konnte.

In Edwards Leben gab es die *vita activa*, das engagierte Leben, die *community*, aber es gab auch den Rückzug, die *vita contemplativa*, die Vereinzelung, die uneinholbare Individualität, eine Art innere Konzerthalle, in der er mit sich und seinen musischen Interessen meistens allein war. Wenn ich sah, wie er geduldig jeden Tag die Tür öffnete, sooft ans Pfarrhaus geklopft wurde und eine Mutter um Hilfe bat, weil ihr Sohn mal wieder auf der Polizeiwache saß, wenn ich sah, wie er dann auf eine völlig unsentimentale Art überlegte, welche Schritte zu tun seien, wie er mir mit kühlem Stolz einen Teenager vorstellte, der seinen Weg ging und bald, zur Freude der Community, seinen Highschool-Abschluss machen würde, dann hinterließ das bei mir einen so besonders starken Eindruck, weil ich gleichzeitig erkennen konnte, dass Edward in dieser Rolle nicht vollständig aufging, dass er sich in seinem Inneren einen kleinen, unnachgiebig verteidigten Raum reserviert hielt, in den er sich, sobald er der Straße den Rücken kehrte, einschloss, um alles hinter sich zu lassen und die 4. Symphonie von Brahms zu hören. So verbanden sich in ihm ein Rückzug in die Welt idealer Formen und ein düsterer Zorn über den unausrottbaren Rassismus der Weißen.

Andere ließ er seine Zugewandtheit ebenso wie seine Distanz spüren. Jovialität lag ihm nicht. Er war anstrengend, weil störrisch, er wusste das, fand aber, dass es wert sei, diesen Preis zu zahlen. Warum sollte etwas auch unanstrengend sein? Falsche Eintracht erschien ihm sinnlos. Einen Hauch von Enttäuschung, ja Verbitterung suchte er durch trockenen Humor unwirksam zu machen. Dass Tonfall und Aussprache seines Englisch keinen Rückschluss auf seine Hautfarbe zuließen, verstand sich von selbst, war aber seinerseits eher ein Instrument der Vereinzelung als des gesellschaftlichen Ehrgeizes. Manchmal seufzte er mit dem vornehmen Akzent des gebürtigen Bostoners: «I like things white people do.» Ihm gefielen Sachen, die sonst Weiße machten. Er hätte auch sagen können: «Ich kann's nicht ändern.» Seine Vorliebe für Museen, Konzerthäuser und französische Küche machte ihn, zumindest in dem Milieu, in dem er sich beruflich bewegte, zum Einzelgänger. Aber das ließ seine Brahms-Liebe nur umso reiner erscheinen, denn mit ihr war kein Streben nach Zugehörigkeit verbunden. Wenn ich mit Edward in die Metropolitan Opera ging, war es denn auch nicht zu übersehen, dass uns viele Blicke trafen. Gerührte und dankbare Blicke, die uns wissen ließen, dass man es zu schätzen wisse, dass zwei Schwarze einen Sinn für die ästhetisch-menschliche Universalität klassischer Musik zeigten. Solche Erfahrungen ergrimmten Edward, während ich darüber lächelte. Es war ja nicht zu bestreiten, dass wir die einzigen Schwarzen in der Met waren.

Als Edward vor vielen Jahren von Boston zum Studium nach Washington, D.C., gegangen war, an die Howard University, die Traditionsuniversität der Afro Americans, hatte seine Mutter ihm das «Green Book» mit auf den Weg gegeben, einen Reiseführer für Schwarze, die aus den Nordstaaten in die Südstaaten fuhren. In dem Buch konnten sie nachschlagen, welche Hotels Schwarzen ein Zimmer anboten und wo sie einen Kaffee trinken durften. Die Segregation der Südstaaten kannte ich aus den Geschichtsbüchern. Nun lebte ich bei einem Mann, er war damals um die fünfzig, der sie noch an der eigenen Haut erfahren hatte.

Zum Glück waren Edward und ich beide polemische Naturen. Unser gegenseitiger Lernprozess nahm deshalb gern die Form der Frotzelei an. «Ah, hier kommt mein preußischer Gast», begrüßte er mich am Frühstückstisch. Der Clou: Er wollte tatsächlich etwas von mir (und durch mich) über Preußen erfahren. Erzählte er eine Geschichte, die einen erneuten Fall von Alltagsrassismus illustrieren sollte, und ich verstand mal wieder nicht, worauf es hinauslief, dann rieb er sich beiläufig mit den Fingern der einen kurz über den Rücken der anderen Hand. «Ah, die Sache mit der Hautfarbe», sagte ich dann und schlug mir mit der flachen Hand gegen die Stirn.

An Weihnachten nicht in Heidelberg zu sein kam mich schwerer an, als ich gedacht hatte, trotz Schlittschuhlaufen vor dem Rockefeller Center – Mamas Weihnachtsrituale saßen doch tiefer, als ich gedacht hatte. Am Nachmittag des 24. Dezember waren wir zu einem frühen Abendessen bei Freunden von Edward eingeladen gewesen, dann musste er sich für die Christmette fertig machen. Ich saß in der Kirche in der ersten Reihe und beobachtete ihn. Wie anders predigte er als Yvonne, kühler, strenger, sparsamer mit den Emotionen. Er war da für seine Gemeinde, aber er verschmolz nicht mit ihr. Die Kirche war dunkel, feierlich flackerten die Kerzen. Dann wurde, wie vermutlich überall auf der Welt, «Silent Night, Holy Night» gesungen. Ein Gemeindehelfer hatte am Eingang kopierte Blätter mit den Liedtexten verteilt. Doch bevor die Gemeinde loslegte, sagte Edward noch: «Und für unseren Gast aus Heidelberg singen wir die zweite Strophe auf Deutsch.» Und tatsächlich stand auf dem Zettel auch der deutsche Text, den die schwarze Gemeinde phonetisch wackelig, aber mit Herz sang.

Wenig später flog ich zurück nach Deutschland (das in der Zwischenzeit wiedervereint war) und hatte zum ersten Mal so etwas wie einen gemeinsamen Erfahrungsaustausch mit anderen Menschen gehabt über etwas, das jedem, der mich sah, in der einen oder anderen Weise auffiel. Das ließ Zugehörigkeit zu einer mir bis dahin unbekannten Erfahrungsgemeinschaft entstehen; nicht mehr, aber auch nicht weniger. Es war eine neue Art von Gesprächen, in die mich Yvonne und Edward eingeübt hatten. Mit wem auch hätte ich früher darüber sprechen sollen? Mit meiner Mutter? Eine absurde Idee. Nur weil sie einen halbafrikanischen Sohn großgezogen hatte, hatte sie von diesen Dingen noch lange keine Ahnung. Manche Sachen kann man nur unter seinesgleichen vertiefen. Meine Mutter war meine Mutter, sie mochte sich ein großes Einfühlungsvermögen zugutehalten, aber schwarz war sie nicht.

NIGERIA

Im Januar 1991 war ich nach München gezogen, in ein winziges Apartment zu einem Wucherpreis, aber es war Schwabing, die Adresse stimmte. Ich hatte meinen Zivildienst abzuleisten, was mich unter einem gewissen Gesichtspunkt befriedigte: Das Kreisersatzamt hatte mich eingezogen, das bewies, dass man mich als vollgültigen deutschen Staatsbürger betrachtete. Wählen zu dürfen war schön und gut, einen Pass zu haben wichtig, aber beides waren Rechte, die einem gewährt wurden. Wie jeder andere seine Pflicht in der Armee tun zu müssen war hingegen eine Verpflichtung, und zwar auf Gegenseitigkeit, ein Geben und Nehmen, ein echter Bund. Es gab, selbst in dieser hoheitlichen Frage, in der Blut eine Rolle spielte, keine Vorbehalte gegen meine Person. Ich wurde behandelt wie jeder andere. Das Vaterland rief und war nicht überrascht, als ich kam. Ich durfte für Deutschland sterben. Der Wehrarzt musterte mich zwar nur T2 (was mich ein wenig kränkte), war aber keineswegs der Ansicht, dass ich bei der Fremdenlegion besser aufgehoben wäre. Viele interessante Waffengattungen stünden mir offen, sagte er. Nachdem dieser Punkt zu meiner Zufriedenheit geklärt war, suchte ich mir eine Zivildienststelle beim Bayrischen Roten Kreuz.

Ob sich jemand wundern würde, dass ich Zivi war? Ich wollte das nicht ausschließen, es gab genug borniete Menschen, zur Sicherheit rechnete ich lieber gleich mit erstaunten Blicken. Aber da war nichts. Niemand sagte: «Warum musst du Zivildienst machen? Bist du denn Deutscher?» Nur ich selber hatte immer noch diese Sorge in mir, winzig klein zwar und in der hintersten, dunkelsten und irrationalsten Kammer meines Herzens, aber dort war sie und glühte fort wie ein Stück Kohle am Morgen nach dem Grillfest.

Im Sommersemester 1992 begann ich an der Ludwig-Maximilians-Universität Literaturwissenschaften und Philosophie zu studieren. In meinen ersten Semesterferien ging es mit Freunden nach Griechenland. Es war bereits Oktober, und wir waren, um zwei Surfbretter transportieren zu können, mit Auto und Fähre unterwegs. Drei Wochen später, als meine Freunde mich wieder in der Clemensstraße absetzten, öffnete ich, noch im Hausflur, in der freudigen Erwartung von viel Post den Briefkasten. Ich hatte die Klappe gerade aufgemacht, da sah ich ein ungewöhnliches Kuvert aus grobem, billigem Papier, auf dem in fetten Buchstaben «Godwin Hospital» stand. Noch nie hatte ich etwas vom «Godwin Hospital» gehört, dennoch war mir sofort klar, dass ich Post von meinem Vater bekommen hatte. Ich fischte auch die anderen Briefe heraus und dachte: «Verdammt, jetzt geht das also doch noch los.»

Ich stieg die Treppen zu meiner Wohnung hinauf. Ich hatte den Brief noch nicht geöffnet, aber ich wusste schon, was in ihm stehen und was auf mich zukommen würde: Ich würde jetzt einen Vater haben. Ich seufzte. Ich fühlte mich ohnmächtig. Ein unbekannter Mann aus einem fernen Land schreibt dir einen Brief, und weil er dein Erzeuger ist, musst du seinen Wünschen nach einer neu gelebten Beziehung willfahren, sonst giltst du als herzlos: So sah es aus, so würde es kommen, dachte ich, während ich die Wohnungstür aufschloss, dieser Mann würde sich in mein Leben drängen, und die Tatsache, dass es 22 Jahre ohne ihn ging, würde nicht mehr zählen. Höhere Mächte würden schalten und mich meiner Freiheit berauben. Ich setzte den Rucksack ab und schloss die Tür. Ich nahm ein Bier aus dem

Kühlschrank, zündete mir eine Zigarette an und öffnete den Brief.

Nie hatte ich über meinen Vater nachgedacht. Er war, hätte ich damals behauptet, noch nicht einmal eine Leerstelle. Den Gedanken einer klassischen Vatersuche hatte ich nie gehabt, und in der nicht ganz unlogischen Annahme einer Beziehungssymmetrie, in der sich Einfalls- und Ausfallswinkel gleichen, hatte ich auch nicht mit dem umgekehrten Fall einer Sohnessuche gerechnet. Was sollte schon passieren, dass sich nach 22 Jahren an der Ordnung der Dinge noch etwas änderte?

Mit diesem Brief aber würde etwas Neues beginnen, ohne dass ich danach verlangt hatte. Ihn – *return to sender, address unknown* – einfach zu ignorieren war keine Option, schließlich hatte ich ein Interesse daran, dass meine Umwelt mich für einen Menschen mit fühlendem Herzen hielt, und von einem solchen wird erwartet, dass er auf Briefe des eigenen Vaters antwortet. Dabei hätte ich mit mehr Recht als Heinrich V. zu Falstaff über den Absender des Briefes sagen können: «Ich kenne diesen Menschen nicht.»

War denn nicht alles gut? War nicht alles Heikle und Fragwürdige längst überstanden, der Beweis erbracht, dass eine vollgültige Existenz ohne Vater möglich war?

Dann öffnete ich den Brief. Mein Vater schrieb in einer erstaunlich leserlichen Handschrift: «My dear son Ijeoma» – und schon stutzte ich. Ich konnte schlecht sagen, er schreibe meinen Namen falsch, aber umgekehrt war ich auch nicht bereit, von mir zu sagen, ich hätte ihn meinerseits ein Leben lang falsch geschrieben. Wann meinem Vornamen auf seinem langen Weg von Igbo-Land zum Heidelberger Einwohnermeldeamt wohl das e abhandengekommen war? Oder stellte meine Schreibweise die vereinfachte Version für den internationalen Gebrauch dar? (Später erfuhr ich, dass es beide Schreibweisen gab, die einen

schreiben den Namen mit e, die anderen ohne, mein Vater hatte
ganz einfach die falsche Version abgespeichert.)

Ich las: «I hope you will not be surprised to get this my letter.
It is not usual for one to introduce himself to his child but in
this circumstance I have to do it.» Er habe, erklärte mein Vater
weiter, in Deutschland zu tun gehabt, glücklicherweise wohne
meine Mutter noch immer in Heidelberg, so habe er sie im Tele-
fonbuch gleich gefunden; sie habe seinen Anruf sehr freundlich
aufgenommen und ihm meine Adresse gegeben. Natürlich falle
ihm dieser Brief nicht leicht. Sicherlich hätte ich in den vergangenen zwanzig Jahren oft «darüber» nachgedacht (da lag er
falsch), aber so seien nun einmal die Umstände gewesen. Niemals, niemals («never, never») habe er mich vergessen. Die Entfernung und das Fehlen einer Adresse hätten es ihm unmöglich
gemacht, sich zu melden. Doch Blut sei dicker als Wasser, er
bitte mich um Verzeihung, denn ganz gleich, wie man darauf
schaue, wir gehörten zusammen. Er fügte noch hinzu, er wolle
gern hören, wie ich all das empfände, und hoffe, dass meine
Gefühle keine bitteren seien. Dann lud er mich nach Nigeria
ein. An dieser Stelle wechselte er in ein sehr flüssiges Deutsch,
indem er sagte, ich könne ihm gerne auf Deutsch antworten, er
werde mir später – und das klang ein bisschen nach der Welt
der alten Geheimdienste, mochte aber auch dem Gebrauch der
entwöhnten Fremdsprache geschuldet sein – «meine Kontaktperson in Deutschland vorstellen».

Wie ich auf die Sätze des ersten Briefs meines Vaters genau reagierte, weiß ich nicht mehr. Zu oft habe ich die Episode erzählt,
um ihrer aktuellen Version noch völlig trauen zu können. Was
ich sicher weiß, ist dies: Wenn jemand fragte, wie mein Vater
seine zwanzigjährige Abwesenheit und sein plötzliches Wieder-
auftauchen erklärt habe, dann zitierte ich immer jenen einen
Satz aus seinem Brief: «Blood is thicker than water.» Es war,

als wäre sein ganzer Brief für mich auf diesen Satz zusammengeschnurrt. Auf einen Satz, an dem ich mancherlei auszusetzen hatte. Ich fand ihn abgeschmackt. Sich aufs Blut zu berufen war in meinen Augen keine sinnvolle Grundlage für eine Wiederbegegnung. Blut war ein Phantasma; was zählte, waren erarbeitete Beziehungen – hier gebrauchte ich innerlich eines jener Lieblingswörter meiner Mutter, auf die ich sonst, wenn sie mir galten, allergisch reagierte: In den Augen meiner Mutter wollte alles, was Wert hatte im Leben, ernsthaft und konzentriert «erarbeitet» werden. Sozialisation, nicht Genetik, so empfand ich es, hatte mich zu dem gemacht, der ich war; die Liebe meiner Mutter, nicht der Samen meines Vaters; indem er sich aufs Blut berief, missachtete er in gewisser Weise meine persönliche Geschichte.

Ich hatte noch nicht einmal am Telefon mit ihm gesprochen, da führte ich innerlich schon eine Auseinandersetzung mit ihm.

Nun spielte allerdings die Frage, wie ich den Brief meines Vaters innerlich aufnahm, für meine Handlungen im Grunde keine Rolle. Was diese betraf, fühlte ich mich, wie gesagt, machtlos. Es war völlig klar, dass ich die ausgestreckte Hand ergreifen würde, ebenso klar, dass ich nicht mit einem problematisierenden Gegenbrief antworten konnte, der sich kritisch mit dem Blutsbegriff auseinandersetzte – und außerdem ließ meine Mutter keinen Zweifel daran aufkommen, was sie von mir erwartete: Es hatte sich nun alles gefügt, endlich würde ich meinen wunderbaren Vater kennenlernen. Für sie war das Erscheinen meines Vaters die allernatürlichste Sache von der Welt, eigentlich genau das, was sie immer erwartet hatte. Dass bis zum Eintreffen dieser allernatürlichsten Sache 22 Jahre vergangen waren, war für sie nur eine Äußerlichkeit. Fast war es, als wollte sie sagen: «Und – hab ich zu viel versprochen? Ganz feiner Kerl, dein Vater!»

Ich kenne meine Antwort auf diesen ersten Brief nicht, aber ich vermute, dass ich auf Zeit spielte und nicht sogleich zur Feder griff: Wenn es jetzt, spät in meinem Leben, doch noch zu einer Besetzung der Vaterrolle kommen sollte, dann wollte ich die Frequenz seiner Auftritte und Einmischungen möglichst niedrig halten. Tatsache ist jedenfalls, dass sein nächster Brief erst knapp drei Monate später eintrifft. Meine Antwort muss gleichwohl herzlich und unbockig ausgefallen sein, denn mein Vater ist in Hochstimmung. In seinem zweiten Brief teilt er mir mit, wer seine «Kontaktperson» sei; ich hätte nämlich vier Halbschwestern, und die älteste, Ikunna, studiere seit kurzem Medizin in Heidelberg. Er teilte mir ihre Adresse im Studentenwohnheim mit und ihre Telefonnummer: 06221 ... Meine Halbschwester hatte also dieselbe Vorwahl, mit der auch ich aufgewachsen war. Ich solle Kontakt mit ihr aufnehmen, sie sei über alles im Bilde und könne es nicht erwarten, ihren Bruder kennenzulernen. Auch seine anderen Töchter in Nigeria würden vor Freude, einen Bruder zu haben, Luftsprünge vollführen.

Gute Güte, warum denn gleich Luftsprünge, dachte ich, die kennen mich doch noch gar nicht!

Alles Weitere in diesem Brief war praktischen Fragen gewidmet. Es ging darum, mich so schnell wie möglich in mein Vaterland zu bringen. Dass die Pläne meines Vaters irgendwie mit meinen eigenen kollidieren könnten, wurde nicht in Erwägung gezogen. Man hatte sich zur Verfügung zu halten. Am sinnvollsten sei es, wenn ich zusammen mit meiner Schwester nach Nigeria flöge; sowie Ikunna mich in München besucht habe, würde er die Tickets kaufen. Und er nannte bereits die Stationen meiner Reiseroute, was mir ein bisschen komisch vorkam, besonders weil er das Teilstück München–Frankfurt anführte, als wüsste ich das nicht selber. Also: München–Frankfurt–Lagos–Port Harcourt.

Wenig später besuchte mich Ikunna in München. Am Telefon hatte sie mir berichtet, dass sie einen Freund habe, Michael, einen Medizin-Kommilitonen, den sie an der Heidelberger Uni kennengelernt habe, ebenfalls aus Nigeria. Sie werde ihn mitbringen, er lasse mich herzlich grüßen.

Nervös erwartete ich auf dem Bahnsteig die Ankunft des Zugs. Da stiegen sie aus. Uns zu erkennen war kein Kunststück – unter lauter Weißen. Ikunna umarmte mich. Staunend stellte ich fest, dass sie nicht die geringste Spur von Befangenheit zu empfinden schien, weder Scheu noch Verlegenheit, es war Geschwisterliebe auf den ersten Blick. Zumindest aus ihrer Perspektive, die aber so selbstverständlich war, dass mir gar nichts anderes übrigblieb, als mitzuschwingen. «Mein Bruderchen» sagte sie mit ihrem afrikanischen Akzent. Ihre Zuneigung zu mir hatte, das spürte ich, nichts mit den konkreten, individuellen Eigenschaften meiner Person zu tun, die sie ja erst hätte entdecken müssen, sondern verdankte sich meinem genealogischen Status; nur deshalb konnte von der ersten Sekunde an Nähe da sein, es gab keine Entwicklung, kein Wachsen der Gefühle. Die Möglichkeit, den eigenen Bruder leider scheiße zu finden, war einfach nicht vorgesehen.

An diesem Wochenende spazierten wir durch den Englischen Garten und durch die Isarauen, zum Flaucher und zum Biergarten am Chinesischen Turm – aber egal, was ich tat oder sagte, immer klopfte mir Ikunna auf die Schulter und verdrehte dabei die Augen, als könnte sie, was mich betraf, nichts überraschen, als kennte sie mich in- und auswendig, als müsste sie in einem fort ausrufen: «Typisch, so ist er nun mal, mein Bruderchen!» Manchmal schien mir ihr Lachen auch zu bedeuten: «Wie sollte er auch anders sein!» – nämlich Fleisch vom Fleische des Vaters, aber dann doch auch wieder anders, weil unbehauen von väterlicher Erziehung. «You are *so funny*», sagte sie, womit ich zuerst nichts anfangen konnte. Ja, ich hatte ein sonniges Gemüt, ich war kein Kind von Traurigkeit, aber ein besonderes Talent zum Witz hatte mir bisher niemand bescheinigt, also musste dieses «funny» etwas anderes meinen: *Funny* war ich vermutlich, weil ich, ohne es zu wissen, Konventionen unterlief, die Ikunna bei einem Sohn ihres Vaters eigentlich voraussetzte. *Funny* war just dieses Moment der Abweichung trotz gleichen Ursprungs, trotz aller Ähnlichkeit. Gut möglich, dass mir mit diesem Wort sogar eine gewisse Narrenfreiheit – nach den strengeren Maßstäben der nigerianischen Gesellschaft – zugestanden werden sollte: «He is a little bit *funny*, but we love him.»

Es war Michael, der mir manchmal komplizenhafte Blicke zuwarf, als könnte er verstehen, dass die Geschwisternähe, die da von null auf hundert von mir Besitz ergriffen hatte, mich überraschen musste: vielleicht weil er nicht Teil der Familie war, in mir mithin nicht ausschließlich den Bruder sah, sondern eine eigenständige Person aus Deutschland, für die die nigerianische Sicht der Dinge etwas Neues und Gewöhnungsbedürftiges war.

Ikunnas Geschwisterliebe hatte indessen auch einen hierarchischen Aspekt: Sie ließ keinen Zweifel daran, dass sie mir zwar in vorhersehbaren Fällen von Desorientierung, was die familiäre Erwartungshaltung betraf, auf die Sprünge helfen werde, sich ansonsten aber freudig meinem Oberbefehl unterwerfen wolle. Sie behandelte mich nicht nur als Bruder, sondern als älteren Bruder: *funny* in manchen Verhaltensweisen und Ansichten, aber doch schon von der Weisheit des Alters gesegnet. Als Erstgeborener hatte man mehr Verantwortung, mehr Erfahrung, mehr Überblick. Es war Entscheidungsmacht damit verbunden, doch ich wusste nicht recht, wie ich von ihr Gebrauch machen sollte. Eigentlich wollte ich gar nichts entscheiden.

Ikunna hatte ein heiteres Gemüt, darin glichen wir uns. Schon seit über einem Jahr in Heidelberg, hatte sie eine Art Studium generale abgeschlossen und mit dem Medizinstudium begonnen. Ihr Deutsch war hervorragend, und sie genoss es, kurpfälzische Dialektausdrücke in ihre Rede einzubauen. Mit den vielen Büchern in meiner Wohnung konnte sie nichts anfangen, aber sie respektierte sie, sie sah in ihnen ein Zeichen meiner Intelligenz, was sie angesichts der Familie, aus der ich kam, nicht überraschte. Sie selber war fleißig und diszipliniert, aber nicht unentspannt. An vielen Wochenenden schob sie Nachtwachedienste im Krankenhaus, um ihr Studium zu finanzieren, das Geld, das sie von ihren Eltern bekam, reichte nicht.

Ich bewunderte ihre Haare: Sie hatte lauter lange, eng geflochtene Zöpfe. Da lachte sie und gab mir einen Stupser gegen die Schulter ob solcher Naivität: Das waren künstliche Haare, die sie sich in ihr echtes, aber kurzes Haar eingehängt hatte.

Sahen wir uns ähnlich? Schwer zu sagen. Jedenfalls war Ikunna ganz aus dem Häuschen über die Ähnlichkeit zwischen mir und unserem Vater: wie aus dem Gesicht geschnitten! Ich hatte keine Meinung dazu. Ohnehin hatte ich genug damit zu tun, den inneren Widerstand zu bekämpfen, der sich gegen die Verwendung der Wortfolge «unser Vater» erhob. Waren wir schon so weit, dass dieser Mann, den ich noch nie gesehen hatte, die Anrede «mein Vater» verdiente? In westlich-europäischen Beziehungskomödien würde der Mann sagen, während die Frau schon im IKEA-Katalog blättert: «Mir geht das gerade alles ein bisschen zu schnell!»

In den kommenden Monaten sahen Ikunna und ich uns häufig, mal in München, mal in Heidelberg. Auch meine Mutter war oft mit von der Partie. Wild entschlossen, sich diese späte Chance, doch noch eine Großfamilie zu arrondieren, nicht entgehen zu lassen, lud sie Ikunna zum Abendessen ein, zum Liedersingen unterm Weihnachtsbaum, zum Ostereier-Bemalen, in die Oper. Ich glaube, manchmal war es Ikunna ein bisschen viel. Nie vergaß Mama ihren Geburtstag, jedes Examen hatte sie im Gedächtnis und begleitete es seelsorgerisch. Auch an die Fülle von Postkarten und Briefen, die man von meiner Mutter erhielt, musste Ikunna sich erst gewöhnen. Es dauerte Jahre, bis Mama irgendwann etwas enttäuscht zu mir meinte, es komme doch arg wenig von Ikunna zurück. Ich fand nicht, dass man ihr das vorwerfen konnte: So stark Ikunnas Familiensinn war, sie mochte meine Mutter, aber sie war doch nur die Nebenfrau.

Dass mein Vater Igbo sei, hatte mir meine Mutter mit einem gewissen Nachdruck mit auf den Weg geben wollen. Aber ich wusste mit dem Begriff nichts anzufangen. Wörter, die von anderen mit Ehrfurcht verwendet werden, ohne dass sie sich für einen selber mit Leben füllen, klingen hohl. Das war, seit Ikunna in mein Leben getreten war, anders; zum Beispiel erklärte sie, dass sie einen Igbo sofort in einer Menge anderer Afrikaner erkennen könne, ein Schwede sehe ja auch anders aus als ein Franzose. Und ich sehe eindeutig Igbo aus.

Michael, ihr Freund, hingegen nicht. Leider sah er nicht nur nicht wie ein Igbo aus, er war auch keiner. Michael war Yoruba, und das war ein Problem. Eine Igbo-Frau, lernte ich, sollte keinen Yoruba-Mann heiraten. Das würde nicht gern gesehen, und es gab auch eine Begründung dafür, aber die schien mir vorgeschoben zu sein: Bei den Yoruba, die traditionell keine Christen sind, würden die Männer oft mehrere Frauen ehelichen, Vielweiberei sei dort nicht verboten, insofern wisse man als Igbo-Frau nie, wie exklusiv die Ehe sei. In Wahrheit aber, so mein Eindruck, hielten die Igbo ihr Blut für etwas so Edles, dass es nicht mit fremdem Blut vermischt werden sollte.

Michael war Christ und als solcher monogam. Trotzdem hatte ihre Beziehung keine Zukunft, und beide wussten das.

Unser Vater hatte Michael, als er 1992 in Deutschland war, zwar kennengelernt, aber es war klar, dass ihr Zusammensein nur für die Dauer von Ikunnas Auslandsstudium geduldet wurde. Unsere Schwestern in Nigeria ahnten nichts von Michael, und Ikunna bat mich, ihn, wenn ich dort sein würde, auch nicht zu erwähnen.

Mit der Zeit lernte ich durch die Erzählungen meiner Schwester nun meine afrikanische Familie kennen. Knapp gehaltene Einführungslektionen. Die Ezebuikes lebten in Aba, berichtete sie, im Osten Nigerias, dort sei auch das Krankenhaus meines Vaters, doch das Leben in der Stadt sei nur die eine Seite, entscheidend für eine nigerianische Familie sei das Dorf, aus dem der Vater stammt. Da lägen die Wurzeln. Am Wochenende fahre man deshalb immer nach Amucha, so heiße ihr Dorf. Das kannte ich bereits. Wenn Mama mir als Kind erklärt hatte, warum mein Vater nach Nigeria zurückgegangen sei, dann bezog sie sich immer auf das Dorf, das sein Auslandsstudium finanziert hatte und dem er im Gegenzug das Empfangene zurückgeben wollte. In Amucha, ergänzte nun Ikunna, und das war mir neu, sei unser Vater Chief. Ein Chief, fragte ich belustigt, was das denn sei. Ein lokaler Häuptling, der das Dorf finanziell unterstütze und in wichtigen Belangen die Entscheidungen fälle, entgegnete Ikunna – zum Grinsen gab es offenbar keinen Anlass.

Von ihr erfuhr ich auch, dass mein Vater eine Nierenkrankheit hatte und sich deshalb täglich an ein Dialysegerät anschließen musste, was sehr anstrengend war. Aber vor allem erzählte Ikunna von einer anderen seltsamen Krankheit, von deren Existenz ich noch nie gehört hatte. Sie hieß Sickle Cell Disease, Sichelzellenanämie: eine genetische Krankheit, die nur Schwarze bekommen konnten, verbreitet hauptsächlich in Westafrika. Wenn beide Elternteile einem bestimmten Genotyp angehörten,

201

dann würden deren Kinder mit fünfzigprozentiger Wahrscheinlichkeit an der Sickle Cell Disease erkranken, die wiederum in
fast allen Fällen tödlich ende.

Und dies sei das Schicksal unserer Familie: Beide ihre Eltern
hätten die Disposition mit in die Ehe gebracht, und drei der Kin-
der seien an Sichelzellenanämie erkrankt: meine Halbschwester
Nneka, die immer wieder mit schrecklichen, schmerzvollen
Krisen zu kämpfen habe, und die zwei Brüder Kezie und Ejike.
Kezie sei letztes Jahr, 1991, im Alter von 11 Jahren gestorben,
Ejike neun Monate später mit 10.

Ich selber, fügte Ikunna hinzu, müsse mir keine Sorgen machen; da meine Mutter Deutsche sei, könne sie die fragliche Disposition nicht haben, folglich sei ich auf der sicheren Seite.

Ich hatte mithin nicht nur vier Halbschwestern, sondern auch
zwei tote Brüder? Meine Trauer über ihren Verlust war wohl
eher mit Pietät zu umschreiben, ich konnte nicht sagen: «Ich
habe zwei Brüder verloren!» Ihr Tod lag in einer Vergangenheit,
in der es sie für mich noch gar nicht gegeben hatte.

Ich, der Erstgeborene, war jetzt jedenfalls der einzige Sohn,
der meinem Vater geblieben war.

Mein Vater hätte es am liebsten gesehen, wenn ich bereits über
Ostern 1993 nach Nigeria gereist wäre, in den Semesterferien
im März und April. Das sei klimatisch die beste Jahreszeit,
trockene Hitze, kein Regen. Er drängte, aber mir ging das zu
schnell, außerdem war ich nicht bereit, meine Zwischenprüfung
wegen einer Nigeria-Reise zu verschieben. So einigten wir uns
auf August und September.

Und irgendwann war das Visum schließlich besorgt, Tickets
für den Flug nach Lagos lagen bereit, alle Impfungen waren abgeschlossen, als mein Vater mich anrief. Es komme zu einer Än-
derung der Pläne. Er stehe nämlich selber vor einer Reise nach

Deutschland, eine schon lange überfällige Nierentransplantation sei jetzt endlich durchführbar. Seine Schwester werde ihn begleiten und in selbstloser Verbundenheit eine Niere spenden, was den großen Vorteil habe, dass es wegen der genetischen Ähnlichkeit höchstwahrscheinlich zu keinen Abstoßungsreaktionen kommen werde. Die Operation finde im Klinikum Essen statt, und er werde, inklusive der notwendigen Nachuntersuchungen, einige Monate in Essen bleiben müssen. Das alles dürfe aber keinerlei Auswirkungen auf meine Reisepläne haben, schließlich gehe es darum, dass ich endlich Nigeria kennenlerne, da spiele er persönlich nur eine nachgeordnete Rolle. In Nigeria stünden alle schon freudig bereit. Vorher möge ich ihn allerdings mit Ikunna in Essen besuchen, er lande nämlich eine Woche vor unserem Abflug. Bei einem alten Freund, einem indischen Arzt, den er noch aus Studienzeiten kenne, könnten wir in Bochum übernachten. So kam es.

War ich aufgeregt? Gewiss, aber nicht in einem spielentscheidenden Sinn. Aufgeregt ist man, wenn man Erwartungen hat, die enttäuscht werden können, wenn etwas auf dem Spiel steht, wenn die Frau, mit der man sein Leben verbringen will, einen möglicherweise zurückweist. Das war bei mir nicht der Fall. Natürlich ist es schön, wenn einem der eigene Vater sympathisch ist, ich wäre aber auch nicht maßlos enttäuscht gewesen, wenn es anders gekommen wäre. Ich zitterte dem Moment nicht entgegen. Schon als ich mit meiner Schwester im Zug von Heidelberg nach Essen saß, spürte ich, dass ich in eine Familienmaschine eingespeist worden war, die reibungslos laufen würde und durch nichts ins Stottern zu bringen war.

Kurz darauf klingelten Ikunna und ich an der Tür einer Gästewohnung im Essener Klinikum, er öffnete. Da stand er: vielleicht noch einen halben Kopf kleiner als ich, aber mit herrscherlicher Haltung. Seine Bewegungen waren gemessen, sein Blick wach und funkelnd. Wenn er lächelte, wirkte das herzlich, aber keineswegs jovial. Unvorstellbar, ihn von der Seite anzuquatschen. Er wäre gewiss ein strenger Vater gewesen. Auffallend war sein Bauch: so rund, als hätte er sich einen Handball unter das Hemd gestopft – das war, wie er mir später sagte, ein Effekt der Dialyse. Auf dem Vorderkopf waren ihm die Haare ausgegangen. Die Wangenbäckchen, das ließ sich nicht verkennen, hatte ich von ihm.

Er umarmte mich würdevoll. Wir traten ein in einen nicht sehr gemütlichen Raum, aber meinen Vater störte das nicht, er lachte mich stolz und zufrieden an, als wollte er sagen: Da staunst du, wie ich das alles hingekriegt habe! Dann holte er aus einem Koffer ein voluminöses Geschenk hervor, das ich sogleich zu öffnen hatte. Heraus kam ein weißes Gewand, wie es Chiefs zu offiziellen Anlässen tragen, dazu eine Art Szepter, ein rundes Schild aus weißem und braunem Fell, das man an einem kurzen Stab auf Brusthöhe zu halten hat. Mein Vater bedeutete mir, ich möge das Gewand sogleich anziehen, er selber zog sich ebenfalls um. Dann traten wir im Partnerlook nach draußen, und Ikunna machte im Tageslicht auf dem Parkplatz des Essener Klinikums die ersten offiziellen Fotos vom Chief und seinem Sohn. Wie bei einer Nottaufe unterstrich der Kontrast zwischen der feierlichen Bedeutung und der prosaischen Kulisse die Dringlichkeit der Investitur. Es sei sehr wichtig, sagte mein Vater, dass ich das Gewand mit nach Nigeria nehme.

Auf den Fotos lächeln wir beide, aber ich glaube, uns gehen sehr unterschiedliche Gedanken durch den Kopf. Für meinen Vater und meine Schwester war das Häuptlingsgewand Teil einer gelebten Tradition, Ausdruck einer realen Funktion, verwurzelt im sozialen Kosmos von Amucha. Ich hingegen fühlte mich auf dem Parkplatz des Essener Krankenhauses einfach nur verkleidet.

Ich glaube, mein Vater muss von der Prädominanz der Genetik so tief überzeugt gewesen sein, dass er nicht einen Moment erstaunt war, dass ihm in meiner Person ein einigermaßen vorzeigbarer Sohn gegenüberstand, die dynastische Sukzession mithin keinen Augenblick gefährdet war. Auf die Schulter geklopft wurde mir nicht. Von meiner Mutter daran gewöhnt, oft und überschwänglich gelobt zu werden, hatte ich zumindest mit einem Abklatsch davon auch bei meinem Vater gerechnet, und sei es nur in Form eines Stoßseufzers der Erleichterung, dass sein Sohn kein drogenabhängiges Psychowrack war. Doch für meinen Vater schien eine solche Möglichkeit von vornherein ausgeschlossen. Dafür konnte er gewissermaßen mit seinem guten Blut bürgen, weshalb er im Grunde eher mit meinem Dank zu rechnen schien für all die wunderbaren Gaben, die mir seine DNA in den Schoß gelegt hatte.

Nachdem wir uns wieder umgezogen hatten, ließen mein Vater und ich Ikunna allein zurück und steuerten ein trostloses Cafe in der Nähe des Krankenhauses an, um Kaffee und Kuchen zu essen. Die Idee dahinter war wohl: ein Moment der Vertraulichkeit zwischen Vater und Sohn. Wir hatten uns aber nicht allzu viel zu sagen, was wenig verwunderlich ist, schließlich kannten wir uns nicht. Mein Vater neigte zu einem freundlich-ehrwürdigen Schmunzeln, und das konnte ich auch recht gut (vermutlich habe ich es sogar von ihm), also schmunzelten wir freundlich und ehrwürdig. Es war alles genauso anstrengend, wie ich es vorhergesehen hatte. Konnte man im Ernst von mir verlangen, plötzlich ein Häuptlingskostüm zu tragen?

Dann ging es nach Bochum zu dem alten Freund meines Vaters. Der indische Arzt hatte zwei aufregend hübsche Töchter in meinem Alter. Beim Essen, während mein Vater sich mit dem Kollegen über Medizinisches austauschte, staunte ich die Töchter an und bedauerte, dass mein Vater kein Inder war, plötzlich empfand ich eine unbändige Neugier auf Indien. Die Wahrheit war wohl, dass mir in diesem Moment jedes Land attraktiver, vertrauter, weniger fern, annehmbarer erschienen wäre als ausgerechnet Nigeria. Brasilien zum Beispiel, warum, lieber Gott, hatte es nicht Brasilien sein dürfen? Halbbrasilianer zu sein wäre bestimmt eine feine Sache. In Brasilien wurden Cocktails geschlürft, und die Leute waren flirty drauf. Aber Stoßgebete halfen schon nicht mehr: Unsere Flugtickets waren auf Lagos ausgestellt.

Sollte untergründig eine leichte Aggressionshaltung mitgeflogen sein in der Lufthansa-Maschine von Frankfurt nach Lagos, so kam mir diese sehr zugute, als ich den ersten Schritt auf nigerianischen Boden tat. Während Ikunna bei der Passkontrolle bereits durchgewinkt worden war, hielt der Grenzbeamte meinen Pass zurück, indem er mir mit einem Ausdruck erschöpfter Genervtheit zu verstehen gab, dass da noch etwas fehle. Ich musste gar nicht erst abwägen, ich wusste: Meine Mutter hatte sich jeden Pfennig vom Munde abgespart, ich würde jetzt dem Land meines Vaters keinen Bestechungsschein überlassen; wenn hier einer Forderungen zu stellen hätte, dann ja wohl ich! Mit weit aufgerissenen Augen erklärte ich dem Grenzbeamten, dass mein Englisch bedauerlicherweise zu schlecht sei, um ihn zu verstehen. Stimme etwas mit meinem Visum nicht? Wenn ich hier nicht willkommen sei, kein Problem, ich könne auf der Stelle wieder umdrehen. Sei sowieso nicht meine Idee gewesen! Aber das müsse ihn ja nicht interessieren.

Der Mann starrte in meine Richtung wie jemand, der in seiner Dienstlaufbahn schon manche Dreistigkeit erlebt hatte, aber noch nie eine so lächerliche Ausrede wie mangelnde Sprachkompetenz; dafür habe er also ein alter, vom Dienst gebeugter

Mann werden müssen? Als wäre Schmiergeld eine Grammatik-
frage und nicht international verständlich wie ein Lächeln oder
eine Drohgebärde! Für einen Augenblick wusste der Grenzbeamte tatsächlich nicht, wie er dem unwürdigen Schauspiel
ein Ende bereiten konnte. Plötzlich mischten sich in seinem Gesichtsausdruck Züge autoritärer Gereiztheit mit solchen eines
umfassenden Lebensüberdrusses, als müsse er stöhnend ausrufen: «Tu mir doch bitte dieses Scheißspiel nicht an, was soll
denn die Show? Du glaubst doch nicht im Ernst, dass du damit
durchkommst!» Wir waren in einer Sackgasse, und mir war bewusst, dass ein Mensch mit Hoheitsabzeichen beim besten Willen nicht nachgeben kann, es ging hier ja gewissermaßen auch
um die Ehre des nigerianischen Systems. Ich meinerseits wollte
auch nicht bis zum bitteren Ende den Prinzipienreiter spielen,
um dann doch den Kürzeren zu ziehen, da mir klar war, dass
dem armen Beamten kaum eine andere Möglichkeit blieb, als
seine gequälte Verdutztheit im nächsten Moment in reine Ag-
gression umzuwandeln, wenn beide Parteien aus der Erstarrung
dieser absurden Theaterszene erlöst werden sollten. Da näherte
sich von der anderen Seite der Passkontrolle ein junger Mann
in Begleitung eines Uniformierten. Der Uniformierte gab ein
Handzeichen, der Zöllner drückte mir, als bliebe ihm am Ende
eines langen Tages auch wirklich gar nichts erspart, meinen
Pass in die Hand.

Der junge Mann war mein Cousin, Reginald, der mich jetzt
mit einer gewissen Steifheit in Nigeria willkommen hieß. Von
seinem enormen Reichtum hatte Ikunna mir schon berichtet.
Gerade erst Mitte dreißig, war er bereits Vorstandschef einer
nigerianischen Bank.

Erst Wochen zuvor hatte ich in der FAZ gelesen, dass die Strecke
vom Flughafen nach Lagos als besonders gefährlich gelte: Hier

komme es häufig zu Raubüberfällen, und die nigerianischen Banden machten nach Übergabe der Wertsachen gern kurzen Prozess: Warum sollte man Zeugen eines Überfalls auch am Leben lassen? Die Botschaftsangehörigen, hatte in dem Artikel gestanden, fuhren die Strecke mittlerweile nur noch im Konvoi.

Reginald hatte einen SUV und machte ordentlich Tempo. Es war nach Mitternacht. Wenn ich aus dem Auto schaute, sah ich kaum etwas. Ikunna unterhielt sich mit unserem Cousin, aber der war, schien es, nicht gerade eine Plaudertasche. Schließlich bogen wir in eine kleine Straße ein, die zu einigen von hohen Wällen umgebenen Villen führte. Auch das Haus meines Cousins glich einer Festung: Die Mauer, die sein Anwesen umgab, war hoch und mit Stacheldraht versehen. Er hupte, bewaffnete Wachleute rissen das große Tor auf, und mit quietschenden Reifen bogen wir in das Festungsinnere ein. Drinnen die laue Atmosphäre einer Oase aus Tausendundeiner Nacht, die empfindsame Köstlichkeit eines Sultanspalasts mit zahlreichen Innenhöfen und sprudelnden Brunnen. Bediente huschten auf leisen Sohlen durch die Gänge, und ich wäre nicht überrascht gewesen, wenn ich in einem der Innenhöfe zwei würdige Herren beim Schachspiel gefunden hätte. Klimaanlagen summten, der Dieselgenerator stimmte brummend eine Oktave tiefer ein – in Nigeria fiel damals fast jede Nacht der Strom aus, und wer keinen Dieselgenerator hatte, saß oft im Dunkeln. Kontinuierliche Stromversorgung war ein Statussymbol der nigerianischen Oberklasse.

Mit meinem Cousin war ich nicht blutsverwandt. Er hatte die Tochter eines Bruders meines Vaters geheiratet, Ugochi. Sie begrüßte mich überschwänglich. Ich durfte mich duschen, dann wurde mir noch ein Nachmitternachtsmahl serviert. Ich lächelte ausnahmslos alle gerührt an, denn mir war nicht klar, wer zur Familie und wer zum Personal gehörte.

Am nächsten Morgen, man hatte mich ausschlafen lassen, lernte ich dann Ugochis Kinder kennen: Sie hatte zwei Töchter, die vier und sechs Jahre alt waren, und einen Sohn, der gerade gehen lernte. Die Töchter sahen wunderhübsch und sehr verwöhnt aus. Meistens trugen sie Partnerlook, niedliche Kleidchen europäischen Stils, in roten oder rosafarbenen Farben. Wenn ich sie fotografierte, posierten sie in einer gekonnten Mischung aus Verlegenheit und Koketterie.

Eine Woche verbrachten Ikunna und ich in Lagos.

Während Ugochi ihrem neuen Cousin ein warmes Gefühl vermitteln und ihm Lagos zeigen wollte, war an ihren Mann nicht heranzukommen. Er achtete auf eine sphinxhafte Distanz; ich wurde nicht schlau aus ihm. Wir saßen zusammen am Frühstückstisch, im Fernseher lief CNN, er las die «Financial Times», und sein ernstes Gesicht erhellte sich nur, wenn sich sein Sohn auf seinem Oberschenkel abstützte. Dann trat das Kindermädchen zwei Schritte zurück, um Vater und Sohn für einen Moment der Ergriffenheit sich selbst zu überlassen.

Ich dachte, die «Financial Times» könne ein guter Anknüpfungspunkt für ein Gespräch sein («Man muss doch kommunizieren!»), aber an weltpolitischen Plaudereien mit mir war Reginald nicht interessiert. Versuchte ich, etwas über seine Arbeit als Banker in Erfahrung zu bringen, reagierte er abwehrend, als möge ich mir bitte mit solchen Höflichkeitsfloskeln vorgetäuschten Interesses nicht unnütze Mühe machen. Manchmal kam ihm wie aus Versehen ein «Tz, tz, tz» über die Lippen, wenn CNN gerade Breaking News mitteilte, aber wenn ich dann meinerseits die Nachrichtenlage kommentierte, wandte er sich mit einem Lächeln ab. Er behandelte mich respektvoll, stellte aber keine Fragen. Hatte er schlechte Erfahrung mit zu großer Nähe gemacht, die am Ende doch immer nur in unwürdige Bettelei ausartete? Dass Ikunna und ich zur armen Verwandtschaft zählten, war offensichtlich (Ikunna hatte mir schon zu verstehen gegeben, dass ich mich besser erst gar nicht an den Luxus im Hause unseres Cousins gewöhnen möge), aber das war es nicht, seine Gastfreundschaft war von großer Noblesse und Beiläufigkeit. Es war, als stünde er mir mit allen Bequemlichkeiten, die sein Haushalt bot, zur Verfügung, nur seinen Geist, seine Gedanken wollte er lieber nicht mit mir teilen.

Einmal empfing Reginald eine große Runde. Die Dachterrasse war festlich geschmückt, ein Buffet aufgebaut. Die traditionellen Kostüme leuchteten. Es hatte sich eine echte Männergesellschaft versammelt, jeder war um Ernsthaftigkeit und Bedeutung bemüht. Meine Neugier war geweckt, ich wollte die Runde gern näher kennenlernen, also schlich ich mich immer wieder heran, aber obwohl mein Cousin mich aus den Augenwinkeln sah, forderte er mich nicht auf hinzuzutreten. Es musste wohl eine sehr hochrangige und repräsentative Versammlung sein, bei der das Protokoll nur Würdenträger vorsah. Enttäuscht verzog ich mich wieder.

Umso engagierter war seine Frau Ugochi. Täglich gab es Programm, aber nie wurde vorher gesagt, was genau auf dem Programm stand, und auch nachher war mir nur selten klar, was eigentlich auf dem Programm gestanden hatte; was Programm war und was nur auf dem Weg zum Programm zufällig sich ereignete. Das Prinzip der Sehenswürdigkeit gab es nicht. Alle Aktivitäten lösten sich im ewigen Stau der Megacity ins Zufällige auf.

Lagos nämlich erschien mir wie eine Stadt, die nicht so sehr aus Häusern als aus Straßen bestand: vielspurige Autobahnen, auf denen die Millionen Einwohner in rasendem Stillstand unterwegs waren. Tatsächlich sahen die Autobahnlabyrinthe wie Wasserfälle aus, die im Winter zu Eis gefroren sind, sodass zwischen Bewegung und Erstarrung nicht mehr zu unterscheiden war. Die ganze Zeit hatte ich das Gefühl, wir befänden uns gar nicht im eigentlichen Sinn auf der Autobahn, sondern auf einer Auf- oder Abfahrt, auf einem Zubringer, in einer Unterführung, auf einer Brücke oder vor einem Autobahnkreuz. Das Transitorische hatte jedes Ziel geschluckt.

Und wirklich stand der Verkehr der 14-Millionen-Stadt meistens still. Aus dem Autofenster beobachtete ich die überfüllten Busse, aus deren geöffneten Fenstern die Oberkörper der Passagiere quollen. Die Straße war zugleich Marktplatz. Händler umschwirrten die Autos, die im Stau festsaßen. Hier wurde alles feilgeboten: von Taschentüchern bis zu Flusskrebsen (mit Lianen zu langen Ketten geflochten, während sich die Scheren noch träge öffneten und schlossen), von Keksen bis zu Büchern.

Wir fuhren zu einem Golfclub, auf einer Halbinsel im Atlantik gelegen, in dem lauter Weiße rumhingen, nahmen ein Erfrischungsgetränk zu uns und fuhren wieder zurück. Was war Zweck dieses Ausflugs gewesen? Die Mitgliedschaft meiner Cousine im Golfclub unter Beweis zu stellen?

Lagos galt damals als die aufregendste Stadt Afrikas. Kenner schwärmten von der Musikszene, die freilich nichts war, wofür ich mich interessierte. Auch das Nachtleben hatte einen legendären Ruf, und daran war ich nun durchaus interessiert, aber das, ein Abstecher ins Nachtleben, war in Ugochis Plänen nicht vorgesehen. Und allein durfte ich keinen Schritt unternehmen, das galt, gewiss zu Recht, als gefährlich. Ich fühlte mich, als trüge man mich auf einer Sänfte durch die Gegend: zu Passivität gezwungen.

Nur ein Mal wehte das Versprechen eines geheimnisvoll-aufregenden Lebens und verführerischer Abenteuer mich an. Wir hatten eine Art Restaurant angesteuert, im Grunde eher ein Bretterverschlag, in dem die Leute dichtgedrängt saßen, aber der improvisierte Charakter des Ladens war großartig inszeniert, und das Gewirbel der Gäste schien einem gemeinsamen Rhythmus zu folgen: eine lässige Theatralität. Wir aßen Hot Chicken Soup, den nigerianischen Klassiker, bei dem man als Europäer schon einmal Atemnot bekommen kann wegen des vielen Chilis. Der Laden muss in einem bohemienhaften Ausgehviertel gelegen haben, die Straßen waren voll von gutgelaunten Menschen, die vor den offenen Fenstern vorbeizogen, ein chaotischer Trubel, wir tranken Bier aus der Dose, ich rauchte, obwohl meine Cousine das eindeutig für einen Fauxpas hielt (wann immer ich in Nigeria rauchte, schaute man mich an, als käme ich aus der Gosse), und für einen Moment hatte ich einen Vitalitätsflash, wie man ihn sich von aufregender Fremde verspricht. An diesen Ort wäre ich gerne allein und abenteuerlustig zurückgekehrt, aber daran war nicht zu denken: Man ließ mich keinen Schritt ohne Begleitung tun.

Ein anderes Mal fuhren wir an den Atlantik, um am Strand zu picknicken. Wir ließen uns auf einer großen bunten Decke nieder, in gehörigem Abstand zum Meer, denn der Atlantik donnerte in gewaltigen Wellen an die Küste, wir aßen und schauten auf das Wasser, nicht anders als viele andere Grüppchen, die den Strand bevölkerten. Die Wellen waren laut und schön. Dies war der nämliche Atlantik, der auch an die Küsten Frankreichs und Englands grenzte und der auf der anderen Seite New York umspülte: ein freundlicher Gedanke, gleich fühlte ich mich weniger verlassen am fremden Gestade.

Da blieb mein Blick an einer Stelle der Brandung hängen. Irgendetwas schaukelte da in den Wellen. Ein Baumstamm, eine Plastikfolie? Während das unmerkliche Ausschlussverfahren der Wahrnehmung bereits ein Ergebnis präsentierte, hoffte mein träger Geist noch: «Oje, lass es bitte keinen Menschen sein!» Doch natürlich war es genau das: ein toter Mensch, eine

Wasserleiche, die in diesem Moment endgültig aus ihrer amphibischen Ambivalenz entlassen und an den Strand gespült wurde. Um mich herum hatten mittlerweile alle die neue Lage zur Kenntnis genommen, meine Familie, aber auch die anderen Ausflügler am Strand. Die Leiche lag im Sand. Überall vollzog sich jetzt das Gleiche: Wir erhoben uns, falteten unsere Decken zusammen, schlenderten den Strand entlang, um uns außer Sichtweite des Toten niederzulassen und die Decken erneut auszubreiten.

Es sollte nicht meine einzige Begegnung mit dem Tod in Nigeria bleiben. Einige Wochen später fuhr ich mit Hippolite durch die Gegend, einem anderen Cousin, wir machten einen schönen Trip in den Norden Nigerias, als auf der Landstraße ein toter Mann lag. Hippolite riss geistesgegenwärtig das Steuer herum und konnte dem Körper ausweichen, kommentierte den Vorfall aber nicht weiter.

Ich sagte: «Hippolite, da lag ein toter Mann auf der Straße!»

Hippolite schaute mich verständnislos an: «Ja, hab ich gesehen, bin ja noch rechtzeitig ausgewichen.»

«Lassen wir den jetzt da liegen?»

«Wieso? Kennst du ihn? Ist das ein Freund von dir?»

Ich musste zugeben, dass meine leicht wichtigtuerische Anteilnahme rein abstrakter Natur war.

Die Straße, an der Reginalds Haus stand, war kaum befahren. Sie war keine Durchgangsstraße, sie verband nur die wenigen Villen der Nachbarschaft. Trotzdem war sie voller riesiger Schlaglöcher, denen Ugochi mit dem Lexus, natürlich nicht mit dem SUV, jedes Mal ausweichen musste. Das verstand ich nicht: Warum sorgten die Anwohner, die erkennbar allesamt über enorme Vermögen verfügten, nicht für eine Ausbesserung der Straße? Das wäre doch nur zu ihrem eigenen Vorteil, es wäre noch nicht einmal eine soziale Tat für die Allgemeinheit gewesen, denn nur die Anwohner befuhren die Straße. Aber offenbar konnte man sich jenseits der Mauer, die das Privateigentum umschloss, zu nichts aufraffen.

Als Kind hatte ich immer befürchtet, man könnte mich mit jenem Kontinent der Hungersnot in Verbindung bringen, und nun betrat ich ausgerechnet in Afrika eine Welt des Reichtums, wie ich sie noch nie gesehen hatte. War das die Klasse, die das rohstoffreiche Land ausplünderte? War Banker in Nigeria ein ehrenwerter Beruf? Wie wurde man das? Durch überragende Intelligenz oder weil man zur richtigen Familie gehörte? Leider stand mir Reginald für solche Fragen nicht zur Verfügung, und auch Ikunna war keine große Hinterfragerin: Unser Cousin sei halt sehr reich, «wir, nur damit du später nicht enttäuscht bist, sind es nicht».

Einmal saß ich mit Ugochi und Ikunna am Tisch, im Hintergrund lief der Fernseher, als Ugochi aufschrie: «Mein Mann!» Ich schaute mich um, hier war kein Reginald. Schließlich begriff ich, dass ihr Mann gerade im Fernsehen zu sehen war: Tatsächlich berichteten die Nachrichten, dass er soeben zum CEO der wichtigsten nigerianischen Bank berufen worden war. Der junge, brillante Banker! Es war vielleicht doch etwas blauäugig von mir gewesen, als ich mich vor wenigen Tagen unter die Versammlung der würdigen Herren mischen wollte: They were doing business.

Trotz Reginalds Ruhm war deutlich, dass innerhalb der Mauern seines Anwesens auch die angeheiratete Familie der Ezebuike in Ehren gehalten wurde. Bildung schlug nicht unbedingt Besitz wie in Heidelberg, aber der Besitz brachte der Bildung Respekt entgegen. Reginald hatte einen Master von der London School of Economics. Vielleicht hatte er da noch den einstigen Direktor Ralf Dahrendorf kennengelernt, dessen «Europäisches Tagebuch» ich im «Merkur» gerade fiebrig gelesen hatte? Doch nie sprach Reginald mit mir über seine europäischen Erlebnisse, dabei hätte das ja ein idealer gemeinsamer Erfahrungshintergrund für ein Gespräch sein können. Ich konnte mir darauf so wenig einen Reim machen, dass ich nicht einmal mehr ausschloss, in Reginalds gleichgültiger Verschlossenheit drücke sich womöglich eine sich gegenseitig steigernde Kombination aus LSE-Hochmut und nigerianischer Arroganz aus. Als würde er denken: «Das Europa, in dem ich verkehre, ist für meinen naseweisen Cousin nun doch ein paar Nummern zu groß. Da schweige ich lieber, bevor ich ihn in Verlegenheit bringe.» (So wie Swann in Prousts «Recherche», wenn er in Combray Marcels Eltern und dessen Tanten, die ihn für einen unbedeutenden Juden halten, besucht, über seine glänzenden Verbindungen im Pariser Jockey Club kein Wort verliert, weil er sich gesellschaftlich so viele Stufen über der Welt der Tanten bewegt, dass es ihm gleichgültig ist, von ihnen in seiner wahren Bedeutung verkannt zu werden.)

Dass mich in Nigeria keine Strohhütte erwarten würde, das hatte ich mir gedacht, aber das hier war nun doch etwas anderes. Wie es wohl bei meinem Vater in Aba aussähe? Natürlich bescheidener. Trotzdem ließ die Geldfrage mich nicht kalt; ich wusste, es war ein hässlicher Gedanke, aber wenn ich an meinen Vater dachte, dachte ich manchmal auch mit Erbitterung daran, dass es Mama wirklich nicht leichtgehabt hatte. Dass sie ihren verwöhnten Sohn unvernünftig großzügig und weit über ihre Verhältnisse finanziell unterstützte, während mein Vater noch nie etwas für mich bezahlt hatte. Ich schämte mich meiner Gedanken und wusste auch, dass sie nicht gerechtfertigt waren, denn stets hatte meine Mutter betont, dass sie ausdrücklich kein Geld gewollt habe, sie habe selbständig sein wollen, das alles sei ihre freie Entscheidung gewesen. Wenn ich nun aber diesen Sultanspalast sah und an den traurigen Teppich in un-

serer Dreizimmerwohnung dachte, hätte mir ein Comiczeich-
ner kleine, schwarze Gedankenwölkchen über den Kopf malen
müssen. «So ein Quatsch auch», sagte ich mir dann, «wir sind
hier nur Gäste, auf diesen Reichtum hat mein Vater ja gar keinen
Zugriff.»

Aber die Sache hatte noch einen anderen Aspekt: Wo nun
einmal klar war, dass ich eine neue Familie hatte, fand ich es
nicht übel, wenigstens aus guter Familie zu kommen. Kalt betrachtet, war die Entdeckung meiner väterlichen Linie ein sozialer Aufstieg. Was wohl Florian dazu anzumerken hätte?

Alles war neu und exotisch, und trotzdem kämpfte ich vom ersten Tag an mit einer gewissen Langeweile. Das hatte zum Teil
mit meiner Unselbständigkeit zu tun, vor allem aber fehlten mir
Gespräche. Wie spannend wäre es gewesen, wenn ich meine
Eindrücke mit jemandem hätte besprechen können! Natürlich
wurde immerzu geredet und gelacht, aber nie fragte mich jemand nach meinem Leben – wofür ich mich interessierte, was
ich in Deutschland machte, wo ich so rumgekommen sei, welchen Eindruck ich von Nigeria hätte. Das Thema wäre mir fast
egal gewesen, ich vermisste überhaupt jene Art der Unterhal-
tung, bei der man sich an einem Punkt festhakt und Erfahrungen und Ansichten über die Welt austauscht, um dann besser zu
verstehen, wer der andere ist.

Meine Cousine flog alle zwei Monate zum Shoppen nach
London. Ich war auch schon mal in London, London hätte ein
gemeinsames Thema sein können, aber es fiel ihr zu London
partout nichts ein. Sie liebe London, sagte Ugochi, und damit
war das Thema auch schon erschöpft.

Dabei war ich doch der Sohn einer Mutter, zu deren Glau-
benssätzen das Kommunizieren gehörte! Warum wollte hier
keiner meine Geschichte hören? Ich fühlte mich behandelt, als

hätte zwischen meiner Geburt und meiner Ankunft in Lagos einfach nur eine ausgedehnte Internatszeit gelegen, irgendwo da drüben Richtung England, wo meine Cousine zum Shoppen hinflog. Ein echtes Gespräch war geleitet von Neugier auf den anderen, man konnte über Gott und die Welt reden, aber man tat dies, um etwas von der Persönlichkeit des anderen, seinen Vorlieben und Eigenarten, herauszufinden. Der Idee nach führte man solche Gespräche so lange, bis man von Liebeskummer oder Eheproblemen erzählte; erst dann war in der Welt, aus der ich kam, Vertrautheit hergestellt. Ich fühlte mich fremd, weil es dieses Genre von Austausch hier nicht gab.

Auch ein anderer Cousin von mir schaute damals oft in Lagos vorbei. Er war feingliedrig, trug elegante Anzüge, hatte einen lakonischen Witz. Ein Architekt. Schon dachte ich freudig: ein Intellektueller! Aber auch er stillte meinen Gesprächsdurst nicht. Er hatte eine aparte Frau geheiratet, die allerdings Yoruba war. Für seinen Vater, meinen Onkel, ein Desaster. Das wurde zwar keineswegs totgeschwiegen, aber man erwähnte es mit dem wortknappen Fatalismus, mit dem man Schicksalsschläge hinnimmt. Der Konflikt wurde nicht psychologisch entfaltet, mein Cousin sagte nicht: «Ijoma, ich muss dir was erzählen, damit du mich und meine Situation besser verstehst!» Ebenso wenig erwartete er umgekehrt, dass ich sagte: «Hier ist meine Schulter, wein dich aus!»

Sagen wir es so: Die Art des Austausches und Umgangs folgte hier nicht, wie zu Hause, den Gesetzen des psychologischen Romans. Meine Familie väterlicherseits lebte in der Gattung des Epos: Haupt- und Staatsaktionen statt *sentimental journey*; pathetisch, nicht analytisch; dynastisch, nicht individuell. Die großen Linien im Blick, nicht die kleinen Traumata auf der Goldwaage abwägend. Geburt, Hochzeit, Grab, das waren die dramaturgischen Hauptelemente, und was dazwischen sich an

Gefühlen, Affekten, Grübeleien und Melancholien zusammenbraute, machte jeder mit sich selber aus.

Nach einer Woche verließen Ikunna und ich das Haus meines Cousins und flogen in einer rumpeligen Maschine ohne Sitzplatzreservierungen von Lagos nach Port Harcourt. Ich habe keine Angst vor Flugzeugunglücken, aber beim Anblick der Maschine dachte ich mit einem gewissen Ingrimm: Das wäre doch ein schlechter Witz, wenn ich ausgerechnet in Nigeria den Tod finden sollte! Die neurotischen Sicherheitsrituale, in die das Fliegen in der Ersten Welt eingebettet ist, spielten hier keine Rolle. Ikunna und ich erkämpften uns zwei Plätze, und die Maschine ratterte los.

Verglichen mit dem Anwesen in Lagos war das Haus meines Vaters in Aba ein klares Downgrading. Zwar gab es auch hier eine Mauer, sie war aber niedriger, und mit Hilfe einer Räuberleiter hätte man sie erklimmen können. Und wo bei meinem Cousin eine ganze Prätorianergarde ihren Dienst versah, stand auf dem Hof meines Vaters nur ein hinkender älterer Mann, der schon von weitem wie ein Unglücksrabe aussah, von der Familie aber aus Mildtätigkeit gehalten wurde, obwohl man sich kaum etwas vormachte: Dieser Schatten von einem Wachmann würde sich im Falle eines Raubüberfalls den Eindringlingen ergeben, ohne von der Schusswaffe, die wie eine Faschingspistole in seinem Halfter steckte, Gebrauch zu machen.

Aba mit seinen einhalb Millionen Einwohnern liegt im Südosten Nigerias, im Nigerdelta. Ein Gefühl für die Stadt habe ich nie bekommen, denn das meiste spielte sich auch hier hinter den Mauern unserer Wohnstätte ab. Ein großer, unasphaltierter Hof umgab das Haus, der mit seinen vielen Palmen einen schönen grünen, wenn auch nicht gärtnerisch kultivierten Eindruck machte, und ein erbarmungswürdiger Hund, von dessen

Knurren man nicht wusste, ob es Jammer oder Drohung sein sollte, verbrachte seine Tage in einem Käfig auf der dem Eingang abgewandten Seite, auch er ein Teil des nicht bis ins Letzte ausgefeilten Sicherheitskonzepts der Ezebuikes ... Das Haus selbst war großräumig und hatte zwei Stockwerke. Mein Zimmer mit eigenem Bad befand sich im Erdgeschoss, zusammen mit der Küche und dem großen Ess- und Wohnzimmer, die ineinander übergingen. Wichtigstes Möbel waren die Sofas im Wohnzimmer, auf denen man sich jederzeit fläzen durfte. Meine Geschwister und die Frau meines Vaters hatten ihre Zimmer im oberen Stockwerk.

In der Küche – und überhaupt im Haushalt – agierte hier nicht wie bei meinem Cousin eine Schar von Personal, das, ohne Individualität zu gewinnen, in seiner Funktion aufging, sondern genau eine gute Seele, die auf den ersten Blick wie alle anderen behandelt wurde, weshalb ich eine Zeitlang brauchte, bis ich, der ich täglich mit einer Flut mir unbekannter Gesichter konfrontiert wurde, die sich durch die Bank als Cousins und Cousinen vorstellten, begriff, dass nun ausgerechnet diese Frau nicht zur Familie zählte.

Tatsächlich hätte es ein einfaches Erkennungsmerkmal gegeben, aber auch dahinter musste ich erst kommen. In Nigeria gibt es über 500 Sprachen. Weil das Land eine ehemalige britische Kolonie ist, ist Englisch Amtssprache. Die gebildeten Schichten wechseln von Englisch zu Igbo (oder den entsprechenden Sprachen ihres Volkes) wie von einer Muttersprache zur anderen, die Haushälterin hingegen sprach nur Igbo. Wortlos strahlten wir uns die ganze Zeit an, um unseren guten Willen zum Ausdruck zu bringen.

Aus der Dusche kam nur kaltes Wasser, deshalb stellte mir die Haushälterin jeden Morgen, nachdem ich erwacht war und ein Lebenszeichen von mir gegeben hatte, einen großen Eimer mit heißem Wasser in die Wanne, und während ich mich wusch, bereitete sie mein Lieblingsfrühstück zu – das waren in Palmöl gebratene Bananen in wilder Kombination mit Rührei und Chili. Dass ich bereits ein Lieblingsgericht hatte, eben besagte Bananen, fand allgemein viel Applaus, schon am dritten Tag hieß es, sobald ich mich morgens am Tisch niedergelassen hatte: «Ah, isst du wieder deine geliebten Bananen!»

Ich war in der Familie angekommen. Die aufgedrehte Theatralik von Lagos wich dem Ordnungssinn eines sittlich ernsten, bürgerlichen Hausstands. Über allem wachte mit ruhiger Hand und gelassenem Scharfsinn die Frau meines Vaters: Joyce. Sie kam mir ungeheuer groß vor. Sie war eine elegante, stattliche Frau, der anmutige Schwung, mit dem ihre afrikanischen Kleider sie umflossen, strahlte Lebendigkeit und Energie aus, ihre Autorität war unantastbar, sie konnte, je nach Situation, zwischen Ernst und Spaß wechseln, ohne Sorge tragen zu müssen, dass der Registerwechsel von ihrer Umwelt nicht in der Sekunde des Umschwungs wahrgenommen worden wäre. Sie hatte durchaus gewisse Allüren, aber die gehören in Nigeria zum guten Ton der Selbstrepräsentation. Ihr Blick war klar und scharf, man konnte ihren Augen ansehen, dass sie die theatralischen Gesten der anderen durchschaute. Auch sie sprach nicht über psychologische Dramen, aber wenn ich ihren Blick suchte, sah sie in einer Weise zurück, dass ich mich verstanden fühlte.

Ansonsten waren das Blutsverwandtschaftliche und sein eiserner Zugriff mir weiterhin unheimlich wie eine dunkle Macht. Dass ich mit Joyce nicht blutsverwandt war, empfand ich als Erleichterung; gerade das machte es mir einfacher, mich ihr anzuvertrauen. Es hing nicht so viel verworrene Emotionalität daran. Joyce war aber ohnehin jemand, dessen Rat man gern einholte, denn sie strahlte Lebenserfahrung und Urteilskraft aus. Sie wirkte streng und mild zugleich.

Vor allem aber nahmen mich meine drei weiteren Halb-schwestern in Empfang. Und wie! Da nicht viel los war und die Zeit langsam verging, waren wir, wenn ich mich nicht zum Lesen zurückzog, fast immer zusammen. Selbst wenn ich zum Rauchen in den Hof ging, tat ich das in Begleitung: Sie starrten dann die Zigarette an und schüttelten den Kopf, weil sie einfach nicht begreifen konnten, wie ihr Bruder einem derart deklassie-renden Laster wie dem Rauchen erliegen konnte.

Das größte Sakrileg, das ich begehen konnte, war allerdings die Verwendung des Ausdrucks Halbschwester, weswegen ich mir die Vorsilbe Halb- im Interesse des Familienfriedens schnell abgewöhnte. Innerlich indes war ich, schon aus Respekt vor den Möglichkeiten der Sprache, durchaus der Meinung, dass der Ausdruck Halbgeschwister, ohne in irgendeiner Weise herab-würdigend zu sein, die Sache genauer träfe, weil er der unleug-baren Tatsache Rechnung trug, dass wir unseren Weg auf dieser Erde eben nicht von der Wiege an gemeinsam gegangen waren. Hätte man, so grübelte ich für mich, in der Vorsilbe Halb- nicht weniger ein Distanzierungs- als ein Differenzierungsmoment sehen können? Ach, meine geheimen Gedanken waren natür-lich reine Rabulistik und hatten vor der Herzensklarheit meiner Geschwister zu Recht keinen Bestand.

Ijeure, die Jüngste, war damals neun, Nneka fünfzehn und Ojugo sechzehn. Ijeures Spieltrieb war immens, ihre Energie unerschöpflich, und ihre Rolle als Nesthäkchen übte sie auf eine Art aus, deren gute Laune alle ansteckte. Ojugo dagegen war die ernste, auch ängstliche und deshalb verantwortungsbewusste Schwester, die zur Vorsicht mahnt und aus Pflichtbewusstsein hin und wieder die Rolle der Spielverderberin übernimmt, wenn sonst alles außer Rand und Band geraten würde, weil die Siche-rungen bei den anderen mal wieder durchbrennen.

Und dann war da noch Nneka, die meine Mutter nach

221

meiner Rückkehr und meinen ersten Reiseberichten gleich als meine «Lieblingsschwester» erkannte – und sie hatte recht. Bei Nneka hatte ich ein Gefühl nicht nur der Bluts-, sondern der Seelenverwandtschaft, schon aus dem einfachen Grunde, dass sie über ihr Seelenleben nachdachte und darüber das Gespräch mit mir suchte. Genau das hatte mir bisher in Nigeria so schmerzlich gefehlt. Nneka hatte etwas Radikales, auch ein gewisses Air der Traurigkeit; obwohl es ihr damals gutging, lastete das Schicksal der Sickle Cell Disease auf ihr. In ihrem jungen Leben hatte sie schon viele Krisen durchlitten, und das mochte ihre Individualität geformt haben. Man merkte, dass ihr die vorgegebenen Rollenmuster zu stereotyp waren. Sie ließ sich, und das war damals noch ein Statement, die Haare nicht glätten, und ihre Haut war so nachtschwarz, vergleichbar dem Holzkrokodil meiner Kindheit, dass sie auch im Kreise der Familie eine geheimnisvolle Exotik ausstrahlte. Immer versuchte sie, mich vom Rest der Familie loszueisen und zu einem lauschigen Platz im Garten zu ziehen. Ich folgte gern. Dann sagte sie: «Sag mal, was denkst du darüber …?» Mit ihr konnte man immer bei null zu philosophieren anfangen, sie war bereit, jede konventionelle Vorannahme zur Seite zu schieben, konnte genervt die Augen über die Ignoranz ihrer Umwelt verdrehen, wenn sie sich nicht verstanden fühlte (sich nicht verstanden zu fühlen, ist das nicht der Anfang von Individualität?), und war auf diese Weise der totale Kontrast zu allem, was ich bisher in Nigeria erlebt hatte. Sie schuf eine Introspektionsblase um uns, in der wir über alles reden konnten, und ich sog unsere Gespräche förmlich auf. Wir lasen uns Shakespeares «Twelfth Night» vor: «If music is the food of love, play on!» Mein Englisch war armselig, sie half mir aus. Umgekehrt konnte ich ihr dies und das über Shakespeare erzählen. Und wir konnten mit verteilten Rollen lesen, «Twelfth Night» ist ja auch eine Geschwister-

222

komödie, in der Trennung und späteres Wiedererkennen eine wichtige Rolle spielen.

Mein Verhältnis zu Ikunna wiederum modifizierte sich in Aba. Sie war nun ihrerseits die älteste Schwester und konnte deshalb nicht auf dem Niveau ihrer jüngeren Geschwister bei der Bruder-Schwärmerei mitmachen. Mit Blick auf diese war sie ja selber weisungsbefugt, eine Rolle, die allzu viel Albernheit ausschloss. Unser Verhältnis bekam dadurch eine ernstere, gewissermaßen reifere Note.

Ich bemerkte die Veränderung erstmals an einem Samstagvormittag, als die Köchin auf dem Markt ein Huhn gekauft hatte, das seither mitleidlos im Hof zwischengeparkt worden war, indem man seine über dem Rücken zusammengeklappten Flügel mit einem großen Stein beschwerte. Als der Abend näher rückte, kam Ikunna mit einem ziemlich stumpfen Küchenmesser zu mir und forderte mich auf, dem Huhn den Hals durchzuschneiden, eine Geste, vergleichbar der Ehrbezeugung, die man bei uns einem Gast zukommen lässt, wenn man ihn die Gans tranchieren lässt. Meine Verzagtheit, meine Ausflüchte («Das habe ich noch nie gemacht!») wollte Ikunna nicht gelten lassen; ich solle mich bitte nicht so anstellen, es sei ganz einfach. Ich wackelte bedenkenträgerisch mit dem Kopf, das Huhn zuckte panisch mit dem seinen, dieses Gespräch gefiel ihm ganz und gar nicht – und es hatte ja auch etwas Rohes, die Frage, wer ihm die Kehle durchschneiden würde, ausgerechnet in der Gegenwart des Wesens zu führen, um dessen Hals es ging. In Wahrheit ging es natürlich nicht um das Huhn, sondern allein um die protokollarische Frage, ob ich meinen Pflichten als Erstgeborener gerecht würde. Einem Huhn den Hals umzudrehen gehörte offensichtlich zu diesen Ehrenpflichten.

Tatsächlich war ich der Idee auch keineswegs grundsätzlich abgeneigt (noch heute finde ich die Einstellung: Ich esse ausschließlich Tiere, die ich mit eigenen Händen umgebracht habe, ziemlich überzeugend), ich musste mir nur eingestehen, dass ich es einfach nicht fertigbringen würde. Ich stotterte etwas von Tiefkühlregalen im Supermarkt, in denen Hähnchenbrust in Klarsichtfolie verpackt ist. In diesem Moment konnte ich meinen Autoritätsverlust förmlich mit Händen greifen. Mit einem abschätzigen Kopfschütteln – ich wurde meiner Rolle nicht gerecht, also übernahm sie das Kommando – griff Ikunna nach dem Huhn, schabte entsetzlich lange mit dem stumpfen Messer an dessen Hals herum, als würde sie in Wahrheit ihr unwilliges (und unfähiges, ja unwürdiges) *Bruderchen* massakrieren, bis endlich der Schnitt getan war und der Blutstrom nicht etwa aufschäumend-ekstatisch, sondern zaghaft, stockend, gewissermaßen ganz und gar demoralisiert durch unseren Disput in eine dafür ausgeschabte Kuhle zu fließen begann.

Der Begriff des Cousins deckt in Nigeria ein weites Feld ab, er reicht von größter familiärer Nähe bis zur weitläufigen Verwandtschaft ohne jede Gefühlsbindung. Alle sind immer Cousinen und Cousins. Ein enger Cousin war Hippolite, fast schon eine Art Adoptivsohn, ein Teil der Familie, ein Bewunderer meines Vaters. Von Anfang an erschien er mir wie ein Reichsverweser, ein seit alters treuergebener Hofmarschall des Hauses Ezebuike, ein Mann von Ehre und Grundsätzen, der während der krankheitsbedingten Abwesenheit des Herrscherhauptes die Zügel in die Hand nahm, um sie nun mir, durchdrungen vom Zauber der Legitimität und als erfüllte und vollendete sich in dieser Übergabe sein ganzes Pflichtbewusstsein, in die Hände zu legen. Hippolite hatte Ingenieurswissenschaften studiert, genauer Medical Engineering, und mithin die technische Seite des Krankenhauses fest im Griff. Er war nur unwesentlich älter als ich, und so, wie er mit mir umging, hatte ich das Gefühl, als wollte er sagen: «Wir sind die kommende Generation, auf unseren Schultern wird dieses Land bald ruhen!» Er pflegte einen kompromisslos altmodischen Gentlemanstil. Das Gealbere der Frauen wurde geduldet, aber mit einem leichten Kopfschütteln bedeutete er mir, dass wir die wichtigen Fragen unter Männern zu erörtern hätten, allein. In solchen Momenten wäre ich nicht überrascht gewesen, wenn er erklärt hätte: «Die Herren ziehen sich jetzt zu ernsthaften Gesprächen in den Salon zurück.» Leider trank er kaum Alkohol, ein Cognacschwenker hätte gut zu ihm gepasst.

Kurzum, das Familienhaus stand. Deshalb fiel auch nie der eine, eigentlich naheliegende Satz, wie blöd es doch sei, dass ausgerechnet mein Vater bei meinem ersten Nigeria-Besuch nicht zur Stelle war. Er hatte sein Haus bestellt, seine physische Anwesenheit bei der Rückführung des Sohnes war nicht notwendig. Manchmal rief er aus Essen an. Er schien mit dem Verlauf der Dinge hochzufrieden. Ich versuchte immer, irgendetwas zu erzählen, um das Telefongespräch in die Länge zu ziehen, nicht weil ich das Bedürfnis gehabt hätte, meinem Vater etwas mitzuteilen, sondern weil ich so konditioniert war, dass ich kurze Telefonate als blamabel empfand, es sah dann ja so aus, als hätte man sich nichts zu sagen. Aber in Nigeria zählt nicht die Länge eines Telefonats, sondern die Anrufinitiative als solche. Die Erfindung des Handys mit seiner SMS-Funktion kam den nigerianischen Kommunikationsgepflogenheiten darum sehr entgegen, man konnte jetzt mit einem Minimalaufwand an Buchstaben dem anderen zum Geburtstag gratulieren oder ihm «Merry Christmas» wünschen. Das Ideal ist eine hohe Frequenz möglichst kurzer Kommunikationsakte. Wenn meine Schwester Ikunna mich später bisweilen in Deutschland anrief, bat ich manchmal darum, sie in Kürze zurückrufen zu dürfen, ich müsse gleich los; aber das war völlig unsinnig, denn es ver-

kannte den Charakter des Anrufs, dem es nicht um langes Tratschen ging, sondern dessen Mission bereits nach drei Minuten
netten Geplänkels als erfüllt gelten konnte. Seit Facebook und
Twitter ihren Siegeszug auch in Nigeria angetreten haben, hat
sich die Frequenz der Kommunikationsakte noch einmal erhöht,
bei gleichzeitiger radikaler Reduzierung der Zeichenzahl. Das
Facebook-Idiom in Nigeria besteht nur noch aus einer effizien-
ten Kompressionsform des Englischen: «How hv u bin? Thanx.
Sori bro.» *And* wird zu *n*, *are* zu *r* und *see* zu *c*. Und das *th*, das
im englischsprachigen Afrika mit schwerer Zunge, die am Gau-
men kurz erschöpft verweilt, ausgesprochen wird, findet sich
orthographisch kurzerhand als *d* dargestellt. «Luv d pics. Dey
r so cute.»

Mein Vater jedenfalls, der etwas zufrieden Vor-sich-hin-
Brummendes haben konnte, auf sehr angenehme Weise übrigens, gluckste am Telefon Laute des Wohlbehagens. Chefs sind
ja immer glücklich, wenn die Dinge schnurren, ohne dass sie
hinter jeder Kleinigkeit her sein müssen. Alles lief nach Plan.
Beide Operationen, die Nierentransplantation in Deutschland
und mein Transfer nach Nigeria, hatten keine Komplikationen
mit sich gebracht. Das Glucksen meines Vaters drückte aus, dass
er auf dem Laufenden sei, dass die Rückmeldungen bei ihm zu-
sammenliefen und dass er daraus schließe, dass auch in Nigeria
alle mit mir zufrieden waren. Was für weitgespannte Pläne er
mit mir hatte, war mir damals noch nicht klar.

Was waren eigentlich meine Erwartungen? Ich wollte das Nige-
ria-Kapitel hinter mich bringen, ohne jemanden zu kränken. Ich
war gerührt von der Herzlichkeit, ja Liebe, die mir entgegenschlug, wusste aber, dass ich sie nicht im selben Umfang erwidern konnte, ich wollte zurück in mein altes Leben, wollte an
diesem Leben nichts ändern müssen. Gleichzeitig verging kaum

ein Tag, an dem nicht bereits von meinem nächsten Nigeria-Besuch die Rede war. Wenn man in mich drang, hielt ich mich auf freundliche Art bedeckt – so wie man sagt: «Bevor ich was verspreche, muss ich erst noch meinen Kalender checken.»

Über die Sickle Cell Disease war ich durch Ikunna bereits im Bild. Auch in Aba war immer wieder von der Krankheit die Rede, aber nur in zweiter Linie wegen des nicht lange zurückliegenden Tods unserer Brüder, in erster dagegen, um mich über alles aufzuklären. Wer eine deutsche Mutter und einen afrikanischen Vater habe, ließ man mich wissen, könne jede Afrikanerin, die ihm gefalle, heiraten, auch eine mit Sickle-Cell-Disease-Disposition, die gemeinsamen Kinder wären in keinem Fall Träger der Krankheit, denn dafür müssten beide Elternteile die entsprechende Erbanlage mitbringen. Ich nickte ratlos: Was sollte ich mit dieser Information anfangen?

Die Sichelzellenkrankheit heißt so, weil sich die roten Blutkörperchen des Kranken zu Sicheln verformen, die dann die Blutgefäße verstopfen und die inneren Organe des Körpers gravierend schädigen. Andererseits macht es die Sichelform dem Malaria-Erreger schwerer, sich einzunisten. So erklären Evolutionsbiologen, warum die Sickle Cell Disease ein afrikanisches Phänomen ist.

In Nigeria fing man damals gerade an, Aufklärungsarbeit über die SCD zu leisten. Es gab nur einen Schutz: einen Gentest; wenn beide Partner die Erbanlage zur Herausbildung des kranken Hämoglobins S (statt des gesunden Hämoglobins A) hatten, dann sollte man keine Kinder miteinander zeugen. Einige nigerianische Kirchen verlangten bereits einen solchen Test, bevor sie ein Paar trauten.

Nun war es aber unübersehbar, dass in Aba die Heiratsfrage immer im Raum schwebte. Man drängte mich nicht, der Tonfall war spielerisch, doch man wollte mir die Möglichkeiten vor

Augen führen. Und in diesem Kontext sei es eben durch den genetischen Einschuss meiner Mutter ein unbestreitbarer Vorteil, dass ich jede Afrikanerin heiraten könne, unabhängig von ihrer genetischen Disposition. Schadet ja nicht zu wissen, oder? Du Glückspilz!

Dass es für mich etwas Schmähliches haben könnte, Objekt von Verkupplungsmaßnahmen zu sein, wurde nicht gesehen. Dass meine starke Stellung auf dem nigerianischen Heiratsmarkt meinem individualistischen Selbstbild widersprach, hätte man für narzisstische Vornehmtuerei gehalten, schließlich ging es im Leben doch genau darum: heiraten, Kinder kriegen, sein Blut weitergeben. Das wollte organisiert sein. Warum Zeit verlieren? Offensichtlich war ich eine gute Partie: Ob als Ezebuike oder als Deutscher, war mir nicht klar. Vermutlich kamen da zwei Stärken zusammen.

Wenn wieder einmal die Heiratsfrage gestreift wurde, fragte ich mich innerlich: Hätte sich mein Vater eigentlich bei mir gemeldet, wenn ihm seine zwei Söhne nicht gestorben wären? Unverändert lebte meine nigerianische Familie in der Gattung des Epos, ich in der des psychologischen Romans.

Die Tage in Aba waren ein langer, gleichmäßiger Fluss, und mir war unbedingt zu wenig los. Ich langweilte mich. Fühlte mich einsam: Trotz oder vielleicht sogar wegen der Zuneigung, die mir von allen Seiten entgegenschlug, kam ich mir verloren vor in einer Kultur, die mich nicht einfach nur wie einen Gast aufnahm, sondern an meiner dauerhaften Einbürgerung arbeitete. Ein Roadtrip in den Norden Nigerias mit Hippolite und Ikunna wurde in Aussicht gestellt, aber es gab in dieser Zeit erhebliche Benzinengpässe, weshalb unser Aufbruch ein ums andere Mal verschoben werden musste. Und allein durfte ich auch hier keinen Schritt tun. Wollte ich irgendwohin, wurde daraus automatisch ein Familienausflug. Außerdem fehlte mir der Alkohol als Medium der Geselligkeit. Wirklich gemeinschaftlich erlebte man doch nur etwas, wenn man zusammen trank, und wie Geselligkeit ohne Alkohol funktionieren sollte, war mir damals schlechterdings unvorstellbar.

Das beliebteste Bier in Nigeria heißt Star. Abends holte ich mir eine Flasche aus dem Kühlschrank und ließ es mir schmecken, obwohl niemand mit mir trank. Hatte ich die Flasche geleert, ging ich zum Kühlschrank, um mir eine neue Flasche zu holen. Da jedoch trat Joyce dazwischen. Leise, aber bestimmt erklärte sie, dass sie das mit ihrer Fürsorgepflicht für meine Person nicht vereinbaren könne, und wie man das Beispiel einer altehrwürdigen Chronik heranzieht, die einem Maßstäbe für die eigene Lebensführung an die Hand gibt, setzte sie mich ins Bild, dass mein Vater abends *eine halbe Flasche* Star zu trinken pflege, die Flasche daraufhin wieder mit dem Kronkorken verschließe, um die andere Hälfte am nächsten Abend zu genießen. Daran war Maß zu nehmen. So gesehen stand die Nadel bei mir schon im roten Bereich.

Geselligkeit musste aber nicht nur ohne Alkohol auskommen, sondern auch auf die entfesselnden Mächte der Nacht verzichten. In Aba empfing man tagsüber. Man saß dann im Wohnzimmer beieinander, in großer Runde, sodass es stets nur ein Gruppengespräch gab (mit einer nigerianischen Telenovela im Hintergrund, auf die man sich manchmal kollektiv bezog), und dabei ging es nicht um bestimmte Themen, sondern eher um das wohlige Gefühl, beieinander zu sein; es war ein einziger Reigen von Lachen und Kichern. Nie hatte ich das Gefühl, einen Gast danach besser zu kennen als zuvor.

Irgendwann hatte ich herausgefunden, dass es bei den Gästen genau zwei Kategorien gab: Entweder waren es Cousins beziehungsweise Cousinen oder potenzielle Heiratskandidaten.

Letztere konnte man zuverlässig daran erkennen, dass sie ausschließlich lachten und gar nichts sagten – es könnte ihnen ja sonst aus Unbedachtsamkeit ein Wort über die Lippen kommen, das mein Missfallen gefunden hätte. Und was das Heiraten betraf, war mittlerweile klar: Man wollte meine Autonomie respektieren und keinen Druck ausüben, es musste ja auch nichts übers Knie gebrochen werden, aber man wollte auch nicht darauf verzichten, mir die Bandbreite der Optionen zumindest – take it or leave it! – vor Augen zu führen.

Mit etwas mehr Nachdruck wurde die Tochter eines Klopapierfabrikanten ins Rennen geschickt. Meine Schwestern erklärten, wir seien, diesmal tatsächlich am frühen Abend, bei einem reichen Nachbarn eingeladen. Dass der Mann sein Vermögen ausgerechnet mit Klopapier gemacht hatte, wurde direkt angesprochen, so wie man bei einem störenden Detail lieber nicht wartet, bis der andere es selber herausfindet; nur so bleibt man Herr des Verfahrens und kann den Kontext mitliefern, ohne den sich der Fall einem tieferen Verständnis entzieht: Die Frage der Würde des Produkts sei schließlich völlig sekundär gegenüber der Frage der Marktdurchdringung, und wenn man es erst mal zum nigerianischen Marktführer geschafft habe, interessiere es eben niemanden mehr, ob man diese überragende Stellung der Herstellung von Personalcomputern oder von Klopapier verdanke. Im Übrigen, der Nachbar habe eine Tochter.

Der Klopapierfabrikant wohnte praktischerweise im Haus gegenüber. Meine Schwestern und ich brauchten nur die Straße zu überqueren. Auch sein Haus war von einer Mauer umfasst, dahinter wiederum ein grüner Hof. Wir nahmen in dem großzügigen Wohn- und Essbereich Platz, und zwar in Kreisform. Nun begann der Hausherr ein Gespräch mit mir: knarzend langsam, voller Gravitas und absolut blutleer, als ließe sich Ehrwürdigkeit nur durch die komplette Unterdrückung von Lebendigkeit darstellen. Seine Tochter und meine Geschwister betrachteten uns schweigend und wie mit angehaltenem Atem.

Dann wurde zur Feier des Tages Nkwobi serviert. Diese sehr scharfe Suppe ist ein nigerianisches Festgericht, bei dem alle Teile eines Ziegenkopfes verwendet werden: Nase, Augen, Ohren, Zunge. Es war nicht so sehr ein gemeinsames Mahl, eher ein symbolischer Akt, bei dem es darum ging, dass der Gast vor den Augen von Zeugen die Ehrenmahlzeit zu sich nimmt. Wieder saßen alle im Kreis, die Tochter des Klopapierfabrikanten sagte kein Wort, ihr Vater kredenzte die Suppe. Meine Schwestern hatten vorher darauf hingewiesen, dass man mich vielleicht besser nicht mit den allzu irritierenden Details des Ziegenkopfs überfordern möge, aber ich, der ich mir beim Essen ungern etwas vergebe, hatte abgewinkt: «Nur zu!»

Das Problem waren indes nicht die Organe des Ziegenkopfes. Ich hatte gerade den ersten Löffel Suppe geschluckt, als ich keine Luft mehr bekam. Mein Kopf lief rot an, meine Ohren glühten, Tränen schossen aus meinen Augen, ich konnte nicht mehr sitzen bleiben, sprang vom Stuhl auf und japste, während der Klopapierfabrikant noch immer nicht verstanden hatte, was der Fall war: «Das ist scharf, scharf, scharf!!!» Ich stand kurz vor einer Ohnmacht. Jetzt kam Bewegung in das Haus, jeder kam mit einem anderen Gegenmittel angerannt, ich aber war für die Dauer dieses Besuches erledigt, meine Knie waren weich, und nach einer knappen Stunde verließ ich das Haus des Klopapierfabrikanten schwankenden Schritts. Auf dieser Verbindung, das mussten alle einsehen, lag kein Segen.

Vielleicht war die dramatische Aufregung, für die mein Anfall gesorgt hatte, das richtige Ablenkungsmanöver von dem deprimierenden Umstand gewesen, dass die Tochter des Klopapierfabrikanten während unseres Besuches stumm wie ein

Fisch dagesessen hatte? Sie hatte mir auch nicht, wie man so sagt, schöne Augen gemacht. War es Nervosität, die ihr die Sprache verschlug? Oder ging sie davon aus, dass sie sich so am glaubwürdigsten als Ehefrau, mit der ein Ehemann später wenig Ärger haben würde, qualifizierte?

Generell hatte ich den Eindruck einer relativen Emanzipiertheit der Frauen in Nigeria, was Ausbildung und Studium betrifft. Im Bereich der Familienplanung aber herrschte noch die arrangierte Ehe vor. Die Liebesheirat führte zu oft zu sinnlosen Komplizierungen – mein Architektencousin mit seiner Yoruba-Frau war dafür ein Beispiel; und selbstverständlich durfte der Name von Ikunnas Freund nicht fallen. Das war eine exterritoriale Grille, man verfuhr damit pragmatisch nach dem amerikanischen Motto: «What happens in Vegas, stays in Vegas.»

Mein wunderbarer, sehr konservativer Cousin Hippolite wollte mich als seinen Trauzeugen. Ich möge mich, sagte er, doch möglichst bald festlegen, wann ich das nächste Mal nach Nigeria kommen würde, damit er mit den Hochzeitsvorbereitungen beginnen könne. Ich wusste nicht, wann und ob ich überhaupt wieder nach Nigeria kommen würde. Ohnehin fand ich das nicht die richtige Reihenfolge. Er möge doch erst mal eine Frau finden, die er heiraten wolle, dann könne man über mein Engagement als Trauzeuge reden. Da schüttelte Hippolite leicht enttäuscht über so viel krausen Unfug bei einem erwachsenen Menschen den Kopf: Die passende Frau sei nun wirklich nicht das größte logistische Problem, die finde sich schon, wenn erst mal der Zeitrahmen feststehe.

Zwei Monate können eine lange Zeit sein, wenn das Leben vollständig in familiäre Vollzüge eingebettet ist. Es passierte so wenig, und wenn doch einmal etwas passierte, dann nichts, was bei mir Fiebrigkeit und Aufregung ausgelöst hätte. Stattdessen

Mattigkeit, Langeweile und Einsamkeit. Wenn es doch nur ein wenig Nachtleben gegeben hätte! Immer wieder kam mir der Gedanke, den ich in Bochum beim Anblick der Töchter des indischen Arztes gehabt hatte: Wäre mein Vater Brasilianer, dann hätte ich zwar dieselbe dunkle Hautfarbe und säße, wie jetzt auch, in einer fremden Kultur, aber sicher würde man gleich zur Copacabana aufbrechen, sich Cocktails mit Rum mixen lassen, und statt dem Defilee stummer Heiratskandidatinnen im elterlichen Wohnhaus beizuwohnen, könnte man für den Anfang mit der Barkeeperin der Strandbar flirten. Oder ich musste an den Laden in Lagos denken, wo mein Puls höhergeschlagen hatte, weil ein Versprechen von Übermut und Feierlaune in der Luft lag ... Jetzt jedoch war der Laden weit weg, und in Wahrheit hatte man mich von diesem Ort vibrierender Vitalität seinerzeit ja recht schnell wieder abgezogen.

Ob es etwas Ähnliches in Aba gab? Immerhin lebten eineinhalb Millionen Menschen hier, da musste es doch wenigstens eine Schar Aufrechter geben, die die drei Elemente Nacht, Musik und Alkohol zu einer explosiven Mischung zu verbinden wussten. Die Wahrheit aber war: Ich konnte meine Familie nicht danach fragen, sie hätten die Frage gar nicht verstanden; was mir fehlte, war nichts, wofür es in ihrer Sprache ein Wort gab. Im besten Falle hätte Hippolite sich ein Herz gefasst und mich nach langem Nachdenken an einen Ort inspirationsfreier Harmlosigkeit gebracht, wo wir uns dann zwischen 20.30 und 22 Uhr ein Bier geteilt hätten.

In einem Lebensalter, in dem der Erfolg von Ferien daran gemessen wurde, wie spät man ins Bett gefunden hatte, wurde ich so in Aba zum Frühaufsteher. Das war nicht schlimm, es war auch nicht dramatisch, trotzdem haderte ich ein wenig damit, mich mit niemandem darüber unterhalten zu können. Herzensergießungen, seelische Vertraulichkeiten gehörten ja ohnehin nicht auf die nigerianische Agenda. Dabei wäre es lustig gewesen, sich scherzend über die unterschiedlichen kulturellen Gewohnheiten auszutauschen und auf diese Weise den anderen besser kennenzulernen. Doch leider zählte zur kulturellen Andersartigkeit Nigerias auch, dass diese eben nicht Gegenstand eines Gesprächs wurde.

Gab es andere Höhepunkte, denen alle entgegenfieberten? Ja, und zwar jeden Sonntag: den Kirchgang. Kirche, Glauben, Jesus Christus waren große Themen – nicht in der Generation meines Vaters und Joyce', aber bei meinen Geschwistern und ihren Freunden. Mit religiösem Vokabular wurde nicht gegeizt. «Praise the Lord» war ein Ausruf, der jedem täglich mehrmals über die Lippen kam.

Wenn etwas zwischen mir und meinen nigerianischen Altersgenossen stand, dann war es die Religion. Dabei bin ich alles andere als ein Atheist und religiös für jeden Schabernack zu haben, aber die ewig gleichtönenden Refrains, mit denen die Mitwelt hier aufgefordert wurde, sich der unendlichen Liebe von Jesus Christus anzuvertrauen, mit denen man beteuerte, erst heute Morgen wieder die Gnade Gottes erfahren zu haben, trieben mich in den Wahnsinn. Alle Innerlichkeit, alle Sinnreflexion schoss in den Glauben, als hätte dieser all das, was ich als kommunikativen Selbstbezug vermisste, absorbiert. Die einzige Selbsterfahrung, über die man sprach, war die eigene Erweckungsgeschichte: wie man zu einem neugeborenen Christen geworden war. Halleluja! Das kulturelle Bewusstsein war in Nigeria durch das religiöse ersetzt worden. Während die Generationsangehörigen meines Vaters noch gute Anglikaner waren, war meine eigene Generation fest im Griff der evangelikalen Freikirchen. In der Kirche der Alten, sagte Nneka, würden sie immer nur «Holy, holy, holy» singen, und sie führte dabei die Hand vor den Mund, als müsse sie ein gewaltiges Gähnen unterdrücken. In ihrer Kirche hingegen sei richtig was los, da käme keine Langeweile auf.

Die Freikirchen hatten das Leben in Nigeria tief durchtränkt; fast jeder emphatischere Satz wurde um den Hinweis ergänzt, dass Jesus dein persönlicher Retter und seine Gnade unermesslich sei. Folglich war der sonntägliche Gottesdienst ein gesellschaftliches Ereignis. Festliche Kleider wurden aus dem Schrank geholt. Früh stand man auf, und die Damen verschwanden im Bad, um sich zu schminken. Es war ein Auftritt überbordender Prachtentfaltung: An Farben und Stoffen wurde nicht gegeizt. Ich selber hatte das weiße Chief-Kostüm anzulegen. Dann ging es los. In Hochstimmung fuhr man im schimmernden Mercedes zur Kirche. Großes Gewinke schon bei der Ankunft. Man kannte sich. Ikunna hatte mich gewarnt: So lieblos und hastig wie in Deutschland würde man den Gottesdienst hier nicht hinter sich bringen, ich könne mich also schon mal auf eine Messe von drei Stunden Länge gefasst machen. Die Stimmung war überschwänglich, fast fiebrig, als würde sich die Menge gleich taumelnd in einen Rave stürzen. Es wurden gleichwohl harte drei Stunden für mich, eine Prüfung. Denn kaum hatte der Pfarrer angefangen, der Gemeinde einzuheizen, fielen die ersten Ergriffenen schon in Ekstase. Was eben noch Tanz zur Musik gewesen war, ein Wiegen der Oberkörper, ein Kreisen der Hüften, verwandelte sich in epileptische Zuckungen, der Kopf wurde hin und her geworfen, die Arme in die Luft gerissen. Der Heilige Geist war jetzt unter ihnen. Und weil der Glaube die Zungen löst, fingen die spirituell Hochbegabten an, in Zungen zu reden, und den aufgerissenen Mündern entströmte ein Lallen, göttlich in dem Maße, in dem es von menschlichen Inhalten bereinigt war, während der Rest der Gemeinde sie anfeuerte, sie für ihre besondere Verbindung zu den höheren Sphären pries («It's a gift», wie mir meine Schwestern später knapp erklärten).

Gleichzeitig nahmen die unterstützenden Zurufe einen immer triumphierenderen Tonfall an, weil der Heilige Geist auch an diesem Sonntag den Beweis seiner Gegenwart nicht schuldig geblieben war. Auf Gott war Verlass. So viele Wunder geschahen vor aller Augen, wie konnten die Verstockten das nur leugnen? Wer Ohren hat, der höre, wer Augen hat, der sehe! Die Gemeinde war jetzt ein Herz und eine Seele. Man berührte die Ergriffenen an den Schultern, denn der Heilige Geist überträgt sich nicht anders als ein elektrischer Impuls.

Drei Stunden zitterte ich, die Ergriffenen könnten mir die finsteren Gedanken an der Stirn ablesen und dann mit dem Finger auf mich zeigen. Zum Glück warf mir Ikunna ab und zu, so wie man auf der Theaterbühne zur Seite spricht, ein paar beruhigende Blicke zu – *nur keine Sorge, alles gut!* – und legte dann für einen Moment den Ausdruck der Ekstase ab zugunsten einer bodenständigen Beruhigungsmiene: Sie schob ihre Lippen zusammen und nickte bedächtig mit dem Kopf wie ein Schutzmann, der einem alarmierten Bürger das Gefühl geben will, die Lage sei keineswegs außer Kontrolle, er habe alles im Griff. Ich sah dankbar zurück.

Wie es die krudeste marxistische Religionskritik beschreibt, wurde in Nigeria jeder politische Welt- durch einen religiösen Jenseitsbezug ersetzt. Wie gesagt, es war damals jedes Mal ein riesiger Akt, an Benzin zu kommen; machte man einen Ausflug mit dem Auto, mussten ständig Schwarzmärkte angefahren werden in der Hoffnung, die zwei Reservekanister füllen zu können, und diese Prozedur zog sich nicht selten hin. War der Wagen am Ende doch vollgetankt, war das natürlich einzig dem Umstand zu verdanken, dass Jesus dich nicht hängenließ ... Dass die Bibel sagt, man solle den Namen des Herrn nicht unnütz im Munde führen, gehörte in Nigeria offenbar zu den weniger verinnerlichten Maximen.

Zumal es so etwas Selbstgerechtes hatte. Es war ja nicht damit getan, dass man Jesus in Demut dankte für seine Erlösungstat, man überbot sich im Wettstreit, wer die Herrlichkeit Gottes und die Liebe Jesu häufiger und lautstärker pries; es war wie bei Kafkas «Beter», der auch immer verstohlen zur Seite äugt, wenn er betet, um zu sehen, ob auch alle seine Inbrunst zur Kenntnis nehmen. Ich konnte einfach nicht verstehen, wie das Bigotte dieses inflationären Gotteslobs, das in Wahrheit ein kaum verhülltes Selbstlob war – «Ich bin ja so ergriffen vom Heiligen Geist, er muss mich erwählt haben!» –, nicht allen in die Augen sprang. Gilt es nicht in jeder Kultur als unfein, sich lauthals auf die Brust zu schlagen und sich zum unverbrüchlichen Besitz der Wahrheit zu gratulieren?

Kurz: Der Glaube führte uns nicht zusammen. Er trennte uns aber auch nicht, jedenfalls nicht aus der Sicht meiner Familie. Wer nicht an Gott glaubte, besser gesagt: wer dessen Existenz leugnete, aus Verstocktheit bestritt, der war ein unmoralischer, ein böser Mensch, der Unglück über die anderen brachte. Im Umkehrschluss muss das für meine Geschwister und Verwandten bedeutet haben: Da ihr *Bruderchen* ja offensichtlich kein böser Mensch war, konnte er nur gottesfürchtig sein, auch wenn ihm bedauerlicherweise der rechte Schwung fehlte, seine Umwelt davon in Kenntnis zu setzen. Eine Erweckung in diesem Sinne würde gewiss nicht schaden, aber das hatte man vorerst dem unerforschlichen Ratschluss Gottes zu überlassen.

Einmal fuhren meine Schwestern zusammen mit Hippolite und mir zu einem großen Markt, wo ein Stoffhändler neben dem anderen saß. Wenn man schon dasselbe Blut hatte, konnte man ja auch dieselben Klamotten tragen, sagten wir uns, zogen von Händler zu Händler und ließen uns die verschiedensten Muster vorführen. Schließlich hatten wir uns auf einen Stoff geeinigt:

gelbe Sonnen auf hellblauem Untergrund. Vom Stoffhändler ging es zum Schneider, der Maß nahm. Nach einigen Tagen holten wir die weiten Gewänder, die halblange Ärmel hatten und bis zum Oberschenkel gingen, ab. Von nun an traten wir unsere Ausflüge im Familien-Look an. Es sollte jeder sehen, dass die Familie neuerdings vollständig war. Tatsächlich war die Begierde, sich als schmucker Clan zu präsentieren, so stark, dass es jetzt öfter zu Ausflügen kam. Die Welt sollte uns sehen! Im alten grünen Mercedes meines Vaters fuhren wir durch die Gegend, und bei jeder *landmark*, an jedem schönen Fluss, bei jeder schönen Baumgruppe formierten wir uns für ein weiteres Gruppenfoto.

Endlich brachen Ikunna, Hippolite und ich nun auch zu unserer Reise in den Norden des Landes auf. Ich hatte der Abfahrt entgegengefiebert, weil es mir in Aba an Abenteuern fehlte. Hippolite gab sich einen Ruck, er ging das Risiko ein: Noch immer gab es an den Tankstellen kein Benzin, also mussten wir uns auf den Schwarzmarkt verlassen.

Nigeria saß auf riesigen Erdölvorkommen, war aber nicht in der Lage, seine eigene Bevölkerung mit Benzin zu versorgen? Ich fand ja, dass in diesem Land, das seit Jahrzehnten nur noch von Militärdiktatoren regiert wurde, vieles schiefging, aber Nigerianer sind große Patrioten und reden nicht gerne über die Probleme ihres famosen Landes. Beim Benzinmangel allerdings platzte auch ihnen der Kragen. Wenn es um Mobilität geht, versteht man weltweit keinen Spaß.

Wir fuhren also los. Die Nadel des Tanks war ständig im Reservebereich, aber wir waren on the road.

Der Norden Nigerias um die Stadt Jos ist landschaftlich eindrucksvoll, ein imposantes Hochplateau mit weiten Ausblicken. Ein Hauch von «Jenseits von Afrika»-Atmosphäre kam auf. Im Nationalpark sprang ein Affe, als wir einmal nicht hinschauten, durch das offene Dachfenster in den Wagen, schnappte sich die

Tüte mit unseren Keksen, schnellte mit wenigen Sätzen zurück in die Sicherheit einer Baumkrone und hatte dort kaum seinen Platz eingenommen, als er uns auch schon nachschaute, um sich an unserer verdutzten Überrumpelung zu erfreuen, während er hochzufrieden unsere Kekse fraß. Dieser Affe hatte nicht einfach nur echtes Schuldbewusstsein, sondern empfand – und ich halte das für die anspruchsvollere Kognitionsleistung – Schadenfreude, er gab sich einer mimisch-gestisch ausgedrückten Art von Triumphgenuss hin, den er in ein umgekehrtes Verhältnis zu unserem Niederlagefrust zu setzen verstand. Er wollte unsere Gesichter sehen. Ich begriff: Durch nichts beweist der Affe seine Menschenähnlichkeit besser als durch Schadenfreude.

Wir sahen Elefanten, wir sahen Giraffen. Wir schwammen in schönen Wasserquellen unter Palmen und aßen Kokosnüsse. Dann ging es wieder weiter, und Hippolite war es ein Vergnügen, mir sein Land zu zeigen, er war ein guter Reiseführer, war mit dem Herzen dabei. Und am Ende gelang es immer gerade noch rechtzeitig, für Spritnachschub zu sorgen, auch wenn wir groteske Schwarzmarktpreise zahlen mussten. Ich sehe Hippolite noch verbittert den Kopf schütteln, während er dem Tankwart die Naira-Scheine aushändigte, mit einem Gesichtsausdruck, der keinen Zweifel aufkommen ließ, wie sehr er diese Zustände (und Preise) moralisch missbilligte.

Als wir nach Jos kamen, wohnten wir bei meinem Architekten-Cousin, den ich schon aus Lagos kannte. Für den Abend hatte er etwa 16 Gäste eingeladen, alles Männer, junge, sehr angenehme, gutgelaunte, kultivierte Typen. Gelöste, leichtfüßige Stimmung. Man plauderte, riss Witze und ließ es sich schmecken. Endlich mal Geselligkeit, wie ich sie mir wünschte! Nach dem Essen kam es jedoch zu einem Registerwechsel. Einer der Männer, der besonderen Respekt zu genießen schien und den man als Wortführer des Freundeskreises betrachten musste, wendete sich an mich, als hätte man nun verschiedene Stadien der Vertraulichkeit durchschritten und den anderen nachgerade schätzen gelernt, weshalb es jetzt an der Zeit sei, den Freundschaftsbund zu vertiefen. Er sagte: «I'd like to share Lord's supper with you!» Ich dachte: Wir haben doch gerade gegessen! Was um Himmels willen will er nur? Dann fiel der Groschen: Er meinte das Abendmahl. Er wollte mit mir und seinen Freunden zusammen das Abendmahl feiern! Alle Gesichter am Tisch waren freudig beseelt. Man steuerte auf den Höhepunkt des Abends zu, alles andere war nur Vorspiel gewesen. Leider musste ich die Freunde enttäuschen: Ich sagte, dass ich nicht getauft sei. Der Wortführer war nur für den Bruchteil einer Sekunde verdutzt, damit hatte er zwar nicht gerechnet, die Auskunft schien ihn dann aber keineswegs zu verdrießen, im Gegenteil, schon eröffnete sich ihm eine ganz neue Perspektive: Die übliche amtskirchliche Taufe hielt er ohnehin für eine blutleere Formalie, deren Fehlen weniger ein Defizit als die ideale Ausgangsbedingung für einen sauberen Neustart darstellte. Er sprach die geflügelten Worte: «Dann lass uns dich taufen!»

Über welches Taufpatent der Freund meines Cousins auch immer verfügen mochte, von ihm würde ich mich nicht erretten lassen. Aber ich wollte auch niemandem zu nahe treten, meinen Ingrimm gegen die religiöse Massenpsychose behielt ich für mich. Die Augen meines Erretters funkelten. Er hatte in diesem Moment begriffen, welch einzigartige Gelegenheit zur höheren Ehre Gottes sich ihm hier bot. Er würde als der große Wiedertäufer die Heimholung des verlorenen Sohnes in geistlicher Hinsicht abrunden! Alle saßen erwartungsvoll da. Feierlichkeit ist ja immer auch eine kollektive Erpressungsmaßnahme, die ein Ausscheren enorm erschwert. Dagegen halfen nur Bonhomie und Beiläufigkeit. Ich hatte die Konfrontation mit dem Zöllner bestanden, also würde ich mich auch von dem Wiedertäufer nicht bange machen lassen. Ich stammelte: «Wie? Jetzt? Nein, nein, bitte keine Umstände!» Es musste ja wohl möglich sein, den Taufakt zu umgehen, ohne die Weigerung theologisch (und damit tendenziell konfliktverschärfend) zu begründen. «Warum nicht?», wollte der Täufer vom Dienst, nun mit leichtem Grollen in der Stimme, wissen. Da hatte ich das, was ich selbst für einen Geistesblitz hielt. Ich würde ihn mit seinen eigenen Waffen schlagen. Ich sagte, selber feierlich werdend: «Ich fühle mich einfach noch nicht so weit!» Er hakte nach: «Was meinst du damit?» Ich sagte: «Na ja, das ist ein sehr wichtiger Schritt, den macht man doch nicht einfach so!» Entgeistert schaute er mich an, auch mit einem gewissen Misstrauen, ob ich ihn nicht zum Besten hielt. So ein Angebot, das sich zuletzt der Schickung Gottes verdankte, schlug man doch nicht mit einer so albernen Begründung aus? Heißt es nicht bei den Pfadfindern: Allzeit bereit? Gewiss war er auf solche Fälle von Verstocktheit gefasst, aber er sah davon ab, mich seine Instrumente sehen zu lassen, wahrscheinlich galten für mich mildernde Umstände: Man musste schließlich bei jemandem, der gerade eben erst, aus der Diaspora zurückgekehrt, wieder Verbindung zum Heimatboden aufgenommen hatte, mit einem gewissen Maß an Verwirrtheit rechnen. Er gab auf. Seinen Missmut verhehlte er nicht. Ich hatte die Stimmung gekillt. Es war wie ein Coitus interruptus. Kurz vorm Höhepunkt hatte ich das Neonlicht angeknipst.

Kaum waren wir von unserer Reise nach Aba zurückgekehrt, rief meine Mutter an. Oma war gestorben. Eine Woche vor meiner Abreise hatte ich sie noch im Krankenhaus in Calw besucht. Sie war 87; wir wussten, dass sie die Lungenentzündung nicht überleben würde. Ich flog trotzdem nach Nigeria. Auf ihrem Krankenlager liegend, von ihren Kindern und Enkeln umgeben, hatte sie meinen Kopf zu sich herabgezogen und mir ins Ohr geflüstert: «Komm zurück!» Ihre Stimme war schon schwach, aber sie ließ keinen Zweifel daran, dass es ihr ernst war. Ich war regelrecht verzweifelt, als ich begriff, worin ihre Sorge bestand. «Natürlich!», antwortete ich, aber eigentlich wollte ich empört mit dem Fuß aufstampfen und ausrufen: «Wie kannst du denn überhaupt auch nur auf die Idee kommen, ich könne nicht zurückkehren!» Man konnte ja wirklich nicht sagen, dass es mich nach Nigeria zog, es war eher eine Verbindlichkeit, der ich gerecht wurde, um keine Gefühle zu verletzen. Wenn es mich mit meinem Herzen irgendwo hinzog, dann genau hierher, ans Krankenbett meiner Oma, die 23 Jahre lang ihre Hand über mich gehalten hatte. Bei der ich als Kind meine Ferien verbracht hatte. Die einen Freifahrschein der Bundesbahn hatte. Die, sobald Gäste kamen, ihre dritten Zähne einsetzte (denn bei ihr hatte alles immer seine Ordnung). Wir verstanden uns blind. Und jetzt lag Oma im Sterben und hatte tatsächlich Angst, dass der spät erschienene Vater mich in sein Lager hinüberziehen könnte? Dachte sie etwa, ich hätte ihre Omaschaft immer nur als ein Provisorium betrachtet, dessen Bindekraft in dem Moment erlosch, wo der Ruf des echten Vaters erscholl? Sah sie in mir, dessen Oma-Loyalität immer über jeden Zweifel erhaben gewesen war, etwa doch einen unsicheren Kantonisten? Hielt sie die Väterkräfte den Mütterkräften für überlegen, ausgerechnet sie, die die Familie im Alleingang aus Schlesien nach Westdeutschland geführt hatte? Oder erkannte sie in mir plötzlich (oder möglicherweise noch nicht einmal plötzlich) das väterliche Erbteil als vorherrschenden Charakterzug, sodass sie befürchtete, ich würde, einmal im Kreis der Ezebuikes angekommen, diese sogleich als meinesgleichen umarmen? Machte sich bei Oma ein soziales Unterlegenheitsgefühl bemerkbar? Sie kannte meinen Vater aus frühen Tagen – und der weitgereiste Kinderarzt mit den Chief-Allüren war, trotz prekärem Wechselkurs, natürlich ein Oberklasse-Repräsentant, die Mangold'schen Verhältnisse hingegen herzlich, aber klein, bescheiden und übersichtlich. (So wie von dem, der weit nach oben geheiratet hat, die Zurückgelassenen sagen: «Mit uns will der nichts mehr zu tun haben, er schämt sich wohl für uns.»)

Meine Schwestern und Joyce versuchten, mich zu trösten. Sie waren sehr zart und anteilnehmend. Meine Selbstvorwürfe allerdings konnte das nicht beschwichtigen: Was für ein schlechter Enkel war ich, dass ich noch nicht einmal bei der Beerdigung meiner Oma am Grab stehen würde? Warum stand ich meiner trauernden Mutter nicht zur Seite? Waren das jetzt die neuen Prioritäten? Gleichzeitig lenkte ich den Selbstvorwurf auf Nigeria um. Dieses Land war also der Grund dafür, dass ich in diesem wichtigen Moment am komplett falschen Ort war? Statt am Grab meiner Oma, die mich mein ganzes Leben lang begleitet hatte, lag ich weinend unter dem Dach meines Vaters, der sich gerade mal seit einem Jahr für mich interessierte!

Dann fuhren wir nach Amucha. Ein Wochenende auf dem Land. Immerzu war von Amucha die Rede gewesen, jetzt sollte ich das Dorf, in dem mein Vater aufgewachsen und dessen Chief er seit langem war, endlich kennenlernen. Die Aufbruchsstimmung war feierlich-erregt. Das Dorf, so hatte ich mir mittlerweile zusammengereimt, musste eine Art Urquell sein, aus dem alles floss; mochte der Fluss des Lebens in den Schlachten der Welt mitunter auch trübe werden, durch die Rückkehr ins Dorf wurde er gereinigt, weshalb kein Nigerianer die Verbindung zu seinem Herkunftsort verliert und selbst ein Bewohner der Megacity Lagos sich weiter als Teil des Dorfes versteht, aus dem er stammt. Wenn eine junge Frau heiratet, gibt sie allerdings ihren ursprünglichen Dorfbezug auf und wird Teil der Dorfgemeinschaft ihres Mannes, ein seelisch nicht ganz unkomplizierter Vorgang. Das Dorf ist der Identitätsspender, der Traditionsbewahrer. So gesehen muss jede Ehefrau einmal in ihrem Leben zu einem großen Sprung ansetzen. (Was ist eine Schwiegermutter gegen ein ganzes Schwiegerdorf?)

Natürlich musste ich für diesen Anlass das Chief-Kostüm und das Szepter einpacken: Nach der Essener Generalprobe sollten sie nun ihren eigentlichen Auftritt haben, ihr Heimspiel sozusagen.

Mit zwei Autos brachen wir auf. Nach einer Stunde Fahrt verließen wir die asphaltierte Straße und fuhren eine weitere Stunde auf einer Dirt Road durch den Urwald. Schlaglöcher standen voll mit Wasser, denn es war Regenzeit. Wolken hingen tief, knapp über den Baumwipfeln, von Himmelsblau keine Spur. Dann öffnete sich der Regenwald, durch den die Straße eine schmale, hohe Schneise geschlagen hatte, und die ersten Hütten erschienen.

Je näher man einer Sache kommt, als desto kleinteiliger erweist sie sich; Identitätseinheiten sind eine Frage des Abstands. Jeder Mikrokosmos wird zum Makrokosmos, je genauer man hinschaut. Ein Wüstenfloh dürfte wohl jedes Sandkorn mit einem Namen voll Klang, Erinnerung und Wehmut versehen, während es den meisten Erdenbürgern zur ersten Orientierung genügt, von der Sahara zu sprechen. Tatsächlich, lernte ich nun, war Amucha seinerzeit nur ein Oberbegriff für eine Gemeinde, die sich ihrerseits aus 17 weitläufig über die Landschaft verteilten Dörfern zusammensetzte. Die Ezebuikes kamen aus Umuokwara; während in Amucha etwa 51 000 Menschen lebten, zählte Umuokwara 5000 Einwohner, von denen allerdings mehr als die Hälfte, genau wie meine Familie, ein Doppelleben zwischen Stadt und Land führte. Zu hohen Feiertagen, zu Hochzeiten und Beerdigungen, zu den jährlichen Generalversammlungen des Dorfrats und in den Ferien kehrten alle im Glanz zurück und führten dem Dorf vor, welche Siege sie in der Welt errungen hatten.

Mein Vater, erklärte mir Hippolite, sei der erste studierte Mediziner gewesen, den Amucha hervorgebracht habe, deshalb laute sein Titel auf Igbo «Ichie Dibia-di-ohanma na Amucha», was er mit «Hochwürdiger Arzt des Volkes» übersetzte. Es gebe Dorfbewohner, die seien ihr ganzes Leben mit keinem anderen Mediziner in Berührung gekommen als mit meinem Vater, der das Dorf auch mit Medikamenten versorge; für diese Verdienste trage er den Titel eines «Ichie», der Ausdruck Chief sei noch zu allgemein. Ichie sei der höchste Häuptlingsrang in der Igbo-Nomenklatur und ein durchaus politisches Amt, weshalb mein Vater dadurch auch Mitglied des Oberhauses von Amucha sei. Erblich sei der Titel jedoch nicht, er werde für Verdienst vergeben.

Amucha, wie ich weiterhin sagte, weil es alle so hielten, obwohl es sich genau genommen um Umuokwara handelte, war schön und beschaulich. Es gab nur sehr wenige gebaute Häuser, der Rest waren Hütten, von dichtem Regenwald umgeben. Das Zentrum des Dorfes bildete ein überdachter Versammlungsplatz, das sogenannte *Obi*, wo öffentliche Zeremonien und politische Zusammenkünfte abgehalten werden.

Kaum waren wir aus dem Auto gestiegen, kamen zahlreiche Kinder angerannt, die zwischen den Hütten umhergesprungen waren, schlugen freudig in die Hände und bestaunten uns.

Überall führten kleine Hohlwege durch den Urwald, auf denen die Kinder des Dorfs hin und her rannten, meist auf dem Weg zum Fluss, den man nach zehn Minuten erreichte, ein friedliches, einladendes Gewässer. Die Erde leuchtete rot. Um sechs Uhr war es auf einen Schlag dunkel, als hätte jemand den Lichtschalter umgelegt, dann wurde das Dorf von einer so umfassenden, reinen, schützenden Finsternis aufgenommen, als würde es in ein schwarzes Samttuch gewickelt.

Das größte Gebäude am Platz war das unsere. Es war gewaltig, gewiss doppelt so groß wie das Haus in Aba. Seine Wände strahlten eine betonhafte Kühle aus. Es hatte etwas noch nicht Bezogenes, so als wartete es darauf, erst einmal trocken gewohnt zu werden, bis sich künftige Generationen darin breitmachten. Lag schon in Aba der Akzent nicht auf dem Nachtleben, so gingen wir in Amucha noch früher ins Bett.

Am nächsten Morgen wurde mir beim Frühstück nicht viel Zeit gegönnt. Es herrschte nervöse Eile, ich wurde gescheucht. Ich solle mein weißes Gewand anziehen ... In unserem gewaltigen *living room*, der Repräsentativität durch schiere Größe, ja durch Leere herzustellen versuchte, als verliehe erst das Gefühl der Verlorenheit dem Ernst der Lage den nötigen Nachdruck, stand ein Sessel, auf dem ich Platz nahm. Nun traten etwa zweihundert Bewohner des Dorfes, die zur weiteren Ezebuike-Familie zählten, in einer langen Prozession vor mich und schüttelten mir entzückt die Hand. Weil sie kein Englisch sprachen und ich kein Igbo, überboten wir uns in Gesten der Huld. Lächeln und winken.

Das alles geschah mit mir. Ich erinnere mich nicht, dass meine Familie mir in dieser wie in vergleichbaren Situationen vorher gesagt hätte, was auf mich zukommen würde und worauf ich mich einzustellen hätte, oder gar nach meiner Zustimmung gefragt hätte. Man setzte mich auf einen Platz, klatschte in die Hände, los ging's. Man verließ sich darauf, dass ich schon in der Lage sein würde, zwei Stunden auf einem Sessel zu sitzen. Stimmt ja auch: Es gibt Schwierigeres im Leben.

Aber das war nur das Vorspiel. Das harmlose Vorspiel. Die Haupt- und Staatsaktion folgte am Nachmittag. Das halbe Dorf versammelte sich auf dem *Obi*, Palmwein wurde ausgeschenkt. Alle waren festlich gekleidet und leicht angetüdelt. In der Mitte des Platzes sah ich einige hochgewachsene Herren in würdevollen Gewändern, es waren die Honoratioren des Dorfes, die anderen Chiefs, die aus der Stadt angereist waren, um in Vertretung meines abwesenden Vaters die hoheitlichen Zeremonien durchzuführen. Das Dorf saß um sie herum und lauschte respektvoll. Mit mir, der ich doch das weiße Häuptlingsgewand trug und auch das Szepter verlegen in der Hand hielt, hatte keiner der Herren ein Wort gewechselt: Das war augenscheinlich auch gar nicht nötig, ich war zwar Anlass und Gegenstand ihrer großtönenden Reden, der Mittelpunkt aber waren sie selbst. Solange sie noch am Ruder waren, würden sie den Platz des Zentralgestirns nicht räumen. Sie ließen die Muskeln spielen ... genossen die volle Wucht ihrer Autorität ... schlugen auf die Pauke ... waren gar nicht zu bremsen in ihrem Tonfall auftrumpfender Feierlichkeit; wie Salutschüsse bellten sie ihre Worte heraus. Es waren nur Phrasen, nichts, was sich zu erinnern lohnte. Bis der eine Herr in seiner Rede den Höhepunkt ansteuerte. Obwohl es grammatisch anders klang, sprach er nicht zu mir, sondern über mich, als er in schneidendem Tonfall verfügte: «Vergiss den Namen Mangold, du bist Ijoma Ezebuike!» Befriedigt über die sinnfällige Wucht seines Satzes – hätte man es gedrungener ausdrücken können? –, nickte er zeusgleich mit seinem Haupt.

Sie glauben an die Macht des Blutes, aber nur das afrikanische Blut zählt.

Es war ein Moment der Beleidigung und Ohnmacht. Zu welcher Unverschämtheit ließ sich dieser Angeber hinreißen! Er schlug meiner Mutter ins Gesicht. Er missachtete meine Geschichte. Er missachtete mich, er unterwarf mich seiner Ordnung. Es gab nur eine angemessene Reaktion: aufstehen, sich umdrehen und davonziehen, nur wohin? Um mich herum war

Dschungel, nichts als Dschungel; ich konnte nicht einfach zur Busstation rennen, um zum nächsten Flughafen zu fahren. Ich saß fest, saß in der Falle. Musste gute Miene zum bösen Spiel machen. Nein, das musste ich nicht. Dies war der mir verbliebene, klägliche Rest an Autonomie: Ich konnte grimmige, ablehnende Miene zum bösen Spiel machen. Das war nicht viel, aber alles, was mir blieb, denn das Protokoll hatte keinen Ort vorgesehen, um meine Zustimmung zu diesem Akt der Umtaufung einzuholen, wo ich auf die rhetorische Frage: «Willst du künftig ein Ezebuike sein?», hätte erwidern können: «Nichts für ungut, aber ich bleibe bei Mangold!» Ich konnte nur innerlich vor Wut kochen in meiner Ohnmacht. Es war die Macht des Kollektivs.

Das also war das Dorf? Von der Wut in meinem Gesicht sahen die Herren, die nur mit sich selbst beschäftigt waren, nichts. Wer es sah, war die Frau meines Vaters. Sie wusste, was in mir vorging. Ihr musste ich nichts sagen. Die ganze Zeit hatte sie neben mir gesessen; als der offizielle Teil dann vorbei war und sich alle vom Boden erhoben, sagte sie zu mir mit großem Nachdruck, ja im Ton der Betroffenheit, denn ihr war völlig klar, was hier schiefgelaufen war: «Nimm diese Männer nicht zu ernst. Die sind in der Stadt ganz vernünftige Leute, aber wenn sie zurück ins Dorf kehren, müssen sie sich einfach wichtigmachen. Die meinen das nicht so!» Es besänftigte mich zwar nicht, aber es war doch tröstlich zu sehen, dass sie meine Verletzung verstand.

Als wir wieder zurück in die Stadt fuhren, war ich erleichtert.

Nun muss man wissen, ich singe gern unter der Dusche. Aus irgendeinem Grund klingt die eigene Stimme unter dem Rauschen heißen Wassers weniger krächzig. Das funktionierte in Aba im Haus meines Vaters nicht, denn mit einem Bottich heißen Wassers und einem Schwamm erzeugt man keine Niagara-

Klangkulisse. Ich sang im Bad trotzdem meine Lieblingsarien vor mich hin, es half gegen das Gefühl der Verlorenheit. Ich kam mir dann ein bisschen vor wie Fitzcarraldo, der im Amazonas-Dschungel ein Opernhaus bauen möchte; schon wird der dichte Urwald heimatlich, wenn Carusos Stimme die Papageienschreie übertönt.

Damals nun war ich wie hypnotisiert vom «Rosenkavalier», von der Musik von Richard Strauss ebenso wie von Hugo von Hofmannsthals genialem Libretto. Hinzu kam, dass das Habsburgische in jenen Jahren dabei war, meine Preußen-Begeisterung zu verdrängen. Seit drei Jahren lebte ich im barocken München, da hatte es wenig Sinn, den asketischen Preußen zu geben. Zudem begann ich seit kurzem, auf alles Protestantische gereizt zu reagieren, während mir die katholische Doppelmoral aus Sündenbewusstsein und Beichte rund wie das Leben und dessen eigentlicher Ausdruck zu sein schien. Als Münchner fuhr man ständig nach Österreich, auch wenn man ein bisschen auf die Ösis hinabschaute, denn mitunter sah es dort in den frühen neunziger Jahren ja doch noch wie auf dem Balkan aus (die Zeit, da sich ein Heer von jungen Sachsen bei den reichen Sawasky-Österreichern als Kellner verdingten und ein blutjunger Finanzminister dem deutschen Nachbarn erklärte, wie man für wirtschaftliche Dynamik sorgt, lag noch in der Zukunft), aber andererseits bewunderte man ihren Lebensstil, ihre Küche, ihren zeremoniellen Sinn für höfische Hierarchien («Herr Magister»), ihre scharfzüngige Konversationskunst und ihre ungehemmte Lust am Flirt. Von da war es nur noch ein kleiner Schritt, um von den Hohenzollern zu den Habsburgern überzulaufen – besonders wenn man ein Chamäleon war wie ich, das sich gerne in überlieferte Identitäten und Rollenmuster hineinsteigerte. Dafür war Österreich der ideale Theaterfundus. In Österreich gab es noch viele alte Worte und alte Umgangsformen, und seit ich zu lesen begonnen hatte, stand ich im Bann alter Worte und alter Umgangsformen. Wir waren schließlich Menschen mit Vergangenheit, es hatte einen ganzen Kosmos von Sitten und Gebräuchen und Formen gegeben, die untergegangen waren, aber in Büchern waren sie weiterhin da; da bekam man eine Ahnung von früherer Anmut und erhabener Umständlichkeit; und vor allem das Umständliche zog mich an, die zeremoniell aufwendige Geste, vielleicht weil darin aller pragmatischen Billigkeit eine eiskalte Abfuhr erteilt wurde. An Umständlichkeiten festzuhalten, die einer reibungslosen Abwicklung im Weg standen, hatte, fand ich, etwas Sublimes, das die theatralische Seite des Menschen zur Geltung brachte.

Interessanterweise war ich nun ausgerechnet in Nigeria von sehr viel Zeremoniell und Tradition umgeben, was eigentlich ganz nach meinem Geschmack hätte sein müssen. Nur war mir die soziale Ordnung, die die Regeln des Schauspiels bestimmte, nicht vertraut, und ich verband mit ihr keine erhabenen Erinnerungen, Feinheiten und Extravaganzen. Auch war, wie ich gerade in Amucha hatte erfahren müssen, mein eigenes Leben den Kräften und Mächten des Zeremoniells zu unmittelbar ausgeliefert, als dass ich als ethnologischer Genießer *pomp and circumstances* rein ästhetisch hätte würdigen können.

Und so sehnte ich mich in der Nähe des Äquators nach der Welt des «Rosenkavaliers» und sang, in Aba in der Wanne stehend, die Melodie aus dem Schlussduett: «'s ist ein Traum, kann nicht wirklich sein, dass wir zwei beieinander sein.»

Nichts konnte der nigerianischen Realität ferner sein als dieses Wien der Kaiserin Maria Theresia. Aber das war doch, wo ich hingehörte! Ich spürte ein Sehnen. Und dachte: Wenn mich jetzt einer da draußen hörte und die Arie klopfenden Herzens wiedererkennte, wie müsste der sich fühlen, er würde es kaum glauben können, er würde seinen Ohren nicht trauen! Ich sang etwas lauter. Es müsste ihn doch wie ein Blitz treffen! Gebannt würde er stehen bleiben: Das kann doch nicht wahr sein, mitten im Urwald der «Rosenkavalier»! Er würde sich unserem Haus nähern, sich Eintritt verschaffen, bis er den Sänger (in der Badewanne) vor Augen hätte. Dann würde er einstimmen in das Duett, und wir sängen zusammen Richard Strauss in Nigeria und wären nicht mehr allein und alle erlöst.

VERGEBLICHE LIEBESMÜH'

Als ich im Flughafen von Lagos nach zwei Monaten auf das Abflugsgate zusteuerte und durch die Fenster auf dem Heckflügel meines Flugzeugs den blauen Kranich auf gelbem Grund erkannte, entrang sich meinen Lippen ein Stoßseufzer. Ich hatte es überstanden. Ich schaute den Stewardessen tief in die Augen: meine Landsleute. Zwei Monate sind eine lange Zeit, jetzt ging es zurück in die Heimat. Ich ließ mich in den Sitz sinken, legte den Gurt an und atmete durch.

Zurückgekehrt, fuhr ich dann allerdings erst einmal nach Essen, um meinem Vater, der die Nierentransplantation gut hinter sich gebracht hatte, aber noch einige Zeit unter ärztlicher Betreuung stehen würde, Rapport zu erstatten. Auch Joyce war in der Zwischenzeit nach Deutschland gekommen. So sahen wir uns wieder, versammelt ums Krankenbett. Mein Vater trug einen schwarzen Adidas-Trainingsanzug, ich erzählte von der Reise, und sein Bettnachbar schoss Fotos von uns dreien, ich zwischen Joyce und meinem Vater, die Arme auf den Schultern der anderen. Das Ganze hatte eine Selbstverständlichkeit, die in meinen Augen nicht den Tatsachen entsprach. Ich wusste, dass sich mein Vater mehr von mir versprach, als ich halten konnte; nur weil ich mich diplomatisch gab, ahnte er noch nicht, dass er bei mir auf Granit beißen würde.

Ich nahm mein Münchner Studentenleben wieder auf. Ich hatte viele Fotos aus Nigeria mitgebracht und noch mehr Geschichten, die bei meinen Freunden auf große Neugier stießen: «Du solltest also verheiratet, getauft und umbenannt werden?»

Sie fanden es toll, dass ich meine nigerianische Familie kennengelernt hatte, verstanden aber auch, dass ich nicht, von plötzlicher Vaterlandsliebe entbrannt, ein neuer Mensch geworden war. Ikunna war weiterhin in Heidelberg, und meine Mutter begann, Briefe mit Nneka zu wechseln, in denen diese klagte, dass ihr Bruder auf ihren letzten Brief noch immer nicht geantwortet habe. Das passierte ihr mit meiner Mutter nicht. Zu Weihnachten traf ein größeres Briefkonvolut in Heidelberg ein mit Grußadressen an mich und Mama von allen Mitgliedern der Ezebuike-Family.

Tatsächlich feierten wir Weihnachten zu dritt: Mama, Ikunna und ich. Der Aufforderung meiner Mutter, doch einmal davon zu erzählen, wie das Weihnachtsfest in Amucha sich gestalte, wurde Ikunna nur in der knappsten Form gerecht. Ich war sicher, meiner Mutter lag der Satz auf den Lippen: «Kind, du musst doch *kommunizieren!*»

Auch sonst sah ich Ikunna regelmäßig, wenn ich in Heidelberg war. Einmal machten wir eine Radtour zusammen mit einer Freundin von ihr, die ebenfalls Medizin studierte, eine jener Deutschen, um die ich immer einen Bogen gemacht hatte: brave Leute, die auf inbrünstige Weise für Afrika schwärmten. (Manchmal war ich bestimmt ungerecht, und es mochte sich in dem ein oder anderen Fall auch einfach um große Afrika-Kenner handeln – im Gegensatz zu mir.) Diese Freundin nun war seit kurzem mit einem Nigerianer zusammen und sichtlich sehr verliebt; allerdings könne sie nicht mit Sicherheit sagen, erzählte sie, ob es bei ihrem Freund ebenfalls Liebe sei. Zwar habe er erklärt, er wolle sie heiraten, aber wer könne schon sagen, ob er es nicht doch vor allem auf den deutschen Pass abgesehen habe? Wie Ikunna die Lage einschätze?

Ikunna wollte ihre Hand nicht für ihren Landsmann ins Feuer legen. Mit gebotener Skepsis riet sie, nichts zu überstürzen und auf keinen Fall blind vor Liebe zu sein. Die Freundin nickte tapfer. Ach, sie sei ganz zerrissen, der Kerl sei so wunderbar, andererseits habe sie zu oft schon von Afrikanern gehört, die sich aus dem Staub machten und ihre deutschen Frauen sitzenließen, und sie wolle nicht, dass ihr dasselbe Schicksal blühe.

Im Jahr nach meiner Nigeria-Reise waren die Wünsche meiner Geschwister nach einem Wiedersehen besonders dringlich. Sie waren sich sicher, dass jetzt für uns alle eine neue Epoche angebrochen sei, und schrieben mir, sie könnten es kaum erwarten, mich wieder bei sich zu haben. Auch die Heiratspläne Hippolites wurden immer expliziter von meinen Reiseplanungen abhängig gemacht. Aber im Sommer 1994 wollte ich endlich ins Gelobte Land aufbrechen, nach Italien. Ein Auslandsjahr in Bologna: Italienisch lernen, Semiotik bei Umberto Eco hören, meine Kochkünste verbessern. Ich schrieb zurück und erklärte meine Situation. Dabei konnte ich den Drang nicht unterdrücken, meine Liebe zu Italien als eine existenzielle Leidenschaft darzustellen, als wollte ich, um endlich der eigenen Überzeugung Gerechtigkeit widerfahren zu lassen, andeuten, dass wahre Liebe zu Ländern wahlverwandtschaftliche Entscheidungen, nicht genetische Erbschaften seien: Es sollte jedenfalls verstanden werden, dass ich bei aller Verbundenheit nicht bereit war, Italien für Nigeria aufzugeben. Einen solchen Eingriff in mein Leben wollte ich nicht dulden.

Wie auch immer: Ich flog nicht – und ich flog auch im Jahr darauf und auch im auf dieses Jahr folgenden Jahr nicht, und so wurden die Formulierungen, mit denen meine Geschwister in ihren Briefen meiner Rückkehr entgegenfieberten, zusehends formelhafter: «Nächstes Jahr in Jerusalem!»

1999, sechs Jahre nach meinem Nigeria-Besuch, erreichte mich die Nachricht, dass Nneka an den Folgen der Sichelzellenkrankheit gestorben war. Sie war noch nicht einmal zwanzig

Jahre alt gewesen. Ihr Tod traf mich. Wir waren uns ähnlich gewesen, nicht nur äußerlich, auch in der Wesensart. Trotzdem blieb der Schmerz abstrakt; fast nahm er kaum mehr als die Form eines schlechten Gewissens an: Warum, warf ich mir vor, bist du nicht noch einmal nach Aba gereist, um deine Lieblingsschwester zu sehen? Warum hast du die Reise wieder und wieder aufgeschoben?

Immerhin, meinen Vater sah ich noch drei- oder viermal. Er musste wegen seiner Nierentransplantation immer mal wieder zu Nachuntersuchungen nach Essen. Danach besuchte er mich dann.

Wie sollte es weitergehen? Ich fand, die Dinge waren nun einmal, wie sie waren, die neue Situation war anzuerkennen, aber ansonsten sollte, bitte, alles seinen Trott gehen. Ich hatte kein Bedürfnis, wieder nach Nigeria zu reisen, ich wollte mich aber auch nicht als störrisch erweisen. Ich wollte keine Gefühle verletzen. Ich mochte es nicht, dass so an mir herumgezerrt wurde, und dachte ungefähr: Schön, alle fünf Jahre zwei bis drei Wochen Nigeria, das wäre okay ... Aber dann verflog die Zeit, und immer war was los, und immer gab es eine andere Ausrede. Gleich nach meinem Italien-Aufenthalt musste ich dringend für längere Zeit in die USA, zu Edward, danach hatte ich mich auf meine Magisterarbeit zu konzentrieren. 1998 zog ich nach Berlin und fing an, für die «Berliner Zeitung» zu schreiben, da hatte ich nun wirklich weder die Zeit noch den Kopf frei für eine Nigeria-Reise. Und 2001 ging es zurück nach München, weil ich inzwischen Literaturredakteur im Feuilleton der «Süddeutschen Zeitung» war. Die Zeit raste, alles war aufregend, und das, was man für jede Reise braucht, den Sog der Sehnsucht, den hatte ich nicht: Es zog mich nichts nach Nigeria. Mein Herz war träge. Ich hatte vielleicht ein vages ungutes Gefühl, aber noch mehr hatte ich Sorge, dass, wenn ich wieder nach Nigeria führe, der Druck, mich ins nigerianische Familiensystem einzuspannen, noch weiter wachsen würde.

So blieb es bei den Begegnungen mit meinem Vater in Deutschland. Einmal trafen wir uns sogar mit meiner Mutter in Dossenheim und spazierten durch die Weinberge. Ich sehe meinen Vater auf den Pfaden dahinschreiten, auf denen ich als Kind gepirscht war. Nichts war so sehr mein Terrain wie diese Weinberge, als Kind hatte ich sogar eine Art Schatzkarte der Hügellandschaft gezeichnet mit geheimen Verstecken, nützlichen Zaundurchbrüchen, halboffiziellen Abkürzungen und Ähnlichem – und plötzlich betrat mein Vater die Kindheitslandschaft, es wirkte auf mich, als hätte man ihn unversehens in das Bild hineincollagiert. Da stand er, während uns der Duft der noch nicht ganz ausgereiften Trauben in die Nase stieg, auf dem steilen Weg, den ich früher im Winter mit dem Schlitten runtergefahren war, bis meine Zehen zu Eiszapfen erstarrt waren.

Für mich war es der seltsamste und verkehrteste Moment meines Lebens, meinen Vater und meine Mutter zur selben Zeit am selben Ort zu sehen – was sollte das nur? Aber es war klar, dass kein Weg daran vorbeiführte. Sowenig ich mich einst davor drücken konnte, Yvonne zur Post zu begleiten, so wenig konnte ich gegen dieses Wiedersehen ausrichten. Wie genau es dazu kam, kann ich nicht mehr sagen; mein Vater brauchte für sein Deutschland-Visum immer eine Einladung (was einer Haftungsübernahme gleichkam), und die ließ er sich anfänglich von meiner Mutter geben, bis ich selber über eine ausreichend belastbare Steuererklärung verfügte. Ich nehme an, dass die beiden in diesem Zusammenhang beschlossen hatten, ein Treffen von Vater, Mutter, Kind in die Wege zu leiten.

Vater, Mutter, Kind. Wenn man das vorher nie gehabt hat, sondern die Heilige Familie nur von Raffael-Gemälden kennt, kommt man sich bei solchen Zusammenkünften so unbeholfen vor wie ein Mensch, der sein Leben lang in Jogginghosen seine Dinge geregelt hat und nun plötzlich in einen Smoking gepresst wird. Oder wie ich im Chief-Kostüm auf dem Parkplatz des Essener Krankenhauses. Doch da konnte ich mich selbstironisch auf den karnevalistischen Aspekt konzentrieren, hier hingegen war für Ironie kein Raum. Meine Mutter schien aufgeregt, aber nicht ergriffen. Sie merkte wohl, dass die Vergangenheit längst zu fern war, um noch ein Bedürfnis nach kommunikativer Nachbearbeitung entstehen zu lassen, so zumindest kam sie mir vor. Zu meiner Verwunderung hatte sie einige enge Freunde eingeladen (*meet and greet!*), die, so deutete ich mir das, als entdramatisierende Pufferzone unserer Wiedervereinigung wirken sollten, als wäre ihr eigentliches Bedürfnis nicht, meinen Vater wiederzusehen, sondern in dem sozialen Kosmos, in dem sie und ich gelebt hatten, eine Art Phantomlücke zu schließen, den abwesenden Vater wie zum Beweis seiner Echtheit nur ein einziges Mal vorzuführen, so wie man beim Kartenspiel die verdeckte Karte am Ende einer waghalsigen Partie kurz umdreht, um zu zeigen, dass man nicht gebluff hat, sondern tatsächlich über den König verfügt. Vielleicht wollte sie auch vorführen, was für ein eindrucksvoller Mann mein Vater war, ein Mann, für den man schon einmal ungewöhnliche Lebensentscheidungen auf sich nehmen konnte.

Die anderen Male allerdings besuchte mein Vater mich in München. War es Sommer, saßen wir im Biergarten. Wir sprachen über nichts Wichtiges. Ich erzählte von meiner Arbeit für die «Süddeutsche», er entgegnete mit gravitätischer Selbstzufriedenheit, dass er früher die «FAZ» gelesen habe. Ich dachte: Vielleicht nicht die einfühlsamste Antwort, aber, mein Gott, es kann einem Schlimmeres passieren, als einen «FAZ»-Leser zum Vater zu haben! Wir ließen uns das Bier schmecken, und ich beobachtete, mit welch souveräner Anmut mein Vater eine Schweinshaxn mit den Händen zu verspeisen vermochte. Es erinnerte mich daran, dass Mama mir als Kind immer vorgeschwärmt hatte, wie elegant es ausgeschaut habe, wenn mein Vater mit den Fingern den nigerianischen Hirsebrei zu einer Art Löffel geformt habe, um damit das Gemüseragout aufzufischen.

Ich kann nicht mit Sicherheit sagen, ob diese Begegnungen, ausgesprochen nett und gut gelaunt, wie sie jedes Mal waren, nicht in Wahrheit Pokerpartien glichen, bei denen sich jeder hinter einer Maske von Entspanntheit seine eigenen Gedanken machte, seine eigenen Strategien verfolgte. Aber an einem gibt es keinen Zweifel, auch wenn es mir erst nach und nach klarwurde: Mein Vater hatte einen geheimen Plan. Er ließ sich nicht in die Karten schauen, er spielte immer nur eine Karte pro Runde aus, und wenn er damit nicht stechen konnte, wurde beim nächsten Deutschland-Besuch die nächste Karte gezogen.

Dabei war die Sache sehr einfach. Erinnern wir uns in diesem Zusammenhang noch einmal, dass die prägende nigerianische Nationalgattung das Epos, nicht der empfindsame Roman ist. Mein Vater hatte zwei Söhne an die Sichelzellenanämie verloren; jetzt hatte er nur noch Töchter, eine dynastisch unhaltbare Situation. Aber nur auf den ersten Blick. Einen Kerl wie meinen Vater erwischt man nie auf dem falschen Fuß, immer hat er noch eine Karte in der Hinterhand. Er hatte von langer Hand vorgesorgt und konnte, als es zur entscheidenden Runde kam, einen geschäftsfähigen Sohn präsentieren. Er hatte ihn schließlich, für die Erziehung seines Sohnes war ihm kein Aufwand zu groß, wie in einem Internat bei Ulla Mangold untergebracht, einer erstklassigen Adresse gerade für die frühkindliche Entwicklungsphase, schließlich war sie *Kinder- und Jugendlichenpsychotherapeutin*. Und so schrieb er mir, als ich aus dem Gröbsten raus war: «Blut ist dicker als Wasser.»

Die Nigeria-Reise war zu seiner Zufriedenheit verlaufen. Und als wir uns das nächste Mal in Deutschland wiedersahen, forderte er mich auf, mein Studium in Nigeria fortzusetzen, die Universität von Enugu habe eine sehr gute germanistische Abteilung. Mit Bedauern lehnte ich ab und erklärte, dass mir mein Studium viel bedeute, dass ich eine Hiwi-Stelle hätte und entschlossen sei, in München meinen Abschluss zu machen.

Nach diesem Muster verlief jede unserer Begegnungen. Wir plauderten in aufgeräumtester Weise über Belanglosigkeiten. Dann raffte sich mein Vater auf, präsentierte einen Vorschlag, der meinen Lebensmittelpunkt nach Nigeria verlagern würde, und ich vertröstete ihn, indem ich versprach, möglichst bald wieder nach Nigeria zu reisen. Aber nicht einmal das habe ich in all den Jahren getan. Ich vermute, aus einem gewissen trotzigen Stolz heraus. In den Ferien nach Nigeria zu reisen hätte ja bedeutet, auf einen anderen Urlaub zu verzichten, und in meiner inneren moralischen Buchhaltung, in der mit Ingrimm über Soll und Haben gewacht wird, stand der andere Urlaub für mein eigentliches Leben. Warum sollte ich etwas von meinem eigentlichen Leben preisgeben für dieses nigerianische Leben, das so spät bei mir an die Tür geklopft hatte, dass ich leider schon verplant war? Wer zuerst kommt, mahlt zuerst – so sah es meine innere Buchhaltung, die nie unkorrekt, allenfalls pedantisch, in kleinlichen Stunden sogar rechthaberisch ist.

Einmal berichtete mein Vater, er habe bereits mit den nigerianischen Behörden gesprochen, und von dieser Seite stehe einer doppelten Staatsbürgerschaft nichts im Wege, die Botschaft würde mir jederzeit einen nigerianischen Pass ausstellen. Ich druckste so lange herum, bis er das Thema fallenließ. Ich hätte ihm schon gerne die Freude gemacht, aber ich wollte mich nicht verbiegen, indem ich mich einem nicht unbedeutenden Symbolakt unterzog, ohne mit dem Herzen dabei zu sein. Man heiratet ja auch nicht eine Frau, die man nicht liebt, nur weil sie es sich so sehr wünscht.

Ein andermal erhielt ich einen Brief von ihm, in dem er mir mitteilte, er hätte jetzt Anteile an seinem Krankenhaus auf mich übertragen; als Mitgesellschafter sei ich eingeladen, mich dort in alle Entscheidungsprozesse einzuschalten. Ich las seinen Brief und schüttelte den Kopf. Ich war Literaturwissenschaftler in Deutschland, nicht Krankenhausbetriebsabläufeoptimierer mit Zweigstelle in Aba.

Bei unserer letzten Begegnung, es muss 2004 gewesen sein, setzte mein Vater dann alles auf eine Karte. Wenn er mit diesem Manöver nicht durchkommen sollte, würde er die ganze Offensive abblasen. Das wurde mir aber erst später klar. Wir saßen im Paulaner Bräuhaus am Kapuzinerplatz in München, wo das frischgebraute Helle so besonders limonadig, ja resch schmeckt – man muss wissen: Ich habe die anstrengende Angewohnheit, stundenlang über Essen und Trinken reden zu können. Und weil wir ja nie über besonders drängende oder persönliche Dinge sprachen, war ich gerade dabei, meinem Vater zu erklären, was ich an diesem Paulaner so ausgesprochen schmackhaft fände, als er seinen Teller mit der Schweinshaxn zur Seite schob, noch mal (das machte er gerne) seinen Blick feldherrenhaft in die Ferne schickte, bevor er, mit einem philosophischen Lächeln, mich fixierte und sagte: «Ich möchte dir mein Krankenhaus überschreiben. Du bist mein Erbe.»

Ich wusste sofort, dass es jetzt anstrengend werden würde. Und ich wusste, dass ich ablehnen würde. Nachdem ich mich kurz gesammelt hatte, wurde mir zu meiner Erleichterung klar, dass ich meine Ablehnung auch gut begründen konnte.

«Du weißt doch, dass ich in Deutschland bleiben möchte. Ich werde nicht nach Nigeria ziehen.»

«Du musst nicht nach Nigeria ziehen. Es reicht, wenn du einmal im Jahr vorbeischaust und nach dem Rechten siehst. Dir gehört dann das Krankenhaus, aber du musst nichts tun. Wichtige Entscheidungen kannst du auch von Deutschland aus fällen.»

«Aber das wäre doch Unsinn. Ich bin Literaturwissenschaftler (auch wenn du das immer irgendwie zu überhören scheinst, wie ein absolut überflüssiges Störgeräusch, das auch wieder aufhören wird zu schnarren, wenn der Motor erst einmal richtig in die Gänge gekommen ist). Ich habe keine Ahnung von Krankenhäusern. Da muss ein Fachmann her.»

«Nein, das ist nicht nötig.»

«Ich verstehe das nicht. Überschreib das Krankenhaus doch Ikunna, das wäre viel naheliegender. Ikunna hat Medizin studiert, und sie ist deine älteste Tochter. Passt perfekt!»

Mein Vater schüttelte den Kopf, als würde ich nicht begreifen.

«Oder Hippolite. Überschreib es Hippolite! Der hat immer zur Familie gehört, er kennt das Krankenhaus in- und auswendig, er arbeitet seit Jahren für dich, verehrt dich und ist mit Leib und Seele Ingenieur. Einen Ingenieur *braucht* man in einem Krankenhaus. Heute mehr denn je. Hippolite und du, ihr seid das perfekte Team!»

Mein Vater hatte seinen Blick wieder in die Ferne gerichtet. Sein Lächeln war einer resignativen Melancholie gewichen, er hörte mir zu wie einem Kind, das man reden lässt, wissend, dass es einfach noch zu klein ist, um die wahren Zusammenhänge zu begreifen.

Im Rückblick denke ich manchmal: Gäbe es in Nigeria eine ausgeprägtere Gesprächskultur, hätte mein Vater mich damals in ein echtes Gespräch verwickelt, hätte er mir sein Bild von der Zukunft, seinen Wünschen und Vorstellungen ausgemalt, hätte er sich mein Bild von der Zukunft, meine Wünsche und Vorstellungen angehört, hätte er einer so großen Sache einfach ein bisschen mehr Raum gegeben, hätte er mich hineingezogen in seine

Ideen, hätte er versucht, mir die Sache schmackhaft zu machen, hätte er mich mit meinem Einkommen gelockt, hätte er irgendwie einfühlsam mein deutsches Leben anerkannt, um dann auszuführen, dass dieses aber doch mit einem nigerianischen Leben zu vereinbaren sei, hätte er mir die Reize eines doppelten Lebens in Zeiten der Globalisierung skizziert und überhaupt etwas mehr gesagt, vielleicht wäre ich weich geworden, vielleicht hätte ich am Ende einer langen Sitzung zugestimmt. Aber eine solche Sprache stand meinem Vater nicht zur Verfügung. Er konnte nur sagen: «Ich möchte dir mein Krankenhaus überschreiben.» Er konnte daraus keine Geschichte machen. Es sollte sich einfach alles von selbst verstehen, so wie er es sich in den Kopf gesetzt hatte. Es sollte nicht um etwas gerungen werden. Dass die Wirklichkeit beim Reden entsteht, gehörte nicht zu seinem Weltbild, und als ich auf seinen Vorschlag nicht einging, schmiss er sich nicht etwa ins Zeug, nahm keinen zweiten Anlauf, sondern fand sich damit ab. Und so blieb es bei meiner Ablehnung.

Mir wurde ein zweites Leben angeboten, und ich habe es ausgeschlagen. Vom Häuptlingsszepter bis zum Krankenhaus, ich habe mir die Lebensofferte meines Vaters nicht zu eigen gemacht. Im Rückblick bedauere ich das manchmal. Dann denke ich mir: Wäre doch eigentlich gar nicht so schlecht gewesen … Wer ist denn heute noch mit lediglich einem Leben zufrieden? Alle wollen doch mindestens zwei, drei Leben! Migration ist schließlich längst nicht mehr nur ein Armutsphänomen, sondern auch ein Lifestyle-Programm, etwas, was die Lebensqualität bereichert. Wer das Pech hat, aus einer ethnisch-kulturell homogenen Familie zu stammen, heiratet wenigstens in andere Welten hinein. Siebenjährige Enkel werden von ihren Müttern in Berlin-Tegel in den Flieger gesteckt, um die Osterferien bei ihrer Großmutter in Toledo zu verbringen, und wer nicht über ein gemischtkulturelles Elternhaus verfügt, beißt sich in die

Faust, weil ihm ein beliebtes Thema für gern gelesene Bücher durch die Lappen geht.

Ich habe dieses zweite Leben ausgeschlagen. Ich glaube, weil es mir zu viel war, weil es mich überforderte. Woher die Kraft nehmen, zwei Leben zu führen? Wenn ich das eine gut machen wollte, blieb keine Energie für ein zweites mehr. Theoretisch bin ich zwar für die doppelte Staatsbürgerschaft, aber praktisch war ich damals nicht in der Lage, zwei Herren zu dienen oder auch nur auf zwei Hochzeiten zu tanzen (mit dem Vorwurf, nicht einmal auf Hippolites Hochzeit getanzt zu haben, muss ich leider leben). Sicherlich, ich habe die Chance zu einer starken Erfahrung ausgeschlagen, aber besser habe ich es unter den gegebenen Umständen einfach nicht hinbekommen. Zumal Nigeria mir als ein Land entgegentrat, wo mich schon der Zöllner am Flughafen nicht durchlassen wollte, weil ich nicht bereit war, ihm ein Schmiergeld zu zahlen, wo mein Leben immer in Gefahr war, weil auf den Straßen das reine Raubrittertum herrschte, wo keine Brücken durch Gespräche und Erzählungen gebaut wurden und alle Verwandten, die in etwa meiner Generation angehörten, bei jeder unpassenden Gelegenheit daran erinnerten, dass Jesus unser persönlicher Retter sei.

Die nächste Nachricht, die mich aus Nigeria erreichte, gab bekannt, dass mein Vater und seine Frau einen Sohn im Kindesalter adoptiert hatten. Elf Jahre nachdem er mir einen Brief geschrieben hatte, um mich in Nigeria heimisch zu machen, hatte mein Vater sich einen neuen Erben gesucht. Er hatte der Sache Zeit gegeben, er war geduldig gewesen, jetzt galt es, sich keiner trügerischen Hoffnung mehr hinzugeben und die Realität anzuerkennen, dass mit mir kein Staat zu machen war, dass ich in seinen Plänen die für mich vorgesehene Rolle nicht spielen würde. Er hatte sich auf die Macht des Blutes verlassen, die sich auch mal zurückziehen und abwarten kann, weil sie weiß, dass sie am Ende am längeren Hebel sitzt, dass ihr Zugriff elementarer ist als alle oberflächlichen kulturellen Einflüsse. So ist es wohl: Die Macht des Blutes verlässt sich auf die natürlichen Instinkte, so wie Heinrich der Vierte sich darauf verlässt, dass sein Sohn sich in der Stunde der Not der Verantwortung gegen seine Familie bewusst wird, das Lotterleben an der Seite Falstaffs hinter sich lässt und gewissermaßen als Spätberufener in das *family business* einsteigt (und dass er, wenn er das nächste Mal den ihn mit anhänglichen Augen anschauenden Falstaff trifft, sagt: «Ich kenne diesen Menschen nicht!»).

Und auch ich würde sagen: Blut ist mächtig. Aber doch nicht mächtig genug, um auch den Abgrund von zwei Jahrzehnten der Abwesenheit ohne weiteres überspringen zu lassen; mein Vater jedenfalls musste die Erbfolge in fast schon modern-aufkläreri-scher Weise durch Adoption lösen. Diese Lösung jedoch blieb mir rätselhaft: Wie konnte Adoption eine Lösung sein, fragte ich mich, wenn die Tradition so archaisch war, dass Töchter dynastisch in Wegfall kamen und nur das männliche Blut die Linie verlängert? Wie konnte ein Sohn, der gar nicht blutsverwandt war, unter diesen Umständen als vollgültiger Erbe installiert werden? Von diesem Tag an bekam ich zwar noch gelegentliche Weihnachtsanrufe und Geburtstagsgrüße von meinem Vater (er mochte mich ja wirklich), aber Pläne hatte er nun nicht mehr mit mir. Eine Kraft, die elf Jahre an mir gezerrt hatte, war plötzlich erschlafft, ohne böses Blut zu produzieren. Vielleicht war meinem Vater auch bewusst, dass seine Familienpolitik und meine Erziehung sich einfach nicht ergänzten. Ich weiß es nicht. Von meinem neuen Bruder bekomme ich, seit er alt genug zum Schreiben ist, sehr respektvolle Weihnachtsgrüße.

Meine Schwester Ikunna hat sich nach ihrem Medizin-studium in Deutschland dauerhaft in England niedergelassen.

Auch Hippolite hat seinen Lebensmittelpunkt und seine Familie (irgendwann hatte er das Warten aufgegeben und ohne mich als Trauzeugen geheiratet) nach London verlegt, wo er am Imperial College unterrichtet und günstige medizinische Apparate für Nigeria entwickelt. Beide sehe ich, wenn ich nach London reise. Wir freuen uns dann jedes Mal; über das jedoch, was ich hier aufgeschrieben habe, haben wir nie geredet. Vielleicht, weil es zu offensichtlich ist, als dass man viele Worte drum machen könnte. Auch hier: Ich weiß es nicht.

In Dossenheim hing in unserem Flur neben dem Kalender mit den Schulferien immer der Spielplan des Stadttheaters Heidelberg. Ich weiß, ich war lange fasziniert von einem Stück, das im Studio-Theater über einen sehr langen Zeitraum gespielt worden sein muss, denn immer wieder sehe ich mich rätselnd vor dem Spielplan stehen und die mir dunkle, geheimnisvolle, gar keinen Sinn ergebende Kombination der Worte anstarren: «Wenn du geredet hättest, Desdemona». Meine Mutter war immer fürs Reden, auch ich rede viel. Aber gar so leicht scheint es mit dem Reden doch nicht zu sein, selbst wenn es Desdemona vor dem Würgegriff ihres Gatten vermutlich bewahrt hätte.

Im Oktober 2010 starb meine Mutter, und dieser Tod war die größte Zäsur, die es in meinem Leben geben konnte. Als mein Vater ein Jahr später und auf einem anderen Kontinent das Zeitliche segnete, erwies ich mich unfähig für einen weiteren Trauerschmerz. Ich bin nicht zu seiner Beerdigung gefahren.

In dem offiziösen Memorialmagazin für meinen Vater, mit dem sein Leben geehrt wurde, ist allerdings auch ein Foto von mir zu sehen. Darauf trage ich das Chief-Kostüm. Als ich es sah, dachte ich: Vielleicht habe ich eine hübsche Geschichte verpasst, aber doch auch eine ziemlich oberflächliche. Ich war es, der mehr nicht zugelassen hat.

OBAMA

Ich bin also nie wieder nach Nigeria gereist. Ich wurde auch nicht Krankenhausbesitzer, und die Rolle des Chief-Prinzen habe ich ausgeschlagen. Trotzdem war mein Leben, seit ich meinen Vater kennengelernt und nach Aba gereist war, ein anderes geworden. Wenn man mich jetzt nach Vater und Mutter fragte, konnte ich eine Geschichte erzählen; eine Leerstelle war weg, eine Verlegenheit hatte sich aufgelöst. Natürlich ist es nicht angenehm, wenn dein Gegenüber ungläubig nachhakt: «Und er hat sich nie wieder bei dir gemeldet?», und man nur ratlos nicken kann.

Noch etwas anderes hatte sich geändert: das Land um mich herum. Erst im Rückblick erkannte ich den Atmosphärewechsel und die Zäsuren; der Wandel der Zeiten ist ein schleichender Vorgang.

Den größten Teil meines Lebens hatte ich mein Anderssein als persönliches Schicksal betrachtet, mit dessen Herausforderungen und Fallstricken ich allein zurechtkommen musste. Es waren doch sehr individuelle Konstellationen gewesen, denen sich mein Dasein verdankte, daraus ließ sich nichts verallgemeinern oder gar als gesellschaftliche Gesamtaufgabe begreifen. Ich wollte mein Schicksal nicht sozialisieren. Als in der Oberstufe Kofi mit seinem Solidaritätsangebot unter Afrodeutschen auf mich zutrat, hatte ich empört reagiert – als sollte ich für etwas Allgemeines verhaftet werden. Ich wollte nichts mit anderen gemein haben, ich bestand auf der Unverwechselbarkeit meines Falls.

Außerdem empfand ich die Schwierigkeiten, die mit meiner Ausgangslage einhergingen, nicht als bedrohlich oder entmutigend, eher als pittoresk. Natürlich gab es Leute mit unschönen Vorurteilen, und mancher mochte insgeheim Hässliches denken, aber ins Gesicht hatte mir eigentlich nie jemand etwas Beleidigendes gesagt; auf dieses Maß an Zivilisiertheit konnte ich vertrauen. Im Großen und Ganzen sah ich also keinen Grund zur Klage. Jeder in dieser Welt hatte sein Bündel zu schleppen, meines schien leicht. Gewiss, seit der Wiedervereinigung fühlte ich mich in den neuen Bundesländern nicht ganz so entspannt wie in den alten, aber darüber Klage zu führen, dass die Menschen nicht dem Idealbild der Aufklärung entsprachen, schien mir das Wesen der Welt zu verkennen, und der deutschen Gesellschaft für potenziell erlittene Nachteile Vorwürfe zu machen entsprach nicht meinem, so könnte man sagen, Ehrbegriff: Auf keinen Fall wollte ich von irgendjemandem als Opfer betrachtet werden, das die Unterstützung der Wohlmeinenden verdiente. Ich wollte ein Staatsbürger wie jeder andere sein. Manchmal dachte ich an den griechischen Augenarzt und seinen Satz, man müsse als Ausländer immer doppelt so gut sein; hatte er recht? Ich bezweifelte es weiterhin, zu eitel schien mir diese Selbstbeschreibung, aber sollte er doch recht haben, so wollte ich es als Auszeichnung ansehen, in einer besonders fordernden Leistungsklasse anzutreten. Bei aller Faszination für die Erben großer Namen, Titel und Vermögen, hatten sie es nicht zu leicht, um sich wirklich hervortun zu können?

Wenn man mich damals, in den neunziger Jahren als Studenten, in den nuller Jahren als Journalisten, fragte, ob mir durch meine Herkunft oder mein Aussehen Nachteile erwachsen seien, antwortete ich: «Eher im Gegenteil. Es hat mir Türen geöffnet, weil man auffällt; allenthalben kommen die Leute neugierig auf dich zu.» Mit leichter Koketterie fügte ich hinzu, nur bestimmte höchste Ämter seien mir verschlossen, natürlich werde es nie einen Bundespräsidenten geben, der nicht deutsch aussieht.

So sah ich es in den neunziger Jahren, der Satz ist, ich weiß, heute veraltet. Aber mit dieser, wie mir schien, realistischen Einschätzung ging keine Bitterkeit einher. Das Schicksal teilt jedem andere Karten aus, und man sollte ohne Ressentiment schauen, welches Spiel sich damit spielen lässt.

Natürlich wusste ich, dass manche meiner Freunde und Bekannten, wenn ich in dieser Weise positiv über Deutschland sprach, im Stillen dachten: «Lassen wir ihn reden, wir wollen uns ja nicht streiten, aber er verdrängt da doch etwas, so rosarot kann die Welt nicht sein! Er will es nur nicht wahrhaben, weil er so stolz auf seinen weltbejahenden Charakter ist.» Ja, vielleicht wollte ich mir tatsächlich meine angeborene gute Laune nicht verderben lassen, weshalb ich den einen oder anderen scheelen Blick, der mir galt, lieber als verwirrt denn als rassistisch einstufte.

Und ich hatte ja auch Vorkehrungen getroffen. Zum Beispiel war mir ein spezielles Verhaltensprogramm in Fleisch und Blut übergegangen, das mir erst viel später bewusst wurde: Wenn ich auf Menschen stieß, denen ich unbekannt war, weil ich zum Beispiel auf der Straße nach dem Weg fragen musste, dann wusste ich instinktiv, dass ich das Richtige tun würde, wenn ich in dem Moment, in dem ich in den Gesichtskreis des anderen trat, sogleich zu reden anfing, damit der vertraute Klang meiner Worte den untergründigen Schrecken, der von meiner Erscheinung ausgeht, besänftigen konnte. Und da die Wirkung meiner Worte immer ziemlich schnell einsetzte, habe ich den Leuten die erste Schrecksekunde nie verübelt. Ich kenne diese Schrecksekunde von mir selber in Bezug auf andere gut genug.

Auf einer meiner ersten Italien-Reisen, es muss im Sommer

1989 gewesen sein, war ich in Umbrien, in dem mittelalterlichen Städtchen Città della Pieve. Ich hatte mir ein Eis gekauft. Als ich die Eisdiele verließ, stürzte ein Carabiniere auf mich zu, ein Maschinengewehr über der Schulter. Er befahl mir, ihn auf die Polizeistation zu begleiten. Stumm schritten wir nebeneinanderher. Ich versuchte zu lächeln, damit wir für die Schaulustigen kein allzu klägliches Bild abgäben, und sagte, es müsse sich um ein Missverständnis handeln, doch der Carabiniere war nicht bereit, mir den Grund für die Verhaftung mitzuteilen. Auf der Wache übergab er mich seinem Vorgesetzten. Der hielt einen Fahndungsbogen in der Hand. Ich machte einen Schritt auf ihn zu, sodass ich auf seiner Seite zu stehen kam, um so selber einen Blick auf das Amtspapier werfen zu können. Rechts oben: das Foto eines maghrebinisch ausschauenden jungen Mannes. Von Ähnlichkeit konnte keine Rede sein. Der Carabiniere entließ mich mit finsterer Miene, nachdem er meine Personalien aufgenommen hatte, ganz so, als wäre ich an der Verwechslung nicht völlig unschuldig.

Das war nicht schön, keine Frage, in einer idealen Welt würde man nicht auf die Wache gebeten werden, nur weil man afrikanisch aussah. In einer idealen Welt gäbe es aber auch keine Verbrecher und entsprechend auch keine Carabinieri, die ja irgendein Raster brauchten für die erste Orientierung. Solche Erlebnisse waren aber die Ausnahme (nur nach dem 11. September wurde ich vielleicht einmal zu oft im Zug von Polizisten nach meinen Papieren gefragt, um nicht langsam den Humor zu verlieren), und ich war nicht bereit, daraus abzuleiten, dass die Welt insgesamt ein verworfener Ort sei.

Ich hatte Deutschland nie als ein rassistisches Land empfunden, auch nicht als ein Land, das mich zurückstieß. Ich hatte mithin keinen Grund, eine Gegenidentität auszubilden. Ich war ein etwas exzentrischer Deutscher, ethnisch schillernd, kulturell aber umso mehr in der Wolle gefärbt. Als ich mit fünfzehn das erste Mal «Die Meistersinger von Nürnberg» sah, konnte ich über Hans Sachsens Verse auf der Festwiese nur zustimmend schmunzeln:

> Was deutsch und echt,
> wüsst keiner mehr,
> Lebt's nicht in deutscher Meister Ehr!

In jenen Jahren war das westdeutsche Bürgertum gerade dabei, in der Toskana den Hedonismus und die kulinarische Verfeinerung zu entdecken, und konnte es kaum erwarten, den zu Hause gebliebenen Landsleuten ihr Barbarentum unter die Nase zu reiben (dass wir aus römischer Sicht allesamt Barbaren waren, zählte allerdings auch zu den zentralen Glaubensgewissheiten des humanistischen Gymnasiums, wobei gründliche Latein- und Griechischkenntnisse zu einer Art innerweltlichen Erlösung führen konnten); in dieser Situation nahm ich nun gewissermaßen eine Marktlücke wahr, die für mich buchstäblich wie geschaffen war: Wenn die Deutschen sich so schwertaten mit ihrer Geschichte und ihrem Deutschsein und sich vor allem als gute Europäer sehen wollten, wer, wenn nicht ich, konnte ihnen dann erzählen, «was deutsch und echt», ohne dass irgendjemand befürchten musste, von einem unverbesserlichen Rassisten eine Geschichtsstunde verpasst zu bekommen? «Wo ich bin, ist Deutschland», hatte Thomas Mann im kalifornischen Exil gesagt, und dieser Satz gefiel mir als Schüler, blasiert wie ich war, ganz ausgezeichnet: Mit ihm ließ sich spielen.

Kein Wunder, dass die Leute schon bald zu mir sagten: «Du bist ja deutscher als jeder Deutsche.» Die so sprachen, hielten mich für einen aus ihrer Sicht leicht zu erklärenden Fall von kompensatorischer Überidentifikation: Hier wollte jemand mit aller Macht dazugehören.

Psychologische Erklärungen indes hatten mich noch nie überzeugt («Das wehrst du doch jetzt ab, mein Kind», pflegte Mama zu sagen), ich grübelte über etwas anderes nach. Über den Begriff Assimilation. War ich auf blauäugige Weise überassimiliert?

Der Begriff spielte schon im Geschichtsunterricht mit Blick auf die angebliche deutsch-jüdische Kultursymbiose eine wichtige Rolle. Aus dieser Perspektive war die Assimilation als Sozialtechnik nicht gut angesehen: Ausgerechnet in Deutschland, dessen Juden am assimiliertesten waren, wurden die Nürnberger Rassengesetze verabschiedet. Dass die Juden dem Glauben ihrer Väter abgeschworen, das osteuropäische Schtetl hinter sich gelassen, die deutsche Kultur nicht nur aufgesaugt, sondern überhaupt erst zur Darstellung gebracht, im Ersten Weltkrieg ihr Leben für Deutschland gelassen hatten, dass der Uraufführungsdirigent von Wagners «Ring» Jude gewesen war, das alles hatte ihnen nicht geholfen. Gustav Mahler musste dennoch zum Christentum konvertieren, um Chef der Wiener Staatsoper zu werden; danach wurde er seines Lebens nicht mehr froh. Natürlich heiratete er, als wollte er sich auch gar nichts ersparen, eine markige Antisemitin, Alma Mahler-Werfel, die ihre kleinen jüdischen Ehemänner verspottete und einzig die Tochter für hübsch hielt, die sie mit dem Arier Walter Gropius gezeugt hatte.

Aber traf der Begriff auf meinen Fall überhaupt zu? Assimilation meint doch, dass man etwas durch die eigene Herkunft Tradiertes ablegt, um sich dem kulturellen Code der Umwelt anzupassen. Ich hatte nichts mir Überliefertes, auf mich Gekommenes über Bord geworfen. Weil ich ohne Vater aufgewachsen war, gab es bei uns keine afrikanischen Einflüsse, von denen ich

271

mich hätte lösen können (außer unser schwarzes Krokodil), und dann: Auf keinen Fall wollte ich einer sein, dem man es nie recht machen konnte, der in allem immer bloß Zeichen der Ausgrenzung erblickte. Ich kannte wahre Meister der Rassismus-Hermeneutik, vor deren Blick nichts sicher war und die mit der Selbstgewissheit der Beleidigten Diskriminierungen sahen, wohin sie nur schauten. Zwischen mir und solchen Leuten ging es nie lange gut. Erst war da die übliche Zugewandtheit, die freudige Offenheit, die sich fast jedes Mal einstellt, wenn sich zwei Menschen im Bewusstsein begegnen, nicht wie die restlichen Deutschen auszusehen, was natürlich verbindet und in der Regel zu guter Stimmung führt, zu einem gewissen Korpsgeist, so wie sich zwei Menschen blind verstehen, die dasselbe Internat besucht haben, nur zu verschiedenen Zeiten. Bei den Dauerbeleidigten hingegen war schnell klar, dass unsere Temperamente nicht harmonierten. Es war, als lebten wir auf verschiedenen Sternen. Ihre Miene war leidend, und sie ließen an Deutschland kein gutes Haar. Egal, was ihnen widerfuhr, immer bezogen sie es auf ihre Hautfarbe. Dass ihnen aus anderen als rassistischen Gründen etwas verwehrt worden sein könnte, war für sie nicht vorstellbar. Ich wollte ihre Erfahrung nicht bestreiten, jede Erfahrung stimmt, aber insgeheim dachte ich: «Wenn du einfach ein bisschen sympathischer wärst, wären die Leute auch netter zu dir!»

Es ist ohnehin nicht leicht, Fälle von Rassismus klar auszumachen. Im Zweifelsfall hat der Betroffene ein feineres Gespür dafür, aber es kann nicht sein, dass die Macht, darüber zu entscheiden, ob etwas rassistisch ist oder nicht, allein beim Betroffenen liegt. Wenn man mich fragte – und die Deutschen hörten gerne solche Geschichten –, ob mir Alltagsrassismus begegnet sei, und ich erzählte irgendeine Anekdote, die Xenophobie illustrierte (ein paar hatte ich ja schon auf Vorrat, so war es nicht), merkte ich, dass meine Worte nicht als meine Einschätzung, sondern als Tatsache wahrgenommen wurden. Es gab eine kommunikative Asymmetrie: Niemand widersprach mir (das kam sonst nie vor), denn schließlich konnte man sich als Deutscher gar nicht vorstellen, wie sich das anfühlt: rassistischen Behelligungen ausgesetzt zu sein. Ich hatte offenbar einen privilegierten Wahrheitszugang. Aber eine Diskurslage, in der die eine Seite bindend darüber entscheiden kann, was geltende Empirie ist, ist verkorkst.

Wenn ich die Dinge entspannt sah, meinte das im Übrigen nicht, ich hätte mich für jemanden wie alle anderen gehalten. Immer wusste ich, was mich von den anderen unterschied. Immer war mir klar, dass es eine letzte Differenz gab, ein letztes Nicht-Dazugehören. Ich wollte nicht blauäugig sein. Meine dunkle Hautfarbe war zwar seit einiger Zeit dabei, eine im Ganzen unauffälligere Eigenschaft zu werden, aber aus reinem anthropologischem Pessimismus musste man damit rechnen, dass sie jederzeit als Diskriminierungsgrundlage reaktiviert werden konnte.

Wenn es um den Nationalsozialismus ging, trieb mich die Frage um, wie es sein konnte, dass so viele Juden nach der Machtergreifung noch so lange in Deutschland geblieben waren, trotz aller Schikanierung und schrittweisen Entrechtung, warum hatten sie nicht früher begriffen, was auf sie zukam? Wie erkennt man den Zeitpunkt, an dem man seine Sachen packen muss? In jedem Fall, sagte ich mir, würde es helfen, wenn man sich nicht zu sehr auf das eigene Heimatland einließ, denn Liebe macht blind, und eine letzte Reservatio mentalis behielt, wenn man nicht zu viel an Goethe, Lessing und Heine dachte, sondern lieber genauer hinschaute, wer auf den Straßen den Ton angab. Nie sollte man sich mit kollektivem Geist gemein machen, um nicht später von Zurückweisung überrascht und enttäuscht zu werden.

Zugleich hatte ich es mir immer verkniffen, «gegen Ausländerfeindlichkeit» zu sein. Ich hätte es lächerlich gefunden, aus moralischen Gründen gegen Ausländerfeindlichkeit zu sein, wo es doch offensichtlich war, dass ich ein persönliches Motiv, einen persönlichen Vorteil davon hatte, in einem möglichst wenig ausländerfeindlichen Land zu leben; die für mich durchaus beruhigende Verurteilung von Ausländerfeindlichkeit ist etwas für Biodeutsche. Der von einer – realen oder gefühlten oder antizipierten – Pogromstimmung potenziell Betroffene dagegen verurteilt diese nicht moralisch, sondern wägt kühl praktische Konsequenzen ab. Noch bleiben oder besser schon gehen? Ich war nie entrüstet über Ausländerfeindlichkeit, sie ist eine anthropologische Konstante, ich dachte bloß: Gut wäre es, einen amerikanischen Zweitpass zu haben, einfach für den Fall der Fälle. Ein auch nur flüchtiger Blick in die Weltgeschichte lehrt, dass man der Zivilisiertheit keines Staatsgebildes auf Dauer trauen sollte.

Aber für konkrete Sorgen gab es keinen Anlass. Eher im Gegenteil. Es wurde alles immer unkomplizierter, und als ich erwachsen war, hatte ich das Gefühl, dass meine schwierigste Lebensphase hinter mir lag. Ich hatte mich einerseits an meine besonderen Lebensverhältnisse gewöhnt, hatte Routinen entwickelt im Umgang mit ihren Fährnissen, und sah andererseits das Land um mich herum laufend heterogener werden, ich fiel gar nicht mehr so auf. Wenn ich mich umschaute, musste ich zugeben, dass ich so einzigartig keineswegs mehr war. Noch als Jugendlicher hatten mich Kinder mit staunenden Augen aus ihren Kinderwägen heraus betrachtet. In den neunziger Jahren des vergangenen Jahrhunderts verloren sie das Interesse an mir, und der Blick aus dem Kinderwagen blieb nicht mehr an meinem Gesicht hängen. (Weiterhin werfe ich jenen, die aussehen wie ich, gern komplizenhafte Blicke zu, *hey, brother!*, aber sie begreifen schon nichts mehr.)

Als ich im Herbst 1988, noch vor besagter Sommerreise nach Umbrien, mit Freunden in die Toskana fuhr, saßen wir in einer Osteria in Cortona. Das Essen war gut, der Wein auch – ich hatte den ersten Brunello meines Lebens getrunken und begriffen, was man als Deutscher vor allem war: Italiener. Der Wirt hatte gute Laune, und irgendwann kam er an unseren Tisch, klopfte mir auf die Schulter und sagte: «Ah, Maradona!» Diego Maradona spielte damals für den SSC Neapel und wurde von den Italienern wie ein Gott verehrt. Die Titulierung durch den Wirt war als Freundlichkeit gemeint. Natürlich sah ich nicht wie Maradona aus, es sei denn, man unterteilte die ganze Welt in Weiß und «alle anderen», in «the West and the rest»; dann freilich gehörte ich eher ins Maradona-Lager – wobei die Frage blieb, auf welcher Seite der selber ziemlich dunkelhäutige toskanische Wirt unter diesen Umständen zu verbuchen gewesen wäre.

Zehn Jahre später: Fußball-WM in Frankreich. Der Star und Sympathieträger der brasilianischen Mannschaft war der Stürmer Ronaldo mit den schiefen Zähnen und dem leichten Bauchansatz. Jetzt hieß es scherzhaft: «Du siehst ja aus wie Ronaldo!» Das kam der Sache schon näher, war aber immer noch ein ziemlich grober Vergleich.

Doch dann, noch einmal zehn Jahre waren vergangen, war alles anders. Schien es mir nur so, oder war plötzlich überall von einem Schwarzen die Rede? Ein junger Senator aus Illinois hatte sich auf den Weg gemacht, um die Präsidentschaftskandidatur der Demokraten zu erkämpfen. Wenn man von ihm sprach, musste man sich konzentrieren, um nicht aus Versehen Osama bin Laden zu sagen; manchmal wurde er anfänglich auch noch mit seinem zweiten Namen, Hussein, vorgestellt; na ja: Schon wenige Wochen später erschien es einem nur noch absurd, dass man je die Namen Osama bin Laden und Barack Obama für verwechselbar gehalten hatte. Ich war perplex: Dieser Mann war schwarz, aber er kam weder aus dem Showbiz noch aus dem Sport, so gesehen erfüllte er die alte Forderung meiner Mutter. Trotzdem war ich abwartend. Würden jetzt alle Leute ständig über einen Schwarzen reden? So etwas hatte es noch nie gegeben. Würde es Folgen für mich haben? Würde es das Ende meiner Unsichtbarkeit sein, in der ich mich doch gut aufgehoben gefühlt hatte? Betraf mich die Sache wohl gar persönlich?

Damals arbeitete ich als Literaturredakteur im Feuilleton der «Süddeutschen Zeitung». Ein kluger und sympathischer Kollege, ausgewiesener Kenner der USA und ihrer Literatur, der nur manchmal in der Redaktion vorbeischaute, steckte eines Tages mit vielsagendem Gesichtsausdruck, doch auch etwas besorgt, ob er damit wohl die Grenze des Geziemenden überschritte, seinen Kopf durch die Tür meines Büros und sagte in seinem schlonzigen Bayrisch: «Also, der Barack Obama und Sie, ihr sehts euch ja total ähnlich!»

Da war mir klar: Die Sache würde wohl wirklich etwas mit mir zu tun haben. Das konnte ja heiter werden. Fingen die Leute jetzt an, mich nicht mehr als Deutschen zu sehen, sondern als jemanden, der etwas mit einem afroamerikanischen Politiker aus Chicago gemeinsam hatte? Das musste ich mir genauer anschauen. Kaum hatte der Kollege mein Büro verlassen, googelte ich Obama-Fotos. Einen Zacken dunkler war er schon, aber er gefiel mir gut. Es gab eigentlich keinen Grund zu protestieren. Ich konnte mit dem Vergleich leben, weil derjenige, mit dem ich verglichen wurde, erstmals in meinem Leben einen ähnlichen Bildungshintergrund hatte wie ich selbst, zumindest wenn man an Maradona und Ronaldo dachte.

Das war ein Fortschritt. Gerade war ich noch im Tantris gewesen, wo Deutschlands erster Drei-Sterne-Koch Eckart Witzigmann mit einem achtzehngängigen Amuse-Gueule-Menü geehrt worden war. Viele seiner Schüler waren angereist und mischten sich mit dem Münchner Promi-Publikum, der Champagner, wie es dann immer heißt, floss in Strömen, und wir waren alle sehr betrunken, als ein Koch aus Wien mit schwerer Zunge zu mir sagte: «Und für wen spuist du?» Das war nicht nett; zum Glück wies ihn ein Winzer aus der Steiermark streng zurecht – mir selber war im Schreck der Beschämung keine passende Entgegnung eingefallen.

So eine Szene, das wurde mir in dem Moment, in dem ich anfing, Obama zu googeln, klar, würde es künftig nicht mehr geben. Obama war mein Mann. Von seiner Präsidentschaft würde ich persönlich profitieren. Gleichzeitig war ich, wie Millionen andere, seinem Charisma erlegen. Mein inneres Glühen galt jedoch gar nicht so sehr dem Schwarzen wie dem Intellektuellen Obama. War der Umstand, dass ein so kluger, elitärer Mann möglicherweise ins Weiße Haus einziehen würde, nicht viel erstaunlicher noch als das, zugegeben, historische Novum, dass es ein Schwarzer sein würde?

Das schien allerdings nur ich so zu sehen. Vermutlich war, was ich dachte, wieder einmal meiner Neigung geschuldet, die Hautfarbenfrage, «the skin issue», wie Edward sagte, wenn er mir ein Ausweichen nicht erlauben wollte, um jeden Preis herunterzuspielen und in soziale Fragen umzuwandeln.

Wie auch immer, eines lag auf der Hand: Dieser Barack Obama entsprach nicht dem Bild, das die Welt von einem amerikanischen Schwarzen hatte. Er war weder ein Pausenclown und Potenzprotz wie Eddie Murphy noch ein Straßenkämpfer und Prediger wie Jesse Jackson. Zwischen Hiphop-Street-Credibility und Bürgerrechtlertum tat sich eine dritte Möglichkeit auf, etwas Neues. Ich dachte an Yvonnes Anwältin und die Brecht-Verse, aber Obamas Züge waren nicht verzerrt, seine Stimme nicht heiser, und doch sprach er über die Niedrigkeit und das Unrecht. Anders als Yvonne und anders als Edward hatte Obama die Segregation nicht mehr selbst erlebt, zumal er seine Kindheit und Jugend zwischen Hawaii und Jakarta und damit maximal weit entfernt von jenem *struggle* verbracht hatte, den Leute wie Yvonne führten. Viele Demütigungen, die Yvonnes Anwältin nie vergessen wird, dürften Obama erspart geblieben sein; sein Kampf für die Rechte der Schwarzen war nicht von seinem Milieu bestimmt, und das gab seinem Auftritt etwas Freies und Universelles.

Tatsächlich war er, wie ich dann herausfand, recht eigentlich auch gar kein Afro American. Sein Fall lag eher wie meiner: Sein Vater, der aus Kenia stammte, hatte Obamas Mutter während des Studiums auf Hawaii kennengelernt, schon bald nach der Geburt des Sohnes aber waren beide getrennte Wege gegangen. Obama war zehn, als er seinen Vater das letzte Mal sah. Als Kind zog er mit seiner Mutter und ihrem neuen indonesischen Mann nach Jakarta, und seine Jugend verbrachte er bei seinen Groß-eltern mütterlicherseits auf Hawaii. Mit der afroamerikanischen Community kam er erst in Berührung, als er Mitte der achtziger Jahre das erste Mal nach Chicago zog. Hier war es auch, dass er, der kirchenfern aufgewachsen war, in die United Church of Christ eintrat, jene Kirche, für die Yvonne ihr Leben lang tätig gewesen war.

Als Obama während seines Studiums Chefredakteur der «Harvard Law Review» wurde, hieß es: der erste Afro American auf diesem Posten. Aber war nicht der Clou, dass er gewissermaßen nur ein zugezogener Afro American war, ein Reingeschmeckter? In Analogie zum Gesinnungspreußen ein Gesinnungs-Afro-American? Jedenfalls umgab ihn eine Unein-deutigkeit, die seinen Habitus unwiderstehlich machte. Etwas Schwebendes, eine Ortlosigkeit. Er transzendierte die Milieus. Er roch nach keinem Stall. Er war so frei.

Und wie ich hatte er Halbgeschwister in Afrika. I couldn't help loving him.

Nachdem Obama die Präsidentschaftskandidatur für sich entschieden hatte, schrieb ich zum ersten Mal in meinem Berufsleben einen Artikel über Hautfarbe. «Zwei Farben Schwarz» war er überschrieben. Im ersten Teil charakterisierte ich Obamas Habitus und inwiefern er die Wahrnehmung des schwarzen Mannes in der Öffentlichkeit verändern werde, im zweiten wechselte ich in die erste Person Singular und berichtete von eigenen Erfahrungen, vor allem davon, wie sich die Wahrnehmung meiner Person über die Jahre verändert hat.

Am nächsten Tag gratulierte mir ein junger Kollege aus der Sportredaktion zu dem Text. Unsere Büros – ich arbeitete mittlerweile in der Berliner Redaktion – lagen nebeneinander, wir sahen uns ständig. Er habe den Text mit großem Interesse gelesen, sei aber gestolpert, als plötzlich von «Ich» die Rede gewesen sei. Auf dieses Ich habe er sich keinen Reim machen können. Dann erst sei es ihm wie Schuppen von den Augen gefallen: «Ach so, der Ijoma ist ja selber farbig!»

Der Sportsfreund, nicht der Wiener Koch, war die Regel in meinem Leben. Aber vielleicht lässt sich, was ich erlebte, noch genauer fassen: Der Wiener Koch reagierte, wie er reagierte, weil er mich nur von außen sah, mein Kollege hingegen kannte mich, wusste, wie ich redete und dachte. So war es seit der Kindheit: Ich wurde, besonders im Leichtathletik-Verein, «die Labertasche» genannt. Heute würde ich sagen: Ich redete so viel, um nicht als Ausländer verkannt zu werden. Ich redete um mein deutsches Leben. Solange da kein schwarzes Krokodil im Raum stand, ging das auch gut.

Ein paar Jahre danach hatte ich eine Freundin aus dem Ausland, der ich entschieden zu deutsch war (die Deutschen, sagte sie, hätten kein Feuer unterm Arsch). Sie fand: «Je afrikanischer du aussiehst, desto besser!» Üblicherweise rasierte ich mir alle drei Monate, wenn sie etwa eine Länge von eineinhalb Zentimetern erreicht hatten, meine Kopfhaare. Dann wuchsen sie wieder von sehr kurz auf eineinhalb Zentimeter, und der Zyklus hatte sich erfüllt. Mehr war mir zu meinen Haaren nie eingefallen, seit ich als Dreizehnjähriger mit der Vision einer Udo-Lindenberg-Silhouette beim örtlichen Friseur gescheitert war.

Und nun kam meine Freundin und sagte, als ich mal wieder zum Rasierapparat greifen wollte: «Lass sie wachsen!»

«Echt? Wie soll das denn ausschauen?»

«Wie bei Basquiat.»

«Bei wem?»

«Jean-Michel Basquiat, Künstler und Freund von Andy Warhol.»

Sie googelte ihn und zeigte mir Fotos. Super Typ, keine Frage, aber dass meine eigenen Haare einmal so aussehen könnten, hielt ich für ein reines Hirngespinst. Da meine Freundin sehr durchsetzungsstark war, blieb mir keine Wahl. Ein gutes Jahr verging, eine schrittweise Metamorphose, aber dann war es so weit: Meine Haare hatten sich verrastert; ich war in etwas Neues hineingewachsen. Der Erfolg war überwältigend. Mein neuer Look fand breiten Zuspruch. Und zwar buchstäblich: Die Leute liebten es, mit mir über meine Haare zu sprechen. Sie schlugen mir auf die Schulter und gratulierten mir, als wäre endlich – nach so langer Inkubationszeit! – ein Knoten geplatzt. Dass ich das jetzt zulasse, sei so toll: «Du hast dich schon auch verwandelt, nicht wahr?» Ich hatte jetzt verrasterte Haare, so weit war das richtig – aber über jenes «das», welches ich jetzt endlich zuließe, schienen sie mir doch allzu selbstsicher zu verfügen.

Natürlich wusste ich, was mit diesem «das» gemeint war, ich nickte auch ergeben, denn Widerstand war zwecklos. Ich mochte meinen Rastalook, aber dass er, wie die anteilnehmende Mitwelt insinuierte, einem lange verleugneten Wesenskern endlich zum Ausdruck verhelfe, da schien mir eine Naturalisierung am Werk zu sein, die man nicht wirklich wollen konnte. Auch der Körper ist nur ein Moment der theatralischen Inszenierung, nicht der tieferen Wahrheit.

Die neue Frisur war für mich ein Spiel mit der Identität, nicht deren biologisches Substrat. Wie recht eigentlich alles, was mit Identität zusammenhängt, stets ein Spiel ist – wer das anders sieht, neigt zum Blutrünstigen. Mein Ribbeck'sches Birnbaum-Preußentum, mein Hofmannsthal'sches Rosenkavalier-Habsburg, mein Schlesien-Phantasma, das alles waren Spiele, irgendein Kostüm muss sich der Mensch ja über den nackten Körper werfen. Aber alle Uniformen, alle Identitäten sind nur erfundene Traditionen, an denen man mit seiner nostalgischen Seele hängen darf, über deren Gottursprünglichkeit man sich aber besser keinen Illusionen hingibt. «Was deutsch und echt» ist am Ende ein Effekt der Wagner'schen Musik, und so sah ich in meiner neuen Frisur auch nur ein Spiel mit dem eigenen Körper.

Wobei der Körper dem Spiel natürlich auch gewisse Grenzen setzt in seiner biologischen Schicksalshaftigkeit, er ist eben nicht einfach nur gesellschaftliche Konstruktion. Und wenn die Leute in meiner neuen Frisur ein Bekenntnis zu dieser Unentrinnbarkeit sehen wollten, wenn es das war, worauf sie hinauswollten, dann war das zwar nicht sehr modern, aber vielleicht doch nicht ganz falsch. Ich würde jedenfalls die Gegenwehr einstellen.

Im Sommer 2013 – um einen Sprung fast bis zur Gegenwart zu machen – besuchte mich Edward in Berlin. Wir hatten den Kontakt nie verloren; bis Facebook aufkam, schrieb er regelmäßig Briefe. 1997 hatte ich noch einmal ganze zwei Monate bei ihm in Brooklyn verbracht. Mittlerweile war er ein alter würdiger Mann von 75 Jahren und lebte in Chicago, denn das Brooklyn, in dem ich ihn einst besucht hatte, gab es nicht mehr, und das neue Brooklyn war für die Pensionsbezüge eines Pfarrers zu teuer.

Edward und ich kannten unsere Macken und Bockigkeiten, wir wussten im Schlaf, was der andere dachte. Manchmal schüttelte Edward den Kopf, ohne dass ich ein Wort gesagt hatte, dann hatte er mich bei einem Gedanken erwischt, den er nicht billigte. Nach zwei Tagen in Berlin grinste er öfter, so ein gespielt unterdrücktes Grinsen, das vom Gegenüber auf jeden Fall zur Kenntnis genommen werden will; gleich würde er wieder mit dem Daumen der Rechten über den linken Handrücken reiben, das hatte ich nicht vergessen: «The skin issue» … Schließlich sagte er: «I don't say a word. I don't say a word.» (Edward, dieser wunderbare Bostoner, liebt es, sein Englisch zu singen, weshalb er Sätze gerne zweimal sagt, nur um sich an ihrer Satzmelodie zu erfreuen.)

«Was ist los?»

«Ich sag ja nichts, aber die Leute hier starren mich an!»

Ich dachte: Typisch Edward, natürlich hat er wieder das Gefühl, dass alle ihn anstarren. Ich lebe seit vierzig Jahren als Schwarzer in diesem Land, und das letzte Mal, dass Kinder mich aus ihren Kinderwagen anstarrten, muss in den frühen neunziger Jahren gewesen sein, aber Edward kommt nach Berlin und nach zwei Tagen ist er überzeugt, dass die Leute in dieser multiethnischen Stadt ihn anstarren … na toll!

So grummelten meine Gedanken, als sich auf einer tieferen Tonspur eine andere Stimme zu Wort meldete. Und diese Stimme sagte: Schau genauer hin, er hat recht. So ist es. Dir ist es auch schon aufgefallen, seit er hier ist, du wolltest es nur nicht wahrhaben. Die lieben Leute starren Edward an, und zwar ziemlich unverblümt.

Bei unserem nächsten Spaziergang schaute Edward demonstrativ nach oben in den blauen Himmel, wenn er mal wieder die Blicke auf sich zog, als wollte er zum Ausdruck bringen, er könne das, wenn es mich glücklicher mache, gerne ignorieren, und ich sagte: «Schön, du hast recht. Aber was ich nicht verstehe: Mich schauen sie nicht an. Gibt es möglicherweise eine gewisse Abweichungstoleranz bis zu einer bestimmten Farbtiefe, und mein Cappuccino-Ton bewegt sich noch innerhalb des Toleranzbereichs, während du einfach zu dunkel bist, um nicht exotisch zu wirken?» Edward sagte, das könne schon sein, er wolle sich in einem ihm fremden Land kein Urteil anmaßen. Immerhin sei er schon mal beruhigt, dass wir uns auf eine gemeinsame Wahrnehmung einigen könnten.

Am nächsten Tag saßen wir bei Sonnenschein draußen an einem Tisch im Café Savigny. Um uns Charlottenburger Kulturbürgertum von beiläufiger Noblesse. Und doch spürte ich Blicke im Nacken. Wenn ich mich umdrehte, lächelten alle, als wäre der Heilige Geist in uns gefahren, und als ich ein Selfie von Edward und mir machen wollte, hatte ich den Arm mit meinem iPhone noch nicht ausgestreckt, als unser Tischnachbar bereits aufgesprungen war und uns seine Dienste anbot. Das Ausmaß der Hilfswilligkeit hatte etwas Brüskierendes. Edward setzte ein Gesicht auf, als befände er sich in einem Gerichtsfilm und wollte sagen: «Keine weiteren Fragen, Euer Ehren!»

Einen einzigen mir bekannten Ort gibt es, den ich farbenblind nennen würde, und ich kann nicht bestreiten, dass ich es wohltuend fand, dort zu sein: Los Angeles. Etwas war anders. In mir. Ich war anders. Zum ersten Mal tat ich etwas nicht, von dem ich gar nicht wusste, dass ich es stets getan hatte, und dieser eine Hauch mehr Luft im Zwerchfell, diese bei jeder Begegnung mitlaufende Gefechtsbereitschaft, diese Extraportion Präsenz, mit der ich sonst in alle Situationen hineinging, nur um sicherzustellen, dass es zu keinen Missverständnissen kam, war hier nicht nötig. Ich musste die Reaktion meines Gegenübers nicht mehr vorwegnehmen, um sie in meinem Sinne beeinflussen zu können, denn hier schloss niemand von der Hautfarbe auf den Habitus zurück. Ein Automatismus, der bisher stets zu meinem Leben gehört hatte, lief leer. Anfangs fühlte es sich so an, wie wenn man auf dem Fahrrad in Erwartung eines schweren Ganges kräftig in die Pedale steigt, während das Rad schon auf eine höhere Übersetzung eingestellt ist: Man tritt ins Leere. Der Widerstand fehlt, die bereitgestellte Energie verpufft. In L.A. konnte diese Energie eine andere Verwendung finden.

Das ist mit New York in keiner Hinsicht zu vergleichen. Die Stadt ist ethnisch-kulturell vielfältig wie kein anderer Ort auf dieser Welt, aber ich weiß noch genau, wenn ich in den neunziger Jahren Edward besuchte, wie alle Gäste im Restaurant aufschauten, wenn ein *mixed couple* den Raum betrat. Es war nur ein kurzer, im Kern achtungsvoller Blick, die Leute schämten sich sogar für ihn, aber man konnte doch nicht anders, zu verführerisch war es, sich vorzustellen, welche besondere Geschichte die Eintretenden wohl zusammengeführt hatte und von welchen besonderen kulturellen Erfahrungen ihr Leben seither geprägt war. Das ist vorbei – aber eben noch gar nicht so lange vorbei!

New York ist dennoch nicht farbenblind geworden, eher im Gegenteil: farbenübersensibel. Dein ethnischer Phänotyp ist Teil deines sozialen Auftritts. Man trägt seine ethnische Identität mit sich herum wie ein Veteran die Orden alter Schlachten. Die Inszenierung der Herkunft, die Art, in der man sein Aussehen einsetzt, zur Geltung bringt oder verschwinden lässt, ist Teil einer Identitätsperformance. Das hat seine coolen Seiten, ist aber – wie alles in New York – hoch im Spritverbrauch.

Der kalifornische Phänotyp ist demgegenüber tatsächlich postethnisch; der typische Angeleno sieht aus wie eine Kreuzung aus Korea und Mexiko, ein neuer, emergenter Universallook, der nichts mehr von den sozialen Herkunftswelten erzählt, sondern nur noch von etwas Drittem, etwas Neuem, Kalifornien eben. Das Gemischte selbst ist die Norm, und man kann ganz unterschiedliche Farbtöne mischen, um zum selben Ergebnis zu kommen.

Viele Freunde, gerade Amerikaner, haben mir, im Grunde ähnlich wie einst Herr Kaufmann mit seiner Kieferorthopädie-Praxis in Ludwigshafen, heftig widersprochen, wenn ich so positiv über L. A. sprach. Mein Blick sei beschränkt, ich würde mich nur in wohlhabenden Milieus herumtreiben, da sei Geld natürlich wichtiger als Rasse. Der Einwand ist nicht von der Hand zu weisen, aber die, die mir widersprachen, lebten im selben Milieu. Und auch in diesem Milieu kann es ein Mehr oder Weniger an Farbenblindheit geben. Ich würde ihnen also nicht rundheraus widersprechen, aber doch entgegnen: Los Angeles ist bestimmt noch nicht das, was ihr euch unter einer idealen Welt vorstellt, aber ich finde, es ist schon einmal ein Fortschritt, wenn Geld wichtiger ist als Rasse. Das ist nicht das Ende der Reise, vielleicht aber ihr Anfang.

Als Kind und als Jugendlicher lebte ich immer in der Sorge, mir könnte etwas Beleidigendes, Rassistisches hinterhergerufen werden. Es ist nie passiert. Irgendwann habe ich die innere Habtacht-Haltung aufgegeben. Ich wusste, dass die Buchstabenfolge neg... nie mit ...er, sondern immer mit ...ativ vervollständigt würde. Doch mehr noch als den Pfeil liebt die Geschichte den Kreis. Alles kehrt wieder.

Im Jahr 2014 erschien ein Buch des Katzenkrimi-Autors Akif Pirinçci: «Deutschland von Sinnen – Der irre Kult um Frauen, Homosexuelle und Zuwanderer». Das Buch war ein einziges Dokument der Enthemmung. Voller Hass und Obszönitäten. Ich schrieb einen scharfen Verriss. Mit den Reaktionen, die ich daraufhin erhielt, hatte ich nicht gerechnet. Auf der Webseite »Politically Incorrect» schäumte man vor Wut; von einem «linksversifften» Journalisten, hieß es allenthalben, sei nichts anderes zu erwarten. Da hatte ich mein Leben lang damit kokettiert, dass rechts von mir nur noch die Wand sei, doch das Meinungsspektrum um mich herum hatte sich offenbar so gründlich verschoben, dass ich, Vaupel-Schüler, nun zu den Linksversifften gehörte. Damit konnte ich leben, aber ich musste doch schlucken, als plötzlich völlig unverblümte Rassismen auf mich niederprasselten. Das war neu. Man müsse sich nicht wundern, dass der «Halbneger» und «Dunkeldeutsche» so schreibe, hieß es. Ein anderer Kommentator erläuterte ein Foto von mir mit dem Hinweis, da habe man wohl den «Mulatten mit Photoshop auf helle gebürstet». Und ein dritter hielt mich für nicht satisfaktionsfähig, schließlich hätte ich es auch schon mal mit «Rastafilz» probiert: Nach der enormen Erfolgsgeschichte meiner Haare von den frühen Dossenheimer Jahren an wurden diese nun zum ersten Mal gegen mich verwendet ...

Noch ein Beispiel? Im Volltext: «Ich bitte doch um Verständnis für diese kulturelle Fachkraftbereicherung mit maximalpigmentiertem Elternteil: Das Trommeln liegt unserem lieben Mischlingsdeutschen genetisch im Blut, dafür kann er nichts: Es muss einfach raus, das Tamtam. Und das ist gut so; da weiß man, was man von ihm hat ...»

Auf einer Lesung in Bonn wurde Akif Pirinçci auf meine Rezension angesprochen. Daraufhin erwiderte er – nachzulesen in der «FAZ» vom 12. Mai 2014 –, Mangold solle doch nach Afrika zurückgehen, in den Busch.

Da dachte ich mir: Das wird all den Freunden gefallen, die schon immer der Meinung waren, ich sähe die Welt zu rosig.

Wie singt Hans Sachs in den «Meistersingern»? «Wer sagt den Namen an? 's ist halt der alte Wahn.»

TEIL IV

MAMAS TOD

M eine Mutter war nie in Venedig gewesen. Im November 2009 flog ich mit ihr in die Stadt, in die ich alle zwei Jahre meinen Fuß setzen muss. Es goss in Strömen, und wie immer im November lag dichter Nebel über den Kanälen der Lagune. Nachts flackerten die Positionsleuchten der Vaporetti aus der milchigen Suppe auf. Gedämpft tutete das Nebelhorn.

Der Regen verstärkte die Stimmung von verschwommenem, geisterhaftem Licht noch. Von einer Kirche zur nächsten hatte man es nie weit. Mit Spiegeln in der Hand liefen wir durch die Scuola di San Rocco, um die Tintorettos an der Decke zu betrachten, ohne Nackenschmerzen zu bekommen, verweilten in der Accademia vor Giorgiones «Tempesta» und fragten uns, ganz wie es sich gehört, ob es sich dabei nicht doch um eine Darstellung der Flucht nach Ägypten handelt, schauten uns in der Frari-Kirche Tizians ‹Madonna des Hauses Pesaro› an, und ich erzählte Mama von meiner Phantasie, irgendwann einmal ein illustriertes Buch über Stifterfiguren zu schreiben, diese halbseidenen Wichtigtuer, die Demut nur spielen, eitel und kunstsinnig, fromm und standesbewusst, gläubig und narzisstisch, katholische Angeber vor dem Herrn, Zaungäste des Heilsgeschehens, die sich, dank eines Beutels voller Geld, in so viele Gemälde hineingestohlen haben, auf denen sie nun, im halben Profil, den Blick des Betrachters herausfordernd, zwei Köpfe kleiner als die Evangelisten, stolz und bescheiden zugleich, an jener Unsterblichkeit teilhaben, die nur die Kunst gewährt. Ich wusste, dass das Herz meiner Mutter bei meiner Stifterschwärmerei höherschlagen würde. Sie hatte nie Geld gehabt und für die Prädikate der Arriviertheit absolut kein Auge, alles Angeberhafte war ihr fremd, gläubig war sie auf eine stille Art wie ein franziskanischer Mönch, der mit den Vögeln singt, und in der Kunst ein Statussymbol zu erkennen schien ihr ein leerer Wahn. Das Letzte, worauf sie gekommen wäre, war genau dies: dass man dem Glanz von Stifterfiguren erliegen könne. Aber sie war keine Dogmatikerin, sie war, wie sie war, ohne damit eine vorbildliche Haltung zum Ausdruck bringen zu wollen, alles, was anders war als sie selbst, konnte mit ihrer anteilnehmenden Neugier rechnen, und deshalb hatte sie ihre Freude daran und konnte vor Vergnügen glucksen, wenn sie sah, dass ihr Sohn, dieser ehrpusselige Distinktionsneurotiker, in eine so ganz andere Richtung schlug, seiner Neigung für weltlichen (und geistlichen) Pomp nachgab und ausgerechnet von Stifterfiguren schwärmte. Mutter und Sohn waren aus demselben Holz, aber doch recht unterschiedlich geschnitzt.

Nur zwei Monate später, im Januar 2010, kam Mama ins Krankenhaus: Nach zehn Jahren war der Krebs zurückgekehrt. Damals, im Jahr 2000, war sie erfolgreich operiert und bestrahlt worden, diesmal aber waren die Aussichten düster. Der Krebs hatte gestreut. Eine Operation wäre ein schwerer Eingriff gewesen, die Aussicht auf Lebensverlängerung ungewiss. Meine Mutter entschied sich dagegen. Sie wollte nicht noch einmal kämpfen, sie wollte sich lieber in ihr Schicksal ergeben. Als wir die Ärzte fragten, wie viel Zeit ihr noch bliebe, hieß es, zwischen zwei Monaten und eineinhalb Jahren. Mama bekam einen künstlichen Darmausgang, kehrte nach Hause zurück – und nachdem sie den Umgang mit dem Stoma, das ihr zuerst Angst bereitet hatte, gelernt hatte, begann der letzte Akt unseres gemeinsamen Lebens. Die vorangegangenen Akte waren schon sehr schön gewesen, aber diese letzten Monate waren die strahlende Summe.

Eine letzte Reise vor der allerletzten, die sie allein würde antreten müssen, wollten wir noch machen, Rügen war das Ziel. Seit meine Mutter mit mir als Kind Radtouren unternommen hatte, kannte ich ihren Drang nach dem Norden. Sie schätzte den milden, offenen Menschenschlag Heidelbergs, aber ihre tiefere Sehnsucht galt dem Norden. Wenn die großen Ferien begannen und die Luft im Neckartal unerträglich schwül wurde, nahmen wir regelmäßig den Zug Richtung Hamburg. Unsere Fahrräder hatten wir vorausgeschickt. Wir radelten durch die Holsteinische Schweiz, legten bei Flensburg an einem gottverlassenen Grenzposten unsere Pässe vor, begrüßten das raue Jütland, kämpften gegen den ewigen Nordwest an, um den Skagerrak zu erreichen, bogen östlich ab in die lieblicheren Landschaften Seelands, bis wir schließlich zu der kleinen dänischen Insel Møn gelangten, von deren Kreidefelsen aus man bei guter Sicht Hiddensee am Horizont erahnen konnte. Das war immer ein erhabener Moment, denn näher konnten wir dem Kerngebiet der Herzenstopographie meiner Mutter, der Fontane-Leserin, nicht kommen: den Landschaften der Mark Brandenburg und Mecklenburg-Vorpommerns. Die Holsteinische Schweiz war schön, aber in Wahrheit nur ein Ersatz für eine unzugängliche Landschaft, von der uns der Eiserne Vorhang trennte, die aber ganz eigentlich einer Welt von gestern angehörte. Schlesien und Brandenburg waren Orte ihrer Kindheit, die in der Gegenwart nicht mehr zugänglich waren. Verlorene Landschaften, und deswegen konnte der Osten in seiner Unwirklichkeit eine unkontrollierbare Sehnsucht wecken. Je verschlossener die Topographie war, desto offener war sie für blühende Phantasien.

Ich glaube, in der Privatmythologie meiner Mutter, die als Kind bruchlos auf mich übergegangen war, verschwammen Schlesien, Brandenburg und alle Fontane-Landschaften zu einem teils historischen, teils literarischen, teils autobiographischen Sehnsuchtsort. Schon als Kind konnte das Lied «Maikäfer, flieg!» mich zu Tränen rühren, als wäre in diesem Klagegesang (der sich in Wahrheit auf den Dreißigjährigen Krieg bezog, aber das lernte ich erst als Student) von der eigenen Familienchronik die Rede: «Der Vater ist im Krieg» – damit musste mein Großvater gemeint sein, der an der Ostfront gefallen war. «Die Mutter ist in Pommerland, Pommerland ist abgebrannt» – damit war für mich die Welt bezeichnet, aus der meine Oma mit ihren Kindern geflohen war. In meiner Phantasie verschmolzen das abgebrannte Pommerland, Schlesien und Brandenburg zu einer Märchenwelt, die nur durch Fontane-Lektüre wiederaufgebaut werden konnte.

Kaum war die Mauer gefallen, im Sommer 1991, fuhren Mama und ich deshalb nach Hiddensee. Wir hatten eine Ferienwohnung gemietet, die dem großen Opernintendanten der DDR, Walter Felsenstein, gehörte. Der Fall der Mauer öffnete uns unverhofft einen Zugang in die Fontane-Welt, die über Jahrzehnte in einem Dornröschenschlaf versunken war. Auf den Gaststättenschildern stand: «Futtern wie bei Muttern», und das Essen war wirklich schockierend schlecht, aber in unserer Nostalgiebereitschaft verstärkte dieser Umstand das Gefühl eher noch, auf einer Zeitreise zu sein.

Viel später, 2008, zwei Jahre vor ihrem Tod, besuchte Mama mich in Berlin. Ich hatte ein Auto gemietet, damit wir das Umland bereisen konnten. Wir waren schon im Kloster Chorin und in Rheinsberg gewesen, als ich meine Mutter eines Morgens ins Studium der Landkarte versunken sah, dann sagte sie: «Können wir heute nicht an den Beetzsee fahren? Ich habe den Ort, wo wir bei den Ribbecks einquartiert waren, auf der Karte gefunden. Er heißt Bagow. Hier!» Ihr Finger zeigte auf einen hauchdünnen Schriftzug auf der Karte.

Wie oft hatte ich von klein auf den Namen Beetzsee gehört, aber ich hatte ihn für einen Phantasienamen gehalten, eine sozusagen heilige Fiktion, die man aus Respekt vor den Gefühlen der Mutter keinem Realitätscheck unterzieht; als sie nun sagte: «Können wir nicht an den Beetzsee fahren?», schaute ich sie an, als hätte sie mir gerade eine Zugverbindung nach Lummerland durchgegeben. Tatsächlich war der Beetzsee in meinem Kopf von so märchenhaftem Bestand wie das sagenhafte Atlantis. See samt Herrenhaus derer von Ribbeck hielt ich für eine poetische Einbildung, mit der sich meine Mutter über den Verlust ihrer Heimat hinweggetröstet hatte, ein Übergangsobjekt, ein Traumschloss, jedenfalls nichts, was man auf asphaltierten Straßen von Berlin aus erreichen konnte. Und nun saß Mama auf meinem Balkon, zeigte auf die Straßenkarte, und da stand wirklich: Beetzsee. Nordwestlich von Potsdam. Ich war kurz davor, wie ein in seine Routinen verbohrter Kommissar zu entgegnen: «Das beweist noch gar nichts!», als ginge es darum, sich auf keinen Fall einer Wahnvorstellung zu beugen. Doch stattdessen sagte ich: «Klar, wenn du meinst, dass das dein Bagow ist, können wir da hinfahren.»

In Potsdam waren wir schnell, und bis dahin blieb alles normal. Aber schon als wir auf die Landstraße abbogen, die laut Karte zum Beetzsee führen sollte, kam ich mir vor wie in einer Kulisse, die allein für die Phantasien meiner Mutter in die Landschaft gemalt worden war. Nach etwa fünfzehn Minuten, in denen sie schweigsam und konzentriert nach draußen geschaut hatte, sagte Mama: «Jetzt müsste das Dorf gleich kommen.» Und tatsächlich, nach der nächsten Kurve und wie aus einer Entfernung von 64 Jahren erschien das Ortsschild Bagow. Mama sagte: «Fahr bis zu dem Kastanienbaum dort vorne, dann rechts ab, da müsste eine Sackgasse sein, an deren Ende liegt das Schloss.» Am Kastanienbaum also nach rechts. Ein Schild wies die Straße als Sackgasse aus. Nach zweihundert Metern dann linker Hand: ein Schloss.

Nichts hatte sich verändert. Die DDR hatte die Kindheitserinnerung meiner Mutter pietätvoll bewahrt. Alles war genau so, wie Mama erzählt hatte. Das Schloss war mittlerweile zwar an die Gemeinde verpachtet (die Ribbecks, zur Zeit der SBZ enteignet, hatten es nach 1990 zurückgekauft), aber von seinem geheimnisvoll-düsteren Charakter hatte es nichts verloren. Ein Renaissanceschloss mit steilem Satteldach und einem späteren, seitlichen Anbau aus der Barockzeit; der Gutspark stand uns offen und war genau so, wie ihn Mama geschildert hatte, er grenzte ans Schilf, durch das man auf einem schmalen Steg an die Havel gelangte. Dass Mama als Kind an einem Ort gelebt haben sollte, von dem aus man direkt in einen Fluss springen konnte, das erschien mir, Kind der siebziger Jahre, als alle deutschen Flüsse so verschmutzt waren, dass sie zum Baden nicht in Frage kamen, immer besonders unwahrscheinlich. Hier also waren wir nun: An diesem Ort hatte sie ihre Badefreuden erlebt.

Es war kein lauter Moment. Mama hatte weder Tränen in den Augen, noch entlud sich ein Redestrom, jetzt aber hatte alles seine Richtigkeit. Für mich war es auch ein Moment später Genugtuung: All das gab es also wirklich. In ihrem Leben war, was ich sah, nur eine Zwischenstation gewesen, und doch standen Mutter und Sohn jetzt im Park des Ribbeck'schen Schlosses, als hätte sich ein Kreis geschlossen; die Flüchtlinge waren zur Ruhe gekommen. Und plötzlich hatte ich das Gefühl, als wäre unser Ausflug an den Beetzsee jene eine Sache, die man im Leben getan haben muss. Nur dass ich vor wenigen Stunden noch überhaupt keine Ahnung hatte, dass die eine Sache, die ich im Leben getan haben musste, ein Ausflug mit meiner Mutter an den Beetzsee sein würde.

Ich kann nicht sagen, warum dieser Ort eine solche Bedeutung für uns beide hatte. Es folgte daraus auch gar nichts weiter. Nach einer knappen Stunde stiegen wir wieder ins Auto und fuhren zurück nach Berlin; aber wir waren glücklich. Und als wir eine Stunde später meine Wohnung in Pankow betraten, erschien es mir genau richtig, hier zu wohnen (und nicht im schönen München), nicht weit vom Beetzsee entfernt. War ich also, noch mehr als Schlesier, Brandenburger? Meine Güte, was ich schon alles war!

Als Mama im Frühling 2010 aus dem Krankenhaus entlassen wurde mit der ausdrücklichen Aufforderung der Ärzte, die verbleibende Zeit auf schöne Art zu verbringen, beschlossen wir also, im Sommer nach Rügen zu fahren. Im Juli kam ich nach Heidelberg, um Mama abzuholen. Sie war gut beieinander, voller Zutrauen, dass es richtig war, ein letztes Mal in den Norden aufzubrechen, gelöst, fast beschwingt. Am nächsten Morgen nahmen wir den Regionalzug nach Mannheim, doch noch bevor wir den Mannheimer Bahnhof erreicht hatten, wurde meine Mutter leichenblass. Sie zitterte. Es war ausgeschlossen weiterzureisen. Ich wollte am Mannheimer Bahnhof ein Taxi rufen und zurück nach Heidelberg ins Krankenhaus fahren, meine Mutter aber nahm ihre letzte Kraft zusammen und protestierte: «Nein, lass es uns versuchen.» Also stiegen wir in Mannheim um. Ich trug die Koffer, während Mama sich mit Trippelschritten zum Bahnsteig quälte, von dem der ICE nach Berlin abging. Dann bugsierte ich sie in die 1. Klasse. Alle Passagiere und auch die Schaffnerin sahen unsere Not und das Unverantwortliche der Situation, aber keiner forderte uns auf, das einzig Sinnvolle zu tun, den Zug zu verlassen und uns in ärztliche Obhut zu begeben. Sie achteten, wenn man so will, den letzten Willen meiner Mutter.

Auf dieser Fahrt erzählte sie mir ein Geheimnis – was heißt Geheimnis? Jedenfalls etwas, das sie mir in den zurückliegenden vierzig Jahren nicht erzählt hatte. Vielleicht war es der nahe Tod, der ihre Zunge löste, oder sie erkannte ihre Chance, dass ich mich in dieser Ausnahmesituation einem Gespräch über meinen Vater nicht würde entziehen können; für Ozurumba-Geschichten aus dem Mund meiner Mutter war ich ja noch nie der ideale Empfänger gewesen. Jedenfalls berichtete sie mir auf der Zugfahrt von Mannheim nach Berlin, zum ersten und letzten Mal in ihrem Leben in der 1. Klasse sitzend, dass sie einmal, damals sei ich fünf Jahre alt gewesen, einen Brief mit Fotos von mir nach Nigeria geschickt habe. Sie wollte meinem Vater mitteilen, dass es mir gutgehe, damit er sich an seinem Sohn erfreuen könne. Ein deutsches Ehepaar, das mit meinem Vater und meiner Mutter befreundet gewesen sei, habe in Enugu, der Universitätsstadt in der Nähe von Aba, gearbeitet, an die habe sie die Post adressiert. Das Ehepaar bestätigte, den Brief übergeben zu haben, aber eine Antwort habe sie nie bekommen.

Zum ersten Mal in ihrem Leben sagte meine Mutter etwas Schlechtes über meinen Vater. Dass er nicht reagiert habe und nichts zu seinem Sohn zu sagen hatte, das, meinte sie, habe sie geschmerzt. Sie sagte nicht «verletzt», sondern «geschmerzt». Alles sei so, wie sie es immer gesagt habe; sie habe meinen Vater geliebt, sie habe gewusst, dass er nach Nigeria zurückgehen werde, sie habe sich darauf eingelassen und damit gut leben können, denn es sei ihre Entscheidung gewesen, ihr bewusst gewähltes Leben. Aber dass er auf den Brief mit den Fotos seines Sohnes nicht geantwortet hatte, das habe sie hart getroffen.

Meine Mutter sprach langsam, gegen ihre Erschöpfung ankämpfend. Manchmal nahm ihre Ausprache diesen seltsamen Akzent an, der zu ihr gehörte wie ein dunkles Geheimnis. Ich hörte zu und sagte nichts. Dass die Zugnachbarn unsere Familiengeschichte mithören konnten, musste ich in Kauf nehmen, diesmal waren Schamgefühle nachrangig.

Nach Rügen haben wir es nicht mehr geschafft. In Berlin suchten wir sogleich ein Krankenhaus auf. Als meine Mutter nach drei Wochen wieder entlassen wurde, war sie schmal, klein und abgemagert. Sie aß nur noch winzigste Happen. Eine Rückkehr nach Heidelberg war ausgeschlossen. Also beschloss ich, dass wir in Berlin in meiner Wohnung bleiben würden. Sie musste schlucken. Dass sie ihr Dossenheimer Zuhause verlassen hatte, ohne sich davon verabschieden zu können, gefiel ihr nicht. Verabschiedungs- wie Willkommensrituale waren ihr immer wichtig gewesen. Aber es ging nicht anders.

Es wurden noch zwei intensive Monate. Nie war die Stimmung bedrückt. Von überall her kamen Freunde, um von meiner Mutter Abschied zu nehmen. Niemand sprach um den heißen Brei herum oder entzog sich der Wirklichkeit. Mama würde bald nicht mehr sein, also mussten die verbleibenden Momente beherzt genutzt werden, um ein letztes Mal Nähe durch Reden herzustellen, und Mamas kostbarste Überzeugung, dass es im Leben ums Kommunizieren gehe, bewährte sich eindrucksvoll.

An einem Samstag kurz vor ihrem Tod, es war ein goldener Oktobertag, hatte mein Bauer auf dem Wochenmarkt kleine gelbe Birnen aus Werder im Angebot. Ich kaufte ein Kilo und lief freudig nach Hause. «Mama, diese Birnen kommen aus Werder, und Werder ist Havelland.» Sie aß zu diesem Zeitpunkt fast nichts mehr, aber sie nahm all ihre Kraft zusammen, um wenigstens einen Schnitz der Ribbeck-Birne zu kauen und zu schlucken.

Eine Woche später, ein Sonntag, wieder schien die Sonne, war es so weit. Zwei Tage schon hatte Mama nicht mehr geredet und die Augen geschlossen gehalten. Wenn ich ihre Hand nahm und zu ihr sprach, drückte sie die meine. Zur Mittagszeit ging ihr

Atem in einen anderen Rhythmus über. Ein lautes, rasselndes Luftholen setzte ein, und zwischen den einzelnen Atemzügen verging viel Zeit. Ich war überrascht, wie unverkennbar sich der vor der Tür stehende Tod ankündigte, saß neben ihrem Bett und war hilflos. Sollte ich sie zurück ins Leben zu rufen versuchen? Sollte ich ihr Sterben weinend begleiten? Zum passiven Zeugen fehlte mir die Contenance, also stand ich auf und holte den Großen Conrady, eine Gedichtanthologie; ich musste etwas Ritualhaftes tun, wenn mir das Beten schon nicht zur Verfügung stand, etwas, das mir Halt gab. Ich schlug das Buch auf und blätterte. Ich hatte nichts Bestimmtes im Sinn, als sich die Seiten bei Theodor Storm öffneten. Natürlich, sein Husum-Gedicht: «Am grauen Strand, am grauen Meer / Und seitab liegt die Stadt ...» Es war eines von Mamas Lieblingsgedichten. Wenn unsere Radtouren uns nach Husum führten, hatte sie jedes Mal Storms Verse rezitiert, und wir hatten uns gewundert, wie er ausgerechnet diese Stadt mit ihren farbenfrohen Fassaden grau nennen konnte. Jetzt las ich dieselben Verse meiner Mutter noch einmal vor. Ihre Atemzüge rasselten im mittlerweile vertrauten Rhythmus weiter; ich blätterte um. Theodor Fontane! Warum war ich nicht von allein darauf gekommen? Laut las ich den «Herr von Ribbeck auf Ribbeck im Havelland». Während der zweiten Strophe, die mit den Versen beginnt: «So ging es viel Jahre, bis lobesam / Der von Ribbeck auf Ribbeck zu sterben kam», machte Mama ihren letzten, rasselnden Atemzug. Ich las das Gedicht noch bis zum Ende.

In den Tagen zuvor hatte ich gefürchtet, ich könnte Angst vor ihrem toten Körper haben. Aber dann geschah das Gegenteil: Als ihre Seele davongezogen war und der leblose Körper vor mir im Bett lag, wartete ich über zwei Stunden, bis ich einen Arzt benachrichtigte, der dann in der zartesten Weise, nämlich wie auf den Filzpantoffeln, in denen man in einem alten Schloss übers Parkett gleitet, sich dem Totenbett näherte, einen pietätvollen Blick auf meine Mutter warf, um schließlich, wieder im Wohnzimmer, den Totenschein mit seinem Namen gegenzuzeichnen, was weniger den Charakter einer Unterschrift als einer Andachtsgeste hatte. Er hätte auch eine Kerze anzünden können.

Nachdem der Arzt gegangen war, zögerte ich den Anruf beim Bestattungsunternehmen noch hinaus. Die Vorstellung, mich endgültig von meiner Mutter trennen zu müssen, schien mir nun plötzlich die eigentliche Zumutung; solange sie noch hier vor mir lag, konnte ja eigentlich alles weitergehen wie bisher. Gegessen hatte sie schon vorher nicht mehr viel. Ich betrachtete ihren Körper mit Rührung. Den ganzen Schmerz ihrer Krankheit hatte meine Mutter, so schien es mir nun, auf den Schultern dieses braven Lastesels abgeladen, und entsprechend klein war er geworden, zugleich aber auch überirdisch leicht. Der Kampf war vorbei, und was von ihr noch da war, schien sich zur Mumie zu wandeln, dieser idealen Existenzform für die unabsehbare Zeit zwischen Diesseits und Jenseits. Dafür brauchte man keine Pyramide, mein Schlafzimmer reichte vollkommen. Ich war dabei, mich in die neue Lage zu fügen: Mama würde zwar tot, aber immerhin noch hier sein.

Ich musste aufschluchzen wie ein sizilianisches Trauerweib, das sich auf den Sarg stürzt und ihn umklammert hält, als die beiden Männer vom Bestattungsunternehmen schließlich kamen, den Leichnam in eine schwarze Umhüllung schlugen und ihn für immer aus meiner Wohnung trugen.

Wenn ich das Grab meiner Mutter in Dossenheim besuche, gehöre ich nun zu jener Gruppe von Menschen, gegen die ich als Kind feindselige Gefühle hatte, wenn ich sie, alt und gebückt, zum Friedhof pilgern sah. Statt dem Leben zu huldigen, hingen sie einem Toten nach, ihr Geist war auf etwas gerichtet, das es nicht mehr gab und das gleichwohl auf gespenstische Art Macht über sie zu haben schien. Damals trugen Witwen noch Schwarz, sie trugen Kopftücher, wenn sie zum Friedhof gingen, dessen Eingang ich von unserer Wohnung aus beobachten konnte. Die alten Leute nahmen eine Gießkanne, füllten sie an der Wasserstelle und schleppten sie keuchend zum Grab, um die Blumen zu gießen.

Stehe ich heute vor dem Grab meiner Mutter, kann ich tatsächlich, zumindest in der blätterlosen Jahreszeit, den Balkon meines Kinderzimmers sehen.

Die drei Birken vor dem Haus sind mittlerweile gefällt. Die Praxis meiner Mutter war im Souterrain, unsere Wohnung im ersten Stock. Wenn ich von der Schule heimkam, hatte Mama schon ihre ersten Patienten. Ich benutzte nie den Schlüssel, immer klingelte ich. Wenn sich die Tür summend öffnete, rief ich nach unten: «Ich bin's!», und Mama antwortete aus dem Souterrain herauf, dabei das a auf zwei Tonhöhen verteilend: «Ja-a!» Dann stiefelte ich nach oben, wo das Mittagessen, nicht mehr heiß, aber immer noch warm, auf dem Herd stand.

Jeden Tag, eine ganze Kindheit lang: «Ich bin's!» – «Ja-a!»

SELBSTMISSTRAUEN

Wie viele Bücher habe ich als Literaturkritiker rezensiert, deren Katastrophe dadurch hätte vermieden werden können, dass die Protagonisten über den Konflikt, der ihnen am Ende um die Ohren fliegt, einfach einmal gesprochen hätten. Erst wenn alles zu spät ist, werden die Fragen gestellt, die immer schon hätten gestellt werden müssen, und plötzlich wird alles licht und leicht, die Mauer des Schweigens ist gebrochen. Nie sollst du mich befragen: Auf das verbreitete Romanmotiv, dass die Figuren eines Buchs über die Herzkammer ihrer Existenz lange nicht zu reden wagen, habe ich als Kritiker meistens gereizt reagiert, weil es mir wie ein abgenutztes literarisches Fertigbauteil vorkam. Wenn du geredet hättest, Desdemona.

Als Psychotherapeutin war es der Beruf meiner Mutter, andere Leute so zum Reden zu bringen, dass sie sich zu ihrem Lebensmuster verhalten mussten. Die Wahrheit macht frei – ein großes Wort, aber als Kind konnte ich oft beobachten, was damit gemeint war: Niemand, der nicht mit neuem Lebensmut von meiner Mutter fortgegangen wäre, nachdem er unter ihrer Anleitung sein Herz erleichtert hatte. Nach Mamas Tod bekam ich Briefe von Menschen, deren Namen ich nie gehört hatte und die mir sagen wollten, wie viel Klarheit, Kraft und Mut meine Mutter in ihr Leben gebracht hatte. Begriffe wie Verdrängung und Tabuisierung waren mir von klein auf vertraut – ich hasste es, wenn meine Mutter ein Verhalten, das sie nicht billigte, eine «völlig normale Abwehrreaktion» nannte, oder wenn sie in meiner Unlust, über etwas zu reden, einen Akt der Verdrängung sah.

Als ich älter wurde, genoss ich Nabokovs Spott über Freud. Ich sorgte für eine theoretische Fundierung meiner Ablehnung der Psychoanalyse, wohl wissend, dass ich damit die zentrale Freud'sche Kategorie der Abwehr natürlich nur bestätigte. Aber genau das hatte mich an der Psychoanalyse ja immer genervt: dass jeder Widerspruch gegen sie als unbewusste Bestätigung ihrer tieferen Wahrheit gedeutet wurde. Als ich dann bei Karl Popper vom Begriff der Selbstimmunisierung las, dachte ich: Ha! Die Psychoanalyse immunisiert sich selbst gegen jede Falsifizierung, indem sie alle Gegenargumente für Symptome jener Krankheit hält, die sie zu diagnostizieren meint ...

«Warum wehrst du das denn so ab?»

«Ich wehre das nicht ab, ich halte es nur für Humbug.»

«Warum bist du denn gleich so aufgescheucht?»

«Ich bin nicht ‹aufgescheucht›!»

«Du müsstest dir mal selber zuhören!»

«Ich sage nur, eigentlich ziemlich ruhig, dass die Psychoanalyse ein hermetisch geschlossenes System ist.»

«Ich glaube, du verdrängst da was.»

Warum sollte die Macht der Verdrängung so stark sein? Warum sollte man ihren Bann nicht brechen können? Was eigentlich hinderte einen daran, die entscheidenden Fragen zu stellen?

Und auch dies ist klassisch: Erst wenn die anderen Beteiligten tot sind, fängt man an zu forschen; jetzt muss man spekulativ rekonstruieren, was vor kurzem noch durch einfaches Nachfragen hätte erhellt werden können. Warum ist die Scheu, die Lebenden zu fragen, so groß? Warum weckt erst ihr endgültiges Verstummen die eigene Wissbegierde? Als gäbe es eine Art Widerwillen, an das Leben der Lebenden zu rühren, während man den Toten ohne Hemmung Tausende von Fragen ins Grab nachruft. Man spricht Menschen, die man mag, nun einmal nicht gerne auf etwas an, von dem man meint, es könnte ihnen unangenehm sein.

Die ersten Monate des Jahres 2015 verbrachte ich in den USA. Ich hatte eine Gastprofessur an der Washington University in St. Louis, Missouri, ein Sabbatical, das mir viel Zeit zum Schreiben ließ. Ich saß in meinem kleinen Apartment, draußen in der Dunkelheit fiel der Schnee, als ich im Netz nach Informationen über die Sichelzellenanämie googelte, an der meine Schwester Nneka gestorben war. Vor allem die Webseiten amerikanischer Medizinfakultäten halfen mir, die Krankheit besser zu verstehen. Dann erinnerte ich mich, dass Joyce, die Frau meines Vaters, ein Buch darüber geschrieben hatte: «Coping with Sickle Cell Disease – A Mother's own Experience», das sie mir, jetzt fiel es mir wieder ein, in die Hand gedrückt hatte, als ich in Nigeria war. Also gab ich ihren Namen bei Google ein, und tatsächlich gab es mehrere Treffer. Unter anderem für einen Artikel in der «Premium Times», einer nigerianischen Zeitung mit Sitz in Abuja, aus dem Jahr 2013. Der Text beschreibt die Gefahren der Krankheit, erwähnt Kirchen, die sich weigern, Paare zu trauen, wenn die Partner demselben Genotyp angehören (das wusste ich schon), lässt Menschen zu Wort kommen, die ihr Leben dem Kampf gegen SCD gewidmet haben. Auch Joyce als Verfasserin des einschlägigen Buchs wird interviewt. Und damit die Leser verstehen, wie es kommen konnte, dass sie drei Kinder an die SCD verloren hat, wird ihre Lebensgeschichte skizziert.

Von draußen drangen kaum Geräusche in mein Apartment, der Schnee dämpfte alles. Schneeflocken fielen in kleinen Bögen schaukelnd durchs Licht der Straßenlaternen, kurz wieder aufsteigend, bevor sie weiter nach unten schwebten ... ich las: «Mit zweiundzwanzig ging sie nach Deutschland, um dort Ozurumba zu heiraten, einen Medizinstudenten, den sie nie zuvor gesehen hatte. Sein Heimatdorf, Amucha, hatte Geld gesammelt, um ihm ein Auslandsstudium zu finanzieren; jetzt sah man sich in der Verantwortung, ihm eine Ehefrau zu schicken, denn die Zeit war reif.»

Wenige Worte und nicht für mich geschrieben; umso stärker war ihre Wirkung. Über Momente, in denen man etwas liest, was man nicht glauben kann, heißt es gerne, man traue seinen Augen nicht, in diesem Fall war es umgekehrt, ich wusste sofort, dass das, was meine Augen lasen, absolut richtig war. Genau so musste es gewesen sein! Ich würde meine Geschichte einer völlig neuen Wirklichkeit anzupassen haben.

In der Wissenschaftstheorie gibt es den Leitsatz: Von zwei möglichen Theorien zur Erklärung eines Phänomens entscheide man sich im Zweifelsfall für die einfachere und deshalb elegantere (die weniger Zusatzhypothesen braucht), und an Einfachheit, Eleganz und Klarheit war die Zeitungsversion meiner Familiengeschichte nicht zu überbieten. Das ganze nigerianische Epos in wenigen schlanken Wörtern: «Man sah sich in der Verantwortung, ihm eine Ehefrau zu schicken, denn die Zeit war reif.»

Es war das Jahr 1972, als Joyce in Deutschland landete. Auch hierin ist der Artikel von verlässlicher Präzision. Und ich bin Jahrgang 1971. Ich war mithin nicht zwei Jahre alt, wie ich immer behauptete, als mein Vater uns verließ, sondern deutlich jünger, und er ging auch nicht nach Nigeria zurück, sondern seine künftige Ehefrau kam nach Deutschland. Nicht er war in sein Dorf zurückgegangen, sondern das Dorf hatte die Notbremse gezogen und in seine Lebensführung eingegriffen, eine Ehefrau für ihn ausgesucht und nach Deutschland geschickt, und er hatte sich dieser Anordnung unterworfen. Was der Artikel nicht weiß (aber das Dorf, könnte ich mir vorstellen, durchaus wusste, weshalb es zu hektischen Gegenmaßnahmen griff):

dass der «Medizinstudent Ozurumba» schon Vater war. Nämlich meiner.

Auch meine älteste Schwester, Ikunna, Jahrgang 1972, Geburtstag im November, war nicht in Nigeria geboren, sondern in
Deutschland, genauer: in Bochum, wo ich meinen Vater im Jahr
1993 das erste Mal gesehen hatte und wo ich mir damals, mit 22,
zurechtgebogen hatte, dass er seinen sympathischen indischen
Kollegen in einer Phase seines Medizinstudiums kennengelernt
haben musste, die vor der Zeit in Heidelberg lag. Mama hatte
zwar immer nur von Heidelberg als Studienort gesprochen, aber
vermutlich, so sagte ich mir, hatte er sein Studium eben in Bochum begonnen. Erst Bochum, dann Heidelberg, dann Nigeria.

Die richtige Reihenfolge lautete: erst Heidelberg, dann Bochum, dann Nigeria.

Das Dorf also hatte Joyce zur künftigen Ehefrau meines Vaters bestimmt (eine ausgezeichnete Wahl übrigens für so ein
atavistisches Gremium, man sollte die Weisheit von arrangier-
ten Ehen nicht unterschätzen), und der Artikel erwähnte diesen
Umstand, um zu erklären, warum mein Vater und seine Frau,
beide medizinisch gebildet, damals nicht über ihre genetischen
Dispositionen gesprochen hatten. Es war halt eine arrangierte
Ehe, bei aller Umsicht des Dorfes: Diesen Aspekt hatte man
nicht im Blick gehabt. Und so ging mein Vater nicht zurück
nach Nigeria, um dort eine neue Familie zu gründen, sondern
er blieb in Deutschland, während seine künftige Ehefrau zu ihm
kam. Er in Bochum, sein Sohn in Heidelberg, nicht mehr als fünf
Zugstunden entfernt.

Aber was mich in jener Nacht in St. Louis am meisten scho-
ckierte, war eine andere Erkenntnis: Ich hatte es im Grunde
immer schon gewusst, ich hatte es nur nicht wahrhaben wollen.

Unter Verdrängung hatte ich mir immer einen subtilen, un-
terhalb der Schwelle der eigenen Wahrnehmung ablaufenden

Prozess vorgestellt und keinesfalls etwas so Anspruchsloses, Grobes und Handfestes wie: Augen verschließen, weghören; einfach so tun, als hätte niemand was gesagt; eine Information ganz bewusst nicht verarbeiten oder unterschlagen.

Tatsächlich war mein Verhalten aber genau das gewesen, nichts anderes – aktive Beweisfälschung. Wann immer man mich nach dem Alter von Ikunna fragte, hatte ich sie jünger gemacht, denn ich *wusste*, dass ihr Jahrgang 1972 (plus neun Monate) sich nicht mit einer Geschichte verbinden ließ, nach der mein Vater erst 1973, «als ich zwei Jahre alt war», nach Nigeria gegangen war.

Und nicht nur das, auch Ikunna selber hatte nie ein Hehl daraus gemacht, dass sie in Bochum das Licht der Welt erblickt hatte. Wenn sie das erwähnte, habe ich sie vermutlich mit einem so leeren Blick angeschaut, dass sie sich nicht aufgefordert fühlte, das Thema zu vertiefen. Und jetzt erinnerte ich auch wieder, dass mein Vater schon in einem seiner ersten Briefe an mich geschrieben hatte, das Deutsch seiner Tochter sei ausgezeichnet, gewiss wirkten da noch frühe Kindheitserinnerungen aus Bochum nach.

Als ich den Artikel in der «Premium Times» las, war es 22 Uhr Central Time, mithin 5 Uhr morgens in Europa. Ich musste mit jemandem über meine Entdeckung reden, ich konnte nicht allein mit dieser Neuigkeit bleiben, aber um diese Uhrzeit schliefen alle Freunde in Deutschland. Also rief ich Edward an, den ich nur wenige Wochen zuvor in Chicago besucht hatte. Für so was gab es ohnehin keinen Besseren. Wer vier Jahrzehnte als Pfarrer gearbeitet hat, weiß, wie Seelsorge geht.

«Ich habe dir doch erzählt, dass ich angefangen habe, die Geschichte mit meinem Vater aufzuschreiben. Und ich habe dir auch von der Sickle Cell Disease erzählt. Eben habe ich versucht, mehr über die Krankheit zu erfahren, und da bin ich auf einen Artikel über die Frau meines Vaters gestoßen, aus dem hervorgeht, dass mein Vater nicht nach Nigeria zurückgegangen ist, als ich zwei Jahre alt war, sondern dass das Dorf, Amucha, ihm seine Frau nach Deutschland geschickt hat.»

«Ja, das Dorf», unterbrach mich Edward mit warmer Stimme, «ich erinnere mich gut. Wo dein Vater der Chief ist. Ich mochte immer den Dorfzusammenhalt, diese Solidarität.»

«Genau darum geht es. Die haben für meinen Vater in seiner Abwesenheit eine Ehefrau ausgesucht und ihm nach Deutschland nachgeschickt! Und zwar vermutlich ziemlich genau in dem Moment, in dem sie die Augen nicht mehr davor verschließen konnten, dass er einen illegitimen Sohn mit einer Deutschen gezeugt hatte.»

Edward verlor jetzt seine Ruhe. «Bist du okay?», fragte er energisch.

«Nur etwas verwirrt. Weißt du, Bochum und Heidelberg liegen bloß fünf Zugstunden voneinander entfernt. Während ich also in Heidelberg aufwuchs, lebte er in Bochum.»

«Wie lange?»

«Weiß ich nicht. Vielleicht zwei, drei Jahre?»

Er könne sich vorstellen, sagte Edward, wie schmerzhaft diese späte Erkenntnis für mich sei, doch während er seiner Sorge Ausdruck gab, wurde mir klar, dass das gar nicht der Punkt war. Ich fühlte mich nicht von meinem Vater verraten oder auch nur weniger geliebt, weil er so herzlos war, quasi ums Eck zu wohnen, ohne nach mir zu schauen; schockiert war ich über mich selbst.

«Ich bin eher über mich selbst erstaunt. Ich hätte das alles wissen können. Wenn man mich nach meinem Vater fragte, habe ich immer gesagt, er sei nach Nigeria zurückgegangen, als ich zwei war, aber eigentlich weiß ich überhaupt nicht, wie ich auf diese zwei Jahre gekommen bin, vielleicht hat Mama mir das so erzählt, vielleicht auch nicht, jetzt kann ich sie nicht mehr fragen. Meine Version war jedenfalls immer: zwei Jahre. Aber worüber ich nie nachgedacht habe, was mir nie aufgefallen ist, wenigstens nicht so, dass es meine Version der Geschichte in Frage gestellt hätte: Auf keinem der Fotos, auf denen ich als Zweijähriger im Kinderwagen durch die Weinberge Dossenheims geschoben werde, taucht mein Vater auf. Es gibt Fotos von meinem Vater mit Jackett und Krawatte, wie er mich auf dem Arm trägt, aber das Baby in seinen Armen ist höchstens sieben Monate alt. Danach hatte er sich nämlich schon auf den Weg nach Bochum gemacht.»

«Ich kann mir gut vorstellen, dass dich das trifft: dass dein Vater in Wahrheit in deiner Nähe war, sich aber nicht gemeldet hat.»

«Nein, du erschrickst über die falschen Sachen. Nicht Bochum treibt mich um, sondern meine grenzenlose Fähigkeit zur Ausblendung. Ich erzähle dir noch was viel Krasseres: Ich habe meine Schwester immer jünger gemacht, als sie ist. Dabei wusste ich, sie hat das ja nicht verheimlicht, dass sie Jahrgang 1972 ist.»

«Warum war es dir denn so wichtig, dass dein Vater erst gegangen ist, als du zwei warst?»

«Ich fürchte, die Antwort ist peinlich. Ich habe mein Leben lang gedacht: Je später mein Vater uns verlassen hat, umso weniger anstößig ist meine Zeugung gewesen, umso geringer die Schande, umso geordneter die Verhältnisse.»

«Die Schande? Was meinst du damit?»

«Ein Vater, der wenige Monate nach der Geburt seines Sohnes das Weite sucht, ist ein Hallodri. Und die Mutter, die den Erzeuger nicht länger als ein paar Monate halten kann, steht auch nicht sonderlich gut da. Ein Vater hingegen, der nach zwei Jahren, weil die Last der Verantwortung für sein Dorf schwer auf seinen Schultern drückt, allein in sein Heimatland zurückkehrt, weil die Mutter seines Sohnes es sich nun mal nicht vorstellen kann, in Afrika zu leben, ein solcher Vater ist zwar auch noch keine hundertprozentige Normalitätsverkörperung, aber eben auch kein fröhlicher Beischläfer. Du musst wissen, als Kind war es mir immer unangenehm, wenn jemand mich fragte, ob mein Vater ein GI gewesen sei, weil ich mir unter einem GI jemanden vorstellte, der eine Deutsche schwängert und dann verschwindet; da war mir die Geschichte mit Amucha wesentlich lieber. Zwei Jahre Ringen, ob ein gemeinsames Familienleben nicht doch möglich ist, und dann, nachdem meine Mutter und mein Vater tief in sich hineingehorcht hatten, die schwierige Entscheidung: Er geht zurück, aus Verantwortungsgefühl gegenüber dem Dorf, aus dem er kommt. Gibt seinem Volk zurück, was es ihm gegeben hat. Fast ein edler Charakterzug.»

«Und war es nicht auch tatsächlich ein bisschen so? Dein Vater war Teil des sittlichen Systems Amucha, und deswegen musste er so handeln.»

«Das kann man so sehen.»

«Glaubst du, deine Mutter hat gewusst, dass er nach Bochum gegangen ist?»

«Ich weiß es nicht. Ich glaube nicht. Ich weiß ja nicht einmal, ob es Mama war, die mir das mit den zwei Jahren erzählt hat, oder ob ich mir das selber zusammengereimt habe. Ich weiß nur, dass sie immer gesagt hat: Dein Vater ging zurück nach Nigeria aus Verantwortung für sein Dorf. Ich glaube nicht, dass sie das mit Bochum wusste, meine Mutter war nicht jemand, der die Unwahrheit erzählte. Aber sicher bin ich mir nicht.»

Draußen schneite und schneite es, und ich sah nichts als den schwarzen Himmel, die weißen Straßen, die wackligen Strommasten, die unter der Schneelast noch schiefer als sonst zu stehen schienen. Die Nacht war lautlos. Selbst die wenigen

Autos, die sich über die Straßen schoben, hatten schneebedeckte Dächer, als wären sie nur eine Auswölbung der schalldichten Schneehaut, die die Welt umschloss.

«Wie geht es dir jetzt?»

«Ich wundere mich, wie blind man sein kann.»

Ich legte auf und schaute durchs Fenster ins Schneeflockengetümmel. Jetzt erinnerte ich mich, dass auch Joyce einmal einfließen ließ, zwei oder drei Jahre in Bochum gelebt zu haben: Es wurde absolut kein Geheimnis daraus gemacht. Das allerdings sprach dafür, dass Mama davon gewusst haben musste. Und wenn mein Vater glaubte, dass meine Mutter es wusste, hatte er zwanzig Jahre später auch keinen Grund, es seinerseits zu verheimlichen; meine Mutter hätte mithin in ihrer sanft-bestimmten Art das äußerlich Brutale des Vorgangs auf seinen höheren Sinn hin gelesen: Rein äußerlich, mochte sie sich gesagt haben, sieht es aus wie ein hässlicher Autoritätsvorgang, in dem mein Vater von seinem illegitimen Sohn durch eine rasch arrangierte Ehe abgezogen wird – aber wenn man sich in den Kulturzusammenhang hineindachte, sah alles etwas anders aus, dann war, was ihr und mir damals geschah, die unvermeidliche Härte einer im Ganzen verantwortungsvollen Gemeinschaftsentscheidung. Amucha zählte, nicht Bochum. Bochum war äußerlich. Die Wahrheit der Erzählung war Amucha. Und allein diese Geschichte war dem Sohn mitzuteilen; ihr allegorischer Sinn – gib der Gemeinschaft, aus der du kommst, das zurück, was sie dir gegeben hat – hob die prosaische Wirklichkeit auf.

Meine Mutter hatte mir immer gesagt, dass mein Vater Kinderchirurg sei, aber seinen Facharzt hatte er, musste ich jetzt vermuten, wohl erst in Bochum gemacht. Wusste sie folglich von Bochum? Oder ging sie davon aus, dass er nach Nigeria zurückgekehrt war, um zu heiraten, dann aber für seinen Facharzt noch einmal nach Bochum gekommen war? Hatte sie das vielleicht von den gemeinsamen deutschen Freunden in Nigeria erfahren, über die sie Kontakt zu meinem Vater aufzunehmen versucht hatte? Wusste sie es, und es war ihr nicht wichtig?

Ich glaube nicht, dass sie es wusste. Sie war keine Verheimlicherin. Spätestens auf unserer letzten Zugfahrt von Heidelberg nach Berlin hätte sie eigentlich davon sprechen müssen; jedenfalls ergab es wenig Sinn, einerseits die Geschichte von dem nie beantworteten Brief zu erzählen, andererseits aber die Bochum-Episode auszulassen. Oder glaubte sie, dass das ohnehin Stand meines Wissens war, weil Ikunna ja völlig unverkrampft darüber sprach? Oder war die damalige Wendung der Ereignisse, das Ende der emotionalen Nähe ohne geographischen Abstand, doch ein zu großer Schmerz für sie, sodass sie die Vorstellung, dass der Vater ihres Sohnes nur fünf Zugstunden entfernt seinen Facharzt machte, einfach ausblendete und nie wieder darauf zu sprechen kam? Oder all das zumindest für mich ausblendete, wohingegen es für sie in Ordnung war? Auch das ist denkbar.

Ich stelle mir vor, wie sie auseinandergingen. Hat sie ihn zum Flughafen nach Frankfurt gebracht, und er ging, nachdem sie sich ein letztes Mal umarmt hatten, statt zur Sicherheitsschleuse hinunter zum Bahnsteig und nahm den nächsten Zug nach Bochum? Oder war meine Mutter die Kaltblütige: Sie wollte ein Kind, und zwar von diesem Mann, und von Anfang an war ihr klar, sie würde das Kind allein aufziehen, genauso wie ihr klar war, dass der Mann zurück nach Nigeria gehen würde. Womöglich war es exakt das, was sie wollte: eine alleinerziehende Mutter sein, den Vater ihres Kindes aus der Ferne lieben. Dann wäre die Abmachung von Anfang an so unzweideutig gewesen, dass mein Vater gar keine moralische Verpflichtung empfinden konnte mitzuteilen, ob er nun nach Nigeria zurück- oder nach

Bochum weiterzog. Und spätestens hier merke ich, dass alle diese Hypothesen dem Leben selbst nur so nahe kommen wie die Rekonstruktion einer Tat in einem Indizienprozess.

Keiner möchte ein anderer werden müssen als der, der zu sein er gewohnt ist. Bohrt doch nicht immer in der Vergangenheit herum, es muss auch mal gut sein: Ich war zwei, als mein Vater nach Nigeria zurückging, und wenn es anders war, lasst es gut sein, wem ist schon mit der Wahrheit gedient? Erst das Schreiben, dachte ich dann, hat mich gezwungen, genauer hinzuschauen. Musste ich mir jetzt ein neues Bild von meiner Mutter machen? Ich wollte ihr Bild doch so bewahren, wie es mich 44 Jahre lang begleitet und beschützt hatte.

Gleichzeitig ging mir in jener Nacht in St. Louis auf, was mir nach meiner Rückkehr nun bevorstand: Im Keller meiner Berliner Wohnung warteten ein paar Kisten. Ich musste auflachen: Was für ein abgeschmacktes literarisches Motiv – am Ende sind es immer Kisten! Sechs Kisten, randvoll mit Briefen. Sie waren alles, was meine Mutter mir vererbt hatte. Ihr Leben als Briefroman. Leider fehlte ihre Seite der Korrespondenz. Doch vorausschauend, wie sie in menschlichen Dingen war, hatte sie ihre letzten Lebensmonate, bevor sie zu mir nach Berlin kam, dazu genutzt, Ordnung in ihre Korrespondenz zu bringen. Hatte Unwichtiges weggeworfen, die ihr wichtige Post hingegen thematisch zu Bündeln geschnürt. Sie wollte, dass ich das dermaleinst lese, und ihr war klar, dass sie mir Pfade durchs Dickicht schlagen musste, sonst würde ich angesichts der undurchdringlichen Fülle gar nicht erst damit beginnen.

Als ich nach ihrem Tod, noch in ihrer Dossenheimer Wohnung, die Kisten dann flüchtig geöffnet hatte, sah ich, dass es zum Beispiel ein Bündel gab, auf dem stand: «Basilios». Auf einem anderen: «Yvonne». Auf einem weiteren: «Ozurumba

1968–1971». Weiter hatte ich mich nicht darauf eingelassen, hatte die Kisten in den Umzugswagen getragen und in Berlin in meinen Keller verräumt. Freunde hatten, als ich davon erzählte, entgeistert gefragt: «Wie? Du hast die Briefe deines Vaters an deine Mutter in der Hand gehabt und sie nicht gelesen?»

Ja.

Und auch nach meiner Rückkehr war es nicht so, dass ich als Erstes in den Keller rannte und die Kisten hochholte. Vielmehr: Es vergingen einige Monate, in denen ich munter an meinem Buch schrieb, nur manchmal dachte ich: «Hoffentlich werde ich nicht alles umschreiben müssen, wenn ich die Briefe lese.»

Irgendwann aber kam dann doch der Gang in den Keller; nach fast fünf Jahren waren die Kisten ziemlich verstaubt. Während ich sie hervorzog, stieß ich auf weitere Kisten mit meinen eigenen Briefkonvoluten, und wo ich schon einmal dabei war, die Archive zu befragen, konnte es nicht schaden, auch die Briefe meines Vaters an mich hervorzukramen. Bisher hatte ich mich beim Schreiben auf meine Erinnerung verlassen. Ein Abgleich mit den Quellen war überfällig.

Mit den Briefen meines Vaters an mich fing ich an. Es war nicht schwer, sie aus der Menge der anderen herauszufischen. Sie steckten in weißen Kuverts, die stärker vergilbt waren als die anderen Umschläge, darauf groß: Godwin Hospital. Es waren nicht viele, doch mehr, als ich in Erinnerung hatte, mal auf Englisch, mal auf Deutsch. Beschämt musste ich feststellen: Es waren schöne Briefe, würdevoll und einfühlsam. So sprachlos, wie ich ihn gemacht hatte, war er nicht. Den Satz «Blut ist dicker als Wasser» hatte er tatsächlich geschrieben, aber er war keineswegs so zentral, wie ich ihn abgespeichert hatte. Schwer überrascht, und zwar auf jene Weise, die zu sofortiger Reue führt, war ich, als ich einen Brief vom 10. Juni 1993 hervorzog, geschrieben mithin drei Monate vor meiner Reise nach Nigeria;

in meinem vorangegangenen Brief musste ich meinem Vater wohl ausführlich von meinem Griechenland-Urlaub im Spätsommer 1992 erzählt haben (da war ich dem Tod beim Surfen gerade noch von der Schippe gesprungen: Ein heftiger Sturm war aufgekommen, ich kriegte das Segel nicht mehr hoch, weil der ablandige Wind es immer wieder ins Wasser drückte und mich gleichzeitig raus ins offene Meer trieb, erst nach zwei Stunden, der Himmel war mittlerweile von düsteren Wolken verschlossen, konnte ich, apathisch auf dem Brett liegend, während die Wellen über mir zusammenschlugen, von beherzten Nachbarn mit ihrem Motorboot gerettet werden ...); vermutlich also hatte ich meinem Vater in farbigen Ausdrücken meine Seenot beschrieben. Aber was immer der Inhalt war, er mochte den Brief. Sogar sehr. Hatte ihn seiner Frau zu lesen gegeben, wie er in seiner Antwort festhält, diesmal auf Deutsch (sein Deutsch war immer noch erstaunlich gut), und dann schreibt er doch tatsächlich: «Meine Frau hat es auch gelesen und meinte, der Junge wird ein Schriftsteller.»

Wie konnte ich das alles vergessen? Warum war es nicht in mein Vaterbild eingegangen? Warum hatte sich in meiner Erinnerung der Eindruck verfestigt, dass er immer nur über Medizin gesprochen und wenig Anteilnahme an meinem Leben gezeigt hatte?

Es geht weiter in einer Weise, die man keinem Romanautor durchgehen lassen würde: «Ich habe ihr (also Joyce) aber geantwortet, daß ich nicht ganz genau sagen kann. Wir beginnen gerade ein gutes Beispiel zu sehen. The composition on your travel to Greece war sehr interessant, möglicherweise wird die Reise nach Nigeria ein Buch oder ein Kompendium werden!» Hätte ich seinen Brief damals näher an mich herangelassen, ich hätte mir während der Nigeria-Reise Notizen gemacht, für die ich heute sehr dankbar wäre ...

«Du bist ‹funny›», schreibt er dann noch und entschuldigt sich, dass seine Briefe nicht gar so lang ausfallen: «Weißt du, Mediziner sind sparsam auf Wörter, aber viel auf ‹action› (...) Anders gesagt wir Mediziner sind literarisch nicht ausgezeichnet, deshalb haben wir von vornherein Wissenschaft studieren können.» Jetzt freue er sich sehr, dass Ikunna mich in München besucht habe. Und dann: «Iku hat dir sicherlich erzählt, dass sie mit vier Jahren nach Nigeria mit uns kehrte. Bis dahin konnte sie sogar das Bochumer Dialekt sprechen.»

Ich legte die Briefe zur Seite. Zum ersten Mal hatte ich soeben meinen Vater vermisst.

Die Briefe aus der Zeit nach der Nigeria-Reise waren dann schon erkennbar von einem Zwangsmuster bestimmt, aus dem wir nicht mehr herausfinden sollten: Ständig grüßte er mich von Leuten, die ich nicht kannte, angeblich fragten alle, wann ich wiederkommen würde, man habe mich sehr vermisst, als Ikunna über Weihnachten allein nach Aba gekommen sei – als ich das, jetzt erinnerte ich mich wieder, zum ersten Mal las, hatte ich empört gedacht: Wie gefühllos, dass er tatsächlich glaubt, ich könnte Weihnachten woanders als bei meiner Mutter verbringen! Oder er schlug vor, ob ich nicht an einer nigerianischen Universität Germanistik lehren wolle, das wäre doch auch gut für meinen Lebenslauf, Internationalität usw. ... Und so war Post von ihm immer wie ein Mahnbrief vom Finanzamt: Jedes Mal wollte er etwas von mir, das ich nicht geben mochte. Jedes Mal hieß auf seine Briefe zu antworten, ihm einen Korb zu geben.

Im Rückblick muss ich sagen: Ich verhielt mich feige. Nämlich unbedingt korrekt, sodass man mir nichts vorwerfen konnte, aber so schwunglos, dass dem anderen irgendwann der Atem ausgehen musste. Ohne Schwung kein Leben. Ich hatte, wenn während meiner ersten Reise bereits von der nächsten die Rede war, nie etwas versprochen, sondern immer nur gutmütig gelächelt, hatte nie eine Rückkehr in Aussicht gestellt, mündlich genauso wenig wie in meinen Briefen, hatte stets nur erklärt, aus welchen Gründen es gerade nicht ging, hatte meinem Vater, meinen Schwestern, meinem Cousin Hippolite nun wirklich nie einen Rosengarten versprochen und absolut nichts unterschrieben. Gerührt von der Zuneigung, die mir entgegenkam, hatte ich versucht, niemanden vor den Kopf zu stoßen, aber ich hatte auch nie die Initiative ergriffen und den Ball, der mir zugespielt wurde, beschwingt zurückgespielt. Ich hatte ihn vielmehr angenommen, dann aber in meiner Hälfte liegen lassen. Durch geschmeidige Passivität hatte ich das Engagement meines Vaters ausbluten lassen, und dass dies funktionierte, lag gewiss auch daran, dass wir nie eine Aussprache hatten, bei der alles auf den Tisch kam. Danach hätte ich meine diplomatische Teflonhaftigkeit sicher nicht mehr aufrechterhalten können, aber wir waren eben nie zu solcher dramatischen Aufrichtigkeit vorgestoßen. In keinem Moment waren wir vom Epos zum psychologischen Roman übergegangen.

Vielleicht ist die Erklärung aber auch einfacher und elementarer, vielleicht trifft das Wort Zuneigung, das ich gerade gebraucht habe, die Sache nicht; es war Liebe. Auf jede Postkarte schrieb Ikunna: «Mein Brüderchen, ich liebe dich sehr.» Und vielleicht war mir das zu viel: so viel Liebe auf einen Schlag, der man dann ja gerecht werden muss. Ich wies sie nicht zurück, aber ich nahm sie wie mit einem Stoßdämpfer an, um ihren Überschwang in etwas Geordneteres zu überführen, etwas, das nicht von mir verlangte, mein Leben umzustellen.

Dann öffnete ich die andere Kiste, die mit den Briefen meines Vaters an meine Mutter. Sie waren mit der Hand geschrieben, aber auch nach über 40 Jahren noch gut lesbar. Sie begannen im Jahr 1968 und endeten im Sommer 1971 mit einem Brief aus Nigeria, in dem mein Vater Grüße seiner Familie an Mama und mich ausrichten lässt – alle seien glücklich zu hören, dass es dem Kind gutgehe. Und er berichtet, dass er bereits ein Apartment in Bochum gefunden habe. Von Bochum hatte meine Mutter also gewusst. Die Vermutung liegt nahe, dass sie auch von Joyce gewusst hat. Aber ich weiß es nicht, und mehr geben die Briefe nicht her.

Seit St. Louis war mittlerweile ein halbes Jahr vergangen, Zeit, in der sich die neue Erkenntnis setzen konnte. Meine alte Lebensgeschichte hatte sich als Einbildung erwiesen; inzwischen hatte ich sie durch eine neue ersetzt und mich daran bereits so gewöhnt, dass mich die Frage, wer was gewusst hatte, nicht mehr brennend interessierte. Wie es auch sei, das Leben, es ist gut. Möglicherweise war es ja auch eine Gunst, sich einmal so grell ausgeleuchtet in der eigenen Verblendung sehen zu können …

Weit mehr trieb mich ein anderer Brief um, den ich in der Kiste gefunden hatte. Das Konvolut endete nämlich nicht mit der letzten Nachricht meines Vaters aus dem Sommer 1971, sondern mit der Kopie eines Briefes, den Mama 2004 an meinen Vater geschrieben hatte.

Schon die Existenz dieser Seiten war eine Überraschung für mich. Offenbar hatte sie sie verfasst, als mein Vater noch einmal bei ihr zu Besuch in Dossenheim gewesen war, ein Besuch, von dem ich nichts gewusst hatte. Bei seiner Abreise hatte sie ihm den Brief dann mit der Aufforderung in die Hand gedrückt, ihn erst im Flugzeug zu lesen (der Brief war mit Schreibmaschine geschrieben, und sie hatte ihn für ihr eigenes Archiv kopiert und auf der Kopie mit Bleistift notiert: «Im Flugzeug zu lesen»). Es war ein Liebesbrief. Er begann mit einem Zitat von Henry Scott Holland, dem Domherrn der Saint Paul's Cathedral in London um 1910, eine philosophisch-religiöse Vergänglichkeitsreflexion: «All is well. Nothing is past. Nothing has been lost.»

Von Heidelberg muss mein Vater weiter zu mir nach München gereist sein. Dass er vorher in Dossenheim war, hat er mir nicht gesagt, und so war ich mir sicher gewesen, dass sich die beiden in den letzten Jahren nur ein Mal gesehen hatten, gemeinsam mit mir, als wir durch die Weinberge spazierten. Da hatte ich mich getäuscht: Die «Erwachsenen», wie ich plötzlich dachte, hatten offensichtlich ihr eigenes Leben.

Nach dem Eröffnungszitat von Holland erinnert Mama meinen Vater an den ersten Brief, den sie vor 36 Jahren von ihm erhalten habe: Die ersten Briefe seien noch mit «Levi» gezeichnet gewesen; sie habe ihn damals gefragt, ob er auch einen afrikanischen Namen habe. Worauf er ihr die Geschichte erzählt habe, wie seine Mutter ihm den Namen Ozurumba gegeben hatte, und wegen dieser schönen Geschichte, die der Brief selber nicht ausführt, sei es für sie, meine Mutter, dann später «keine große Anstrengung» gewesen, mich Ijoma zu nennen.

Und weiter: Sie habe seine Briefe wieder hervorgekramt, als er sich 1992 bei mir gemeldet hatte, doch habe sie nur «spickzettelartige» Blicke darauf geworfen, «denn ich hatte Angst, Angst vor mir selbst». Meine Mutter neigte in ihren Briefen zu einem Pathos, bei dem sich mir die Fingernägel krümmen, aber an dieser Stelle muss ich es ihr durchgehen lassen. Jetzt allerdings nimmt der Brief eine unerwartete Wendung. Sie habe, schreibt sie, damals einen seiner Briefe an mich geschickt, und ich sei «angetan und berührt und auch voller Achtung über die Art Deines Schreibens und Erzählens» gewesen, und daran kann ich mich nicht erinnern, absolut nicht, aber meinen Leumund als glaubwürdiger Zeuge habe ich, ich weiß schon, verspielt. In jener Zeit nun, fährt meine Mutter fort, habe sie überlegt, ob sie mir nicht das ganze Briefkonvolut geben solle, habe aber schließlich gefunden, die Zeit sei dafür noch nicht reif. Das muss 1993 gewesen sein.

Und als er sie dieses Mal – und jetzt sind wir im Jahre 2004 – wieder in Heidelberg besucht habe, habe sie erneut überlegt, ihm, der auf dem Weg nach München zu mir gewesen sei, die Briefe mitzugeben; tue sie es, würde das, habe sie gedacht, «eine Art Initiationsakt» sein. Doch dann heißt es etwas verrätselt: «Aber es war wohl doch nicht eine so gute Idee, denn es wurde nichts aus ihr.»

Warum aus dieser Idee nichts wurde, geht aus dem Brief nicht hervor. Es folgt eine weitere Liebeserklärung.

An dieser Stelle muss ich einschieben: Meine Mutter war in vielerlei Hinsicht bescheiden, nur in einer nicht: An ihrer Überlegenheit in menschlichen Fragen hatte sie keine Zweifel. Sie war sich immer sicher, dass sie wusste, was zu tun das Richtige sei – dank einer besonderen Empfänglichkeit für die Irrungen und Wirrungen jedes einzelnen Lebens. In diesem Punkt hielt sie sich für erprobt, darauf hatte sie ihr Leben gebaut, das aus einem dichten Netz von Menschen bestand, die sich von ihr in ihren Fährnissen, Zweifeln und Sehnsüchten ernst genommen und verstanden fühlten, und das, obwohl sie streng sein konnte. Und während ich nun ihren Brief erneut las, dachte ich, ob darin nicht auch ein Moment von Größenwahn lag: Der Brief, geschrieben 2004, war ja fast noch mehr als an meinen Vater an mich gerichtet, und sie muss dabei fest überzeugt gewesen sein, dass ihre Botschaft mich zu gegebener Zeit erreichen würde. Aber eben auch nicht früher. Sie hatte alles genau vorhergesehen. Nach ihrem Tod würde ich mich eines Tages ihrer epistolarischen Hinterlassenschaft zuwenden, dem von ihr vorgegebenen Ordnungsmuster der Briefe folgen und also, nachdem ich die Briefe meines Vaters zwischen 1968 und 1971 gelesen hatte, auf ihren Brief aus dem Jahr 2004 stoßen, in dem sie festgehalten hatte, dass es damals, 1993, noch zu früh gewesen sei, mir das Briefkonvolut zu übergeben, während es 2004 – aus welchen Gründen auch immer – sich nicht ergeben hatte. Ich stellte mir vor, wie meine Mutter kurz vor ihrem Tod die Briefe zu einem Päckchen verschnürt und voller Rechtschaffenheit gedacht hatte: «So soll es sein: Wenn ich in der Erde liege, ist der richtige Zeitpunkt für ihn, das zu lesen. Dann wird er auch diesen meinen Brief an seinen Vater lesen und wissen, dass Ozurumba mich noch einmal besucht hat und dass ich ihn immer geliebt habe.»

So muss ihr letzter Wille gewesen sein, und unwahrscheinlicherweise ist es auch wirklich so gekommen. Sie hatte sich darauf verlassen, dass ihre Auflösung der Geschichte mich erreichen würde. Diese Bescheidwisserei, diese Strippenzieherei im Menschlichen (übers Grab hinaus!), dachte ich mit einer gewissen Gereiztheit (Söhne pflegen streng mit ihren Müttern zu sein), hatte etwas Brachiales. Und es war ja keineswegs so, dass ich mich früher für die Geschichte, wie sie hier vor mir lag, im Ernst interessiert oder meine Mutter mit Fragen nach meinem Vater, ihrer gemeinsamen Zeit bedrängt hätte, im Gegenteil. Trotzdem konnte ich nicht umhin, im absichtsvoll verschnürten Briefkonvolut etwas Manipulatives zu sehen. In bester Absicht natürlich, wie bei den meisten Manipulationen. Und zugleich fragte ich mich, ob ich das vielleicht schon als Kind gespürt hatte: Nichts registrieren Kinder schließlich stärker als Manipulationen, auch wenn sie sie als solche nicht identifizieren können und lediglich die kognitive Dissonanz wahrnehmen, die sie umgibt. Hatte ich nicht als Kind auch einen gewissen Vorbehalt gegen meine Mutter gehabt? Einen Vorbehalt, der gar nicht so sehr der anstrengenden Unkonventionalität, eher der selbstbewussten Sicherheit galt, mit der sie beschloss, was zu wissen und zu erfahren für ihren Sohn gut war? Ein kindliches

Misstrauen, das, falls die Hypothese zutrifft (sicher bin ich mir nicht), kaum zu artikulieren war, eben weil meine Mutter so erkennbar eine gute Person war, für andere da, nie jemanden vergessend, sich auf alles einlassend. Möglicherweise war, was ich immer für meine persönliche Schwäche gehalten hatte, nämlich nichts über die Verbindung meiner Mutter und meines Vater wissen zu wollen, mithin nur ein Reflex ihrer allzu weit planenden Informationspolitik?

Wir wissen immer schon alles, auch als Kind, wir wissen nur nicht, dass wir es wissen.

In dieser Situation fuhr ich nach Heidelberg, um mit einer Freundin meiner Mutter zu sprechen. Monika, etwas jünger als Mama und ebenfalls Psychotherapeutin, allerdings mit dem Schwerpunkt Legasthenie. Sie hatte sich auf meinen Besuch vorbereitet und bereits eine Liste mit jenen Eigenschaften erstellt, die sie an meiner Mutter besonders schätzte: «Ihre Fähigkeit, so zuzuhören, dass ein Erlebnis Wertigkeit erlangte», stand da zum Beispiel, oder: «ihre Kampfbereitschaft, die einer Löwenmutter entsprach», oder: «ihre Fähigkeit, Feste zu gestalten». Daneben gab es Eigenschaften meiner Mutter, mit denen Monika zu kämpfen hatte, zum Beispiel die Unverbesserlichkeit, mit der sie sich geweigert habe, sich in finanziellen Nöten helfen zu lassen (was nicht ganz stimmte, Monika selbst hatte ihr, wie ich von Mama wusste, öfter ausgeholfen). Wir saßen an unserem alten Esstisch, den Monika nach Mamas Tod übernommen hatte, ein Bauerntisch aus Kirschholz, das warm schimmerte; seit meiner Kindheit kannte ich die dunklen Astlöcher, die seine Tischplatte wie Intarsien zierten. Als Vertriebene, sagte Monika, habe sich meine Mutter ihr ganzes Leben wie eine Nomadin gefühlt. Daher ihre Abneigung, Dinge zu horten: Wenn man ihr etwas schenkte, habe sie es weiterverschenkt, nicht ohne die Kette der Schenkungsakte zu erwähnen, denn in dieser Erzählung, die zwei Menschen miteinander verband, die also ein Netz knüpfte, lag die eigentliche Bedeutung. Aber wichtiger war Monika etwas anderes, eine gewisse Stur-, ja Starrheit meiner Mutter. Schon in der Liste der Punkte, über die sie sich geärgert hatte, stand: «ihre Nicht-Hinterfragbarkeit». Ich wusste sofort, was gemeint war. Obwohl meine Mutter bekannt dafür war, Menschen zum Reden zu bringen, habe es, erzählte mir Monika nun, einen Bereich gegeben, bei dem sie sich verschloss, wo sie unwirsch wurde, jede Kritik abwehrte und nicht mit sich reden ließ, einen Bereich, von dem man allerdings nicht genau sagen konnte, was ihn ausmachte, denn es ging dabei nicht um ein bestimmtes Thema, eher um eine undeutliche Zone. War diese Zone berührt, versteifte sich meine Mutter geradezu körperlich wie ein Reh, das im Scheinwerferlicht eines Autos erstarrt und sich nicht von der Stelle bewegt: kein Weiterkommen. Ihre Krebserkrankung, meinte Monika, habe dazu gehört, überhaupt die Biologie des Körpers: Die habe sie verdrängt wie etwas, das ihre Kräfte überstieg.

Und jetzt erinnerte mich Monika an etwas, das an meiner Mutter ungemein auffällig gewesen sei, nämlich, dass sie manchmal mit einem seltsamen Akzent gesprochen habe, dass ihr Deutsch in bestimmten Situationen nicht mehr klang, als wäre dies ihre Muttersprache. Und doch war es kein ausländischer Akzent, der ihren Tonfall eintrübte. Sie dehnte die Vokale, verlieh ihnen eine leicht abweichende Färbung, wobei ihre Stimme nasal und maniert wurde, ja selbst ihre Grammatik sich am Rande des Erlaubten bewegte. Dieser Akzent stellte sich immer in emotionalen Momenten ein, in solchen der Euphorie und des Überschwangs, aber auch, wenn ihr etwas unangenehm war. Musste sie auf einen Anrufbeantworter sprechen, dann immer in dieser Manier (und bevor sie auflegte, sagte sie als Schlussformel: «Mama» – so wie man einen Brief unterschreibt).

Als Kind war mir das kaum aufgefallen, erst als Jugendlicher konnte ich es nicht mehr ignorieren, weil meine Freunde fragten, warum meine Mutter manchmal so seltsam spreche. Allen fiel es auf. Meine Mutter bestritt auch gar nicht, dass es so war, konnte dazu aber nur Stellung nehmen wie zu einem Tatbestand, den sie lediglich vom Hörensagen kannte. Wenn das alle sagten, werde es schon so sein … Als Psychologin wusste sie, dass man für Abweichungen immer eine (am besten frühkindliche) Erklärung haben muss, und deshalb sagte sie versuchsweise, vielleicht hänge ihre Redeweise mit dem Jahr in Schlesien zusammen, als sie unter den Polen lebten und in der Öffentlichkeit nicht Deutsch sprechen durften. Aber die Erklärung schien sie selber nicht so recht zu überzeugen.

Monika, die viel mit Legastheniepatienten arbeitete, hatte einen Begriff zur Hand: «psychogener Disgrammatismus». Aber auch sie hatte keine Erklärung für das Phänomen.

Als Kind hatte ich lange Zeit einen Vorbehalt gegen Monika gehabt. Ich verband sie mit einem Geburtstagsfest, zu dem Mama mich mitgenommen hatte, als ich fünf oder sechs Jahre alt war. Vielleicht war es Monikas Geburtstag; jedenfalls waren viele Erwachsene da, alle müssen in ihren frühen Dreißigern gewesen sein und waren sehr ausgelassen. Es gab Spargel aus Schwetzingen. Spargel mit seinen Bitterstoffen und seiner faserigen Struktur ist ein heikles Gemüse für Kinder, aber ich mochte ihn, gleichwohl musste ich mich konzentrieren, wenn ich ihn aß. Ich erinnere eine große Wohnküche, manche Leute saßen an Tischen, viele standen im Partygedrängel. Mein Kopf auf der Höhe ihrer Hüften. Ich hatte einen beengten Platz am Tisch ergattert, auf dem mein Teller mit dem Spargel stand, als ein Erwachsener sich tölpelhaft umdrehte und dabei ein Glas mit Orangensaft umschmiss. Der Orangensaft floss über meinen Spargel. Ich war schockiert. Diese Vermischung war unerträglich. Es schüttelte mich. Zum Ekel kam das Gefühl der Verlassenheit, denn ich konnte in diesem Moment meine Mutter nicht gleich finden. Niemand schien zu begreifen, dass etwas Schlimmes passiert war. Alle dachten nur: Na ja, bisschen Orangensaft verschüttet, soll halt jemand dem Jungen einen neuen Teller geben.

Bis heute weiß ich nicht, was mich so erschüttert hat. Aber ich weiß, dass ich Mama schon damals von meiner Erschütterung erzählte. Ich konnte sie nicht begründen, aber Mama nahm sie ernst. Man dürfe auch vom Grundlosen erschüttert sein, fand sie, nicht alles brauche Erklärungen und Begründungen.

Als Kind gehörte Monika für mich von da an zu jener Welt, in der unkontrollierte Erwachsene Kindern Orangensaft über den Spargel kippen.

«Deine Mutter hat dich immer beschützen wollen», sagte Monika nun. So rosig, wie ich meine Kindheit schilderte, sei sie nicht gewesen, Mama habe nur alles unternommen, um die hässlichen Erfahrungen, die rassistischen Bemerkungen, die es durchaus gegeben habe, von mir fernzuhalten. Sie habe mich beschirmt. Monika führte zwei Geschichten an. Beide konnte ich nicht nur vage erinnern, sondern sie standen mir deutlich vor Augen, ohne dass ich hätte sagen können, warum die beiden Vorfälle aus dem Nebel der Erinnerung so klar umrissen hervortraten.

Beiden Geschichten fehlte allerdings in meiner Erinnerung ihr eigentlicher Kern; die entscheidenden Stellen, ohne die die Geschichten im Grunde gar keinen Sinn hatten, waren von der zuständigen Zensurbehörde, das war meine Mutter, geschwärzt worden. Ich hatte nur die harmlose Version bekommen. Mama verbarg manches vor mir – wie eine Mutter ihrem Kind vor dem Fernseher bei einer gruseligen Szene die Hände vor die Augen hält. Das Kind kennt dann zwar die Szene nicht, aber es erinnert umso genauer den Moment, als es vor seinen Augen dunkel wurde.

Die eine Geschichte war die von Pfarrer Meerwein, der mich nicht in den evangelischen Kindergarten aufnehmen wollte – angeblich, so hatte Mama mir immer gesagt, weil ich nicht getauft war. Jetzt aber erfuhr ich von Monika, dass die fehlende Taufe nicht der Kern des Vorgangs gewesen sei. In Wahrheit habe Pfarrer Meerwein etwas Rassistisches über meine Herkunft gesagt. Was genau, das wusste auch Monika nicht. Vielleicht war es auch eher etwas Abfälliges über den Umstand, dass Mama sich ein Kind von einem Schwarzen hatte machen lassen. Es muss jedenfalls im Tonfall oder der Haltung so drastisch gewesen sein, dass Mama für den Rest ihres Lebens nur mit Verachtung von ihm sprach.

Auch an die zweite Geschichte konnte ich mich noch genau erinnern. Ich muss sechs oder sieben Jahre alt gewesen sein, als über uns ein junges Paar wohnte, Herr Köhler und Frau Bracke. Es war in Westdeutschland die Zeit der Trimm-dich-Pfade, und weil die beiden keine Kinder hatten, nur einen Cockerspaniel, den ich sehr mochte, nahmen sie mich immer mit zum Trimmdich. Im Wald fanden sich hellblaue Schilder verteilt, die den Bewegungsablauf der jeweiligen Übung festhielten. Man joggte von Schild zu Schild: Klimmzüge, Kniebeugen, solches Zeug. Nach dem Trimm-dich ging es zur örtlichen Konditorei, und ich durfte mir meinen Lieblingskuchen aussuchen: Zitronensahne.

Doch obwohl ich die Samstagsausflüge mit Köhler-Brackes mochte, wurden sie eines Tages eingestellt. Und zwar völlig abrupt. Ein Grund dafür war mir nicht bekannt. Mama hatte angeordnet, dass ich mit Köhler-Brackes nicht mehr zu verkehren hätte, es seien schlechte Menschen. Darauf ging ich den beiden aus dem Weg, und mein Freund Volker und ich nannten von da an untereinander Frau Bracke nur noch Frau Kacke. Aber warum wir das taten, wussten wir nicht.

Hin und wieder hatte ich darüber nachgedacht, aber mir keinen Reim darauf machen können, weshalb unser schönes Arrangement mit Cockerspaniel und Zitronensahne plötzlich ein Ende gefunden hatte. 40 Jahre später bekam ich die Antwort von Monika, der meine Mutter die *ganze* Geschichte erzählt hatte. Herr Köhler und Frau Bracke hatten in der Weihnachtszeit ihr gegenüber in höhnischem Tonfall gesagt, der Ijoma könne ja bei den Heiligen Drei Königen mitziehen als Caspar, den brauche man wenigstens nicht zu schminken. In welchem Ton das auch immer gesagt worden war (sie hatten mich im Grunde gern dabei bei ihren Samstagsausflügen), für meine Mutter war offenbar eine rote Linie überschritten, und jeder Kontakt wurde abgebrochen. Weil sie aber noch gut ein Jahr lang in unserem Haus wohnten, lauschte ich fortan an der Wohnungstür, ob Schritte im Treppenhaus zu hören waren, bevor ich rausging, denn ich wollte ihnen, die doch eben noch so nett zu mir gewesen waren, nicht in die Augen schauen müssen.

Meine Mutter war ein Schutzfilter, der alles Schlimme vor mir abschirmte. Dass ihr das gut gelungen ist, muss allerdings auch damit zu tun haben, dass an dieser Front nicht wirklich viel los war. Immer sucht man, wenn man über sein Leben nachdenkt, nach dem, was man nicht weiß; verglichen mit dem Wissen ist Nichtwissen die komplexere Variable. Die Königsdisziplin des Nichtwissens ist aber seit hundert Jahren das Unbewusste: Es muss in unserer Seele etwas sein, an das nicht leicht heranzukommen ist, ein Sperrbezirk, hinter dessen Grenze die wirklich aufschlussreichen Geschichten passieren. Aber ist das nicht Seelenkitsch? Und zwar nicht etwa, weil es keine Verdrängung gäbe (wie könnte ich das noch bestreiten!), sondern weil die

Rede von der Verdrängung selber ein Mythos geworden ist, der sich fortschreibt und in dem immer bestimmte Knöpfe vorgesehen sind, die der Patient nur drücken muss, schon schnurrt der Lebensroman wie von selbst. Ohne ein gerüttelt Maß an Verdrängung gilt man heute ja nicht mehr als ganzer Mensch.

Die Menschen stürzen sich in ihr Verdrängtes wie in einen Jungbrunnen. Mit einem neugeborenen Ich hoffen sie daraus wieder aufzutauchen. Aber jedes neue Ich ist nur der alte Adam.

Sie glauben, wenn sie das Trauma benannt und gebannt haben, melde sich auch das ursprüngliche, unversehrte Ich zurück. Doch Leben heißt immer Versehrtsein, und man sollte sich keinesfalls zu wichtig nehmen: Sowie der Mensch die Augen aufschlägt und ein Stück Welt in sein Inneres lässt, ist sein Ich schon kein unversehrtes mehr. Ja, denke ich, womöglich ist es dieses Konzept der Unversehrtheit als Ursprungsfiktion, die mich an der freudianischen Therapiegesellschaft so abstößt, denn in der Welt sein heißt eben versehrt sein, auf die eine oder andere Art, und was ist schon dabei, Traumata werden überschätzt, oder schlimmer: Jeder sucht sich sein Trauma, weil er sich nicht vollständig fühlt, ehe er es nicht hervorgegraben hat. Der Verdacht aber bleibt, dass es doch nur der Analytiker war, der wie beim Ostereiersuchen für jeden ein Trauma-Ei versteckt hat, damit sich keiner von dem schönen Ritual ausgeschlossen fühlen muss, und so finden alle immer vorfabrizierte Ostereier und glauben doch, etwas unvergleichlich Eigenes entdeckt zu haben. Das jedoch ist möglicherweise ganz woanders versteckt, an einem Ort, der auf den Karten der Analytiker gar nicht verzeichnet ist – oder noch schlimmer: Es gibt kein unvergleichlich Eigenes, und wir bezahlen die Analytiker dafür, unserem Ich durch die Vortäuschung eines Traumas zu schmeicheln. Jedenfalls hatte es mich schon immer misstrauisch gemacht, dass dieses angeblich nur schmerzhaft zu Entbergende, dieses

Verdrängte für die anderen, was mich anging, augenscheinlich auf der Hand zu liegen schien, weshalb sie mir, was nun geradezu folkloristische Züge annahm, so gern wohlwollend auf die Schulter klopften und sagten: «Warum lässt du Afrika nicht zu?» Aber eine Verdrängung, die so offensichtlich ist und die der Verdränger außerdem selber gar nicht bestreiten würde (er würde nur sagen: Es handelt sich hier nicht um Verdrängung, sondern um Desinteresse, das sich aus dem Umstand erklärt, dass mir Nigeria mangels Erfahrung so fern ist wie Feuerland!) – eine solche Verdrängung verdient den hochtrabenden Begriff nicht.

Und sosehr ich dem Doktor Freud grolle, weiß ich natürlich, dass er klüger und weitaus raffinierter ist als meine Karikatur von ihm, und so war es vielleicht nichts als die Erfüllung eines persönlichen Rachebedürfnisses, dass ich nicht auf die raffinierte und komplexe Art verdrängt habe, mit deren Beschreibung er sich unsterblichen Ruhm erworben hat, sondern einfach wie ein Kind, das sich die Hände vor die Augen hält und überzeugt ist, nicht gesehen zu werden.

Das Osterei, das ich mir ausgesucht habe, ist Orangensaft, über Spargel gekippt. Das war ein Schock, und es ist ein stolzes Trauma, denn es steht für nichts, es ist keine Parabel und keine Metapher und keine Chiffre, es ist einfach nur: Orangensaft, der ärgerlicherweise über Spargel vergossen wurde.

FAMILY

D ass ich zur Beerdigung unseres Vaters im Herbst 2011 nicht nach Nigeria gefahren war, hatte meine Geschwister enttäuscht, sie konnten es nicht verstehen und fragten immer wieder, warum ich nicht gekommen sei. Aber verstoßen haben sie mich nicht. Ihre Geduld mit mir ist grenzenlos. Sosehr sie Teil des nigerianischen Epos sind – dass ich den Gattungsgesetzen nicht entspreche, bedauern sie, aber sie nehmen es mir nicht übel. Vielleicht denken sie sich: Einen Ausreißer muss es in jeder Familie geben, und er ist in der Diaspora aufgewachsen, da darf man sich nicht wundern.

Tatsächlich ist der Kontakt zu meinen Geschwistern seit dem Tod unseres Vaters viel reger geworden. Zum ersten Mal zeigte auch ich Eigeninitiative; als Vollwaise weiß man, was man an Familie noch hat, mehr zu schätzen. Einmal meinte Ikunna heiter zu mir: «Du bist ja so deutsch!» Da entkrampfte sich etwas in mir, denn nun war klar, dass von mir nicht erwartet wurde, nigerianisch zu sein. Und ohne diese Erwartungshaltung war ich es gern gleich ein bisschen mehr.

Mittlerweile lebt Ikunna mit ihrem Mann, einem Psychiater, ebenfalls Igbo, und ihren zwei Kindern Zara und Ezra in Essex. Meine Nichte und meinen Neffen mag ich sehr, sie sind für mich ein sprechender Spiegel meines eigenen Lebens, eine wieder andere Kombination von Herkunft, Aussehen, Kultur und Habitus. Sie kennen Nigeria kaum, aber das Land und seine Kultur sind natürlich durch ihre Eltern dauernd gegenwärtig. Gleichzeitig leben sie ein englisches Leben, besuchen eine englische Schule, haben englische Freunde und Nachbarn. Am meisten unterscheiden sie sich von ihren Eltern in ihrem Kommunikationsverhalten: Obwohl noch Kinder, kann man mit ihnen stundenlang über Gott und die Welt plaudern. Mit besonderer Befriedigung nimmt ihr Onkel ihr stark ausgeprägtes Geschichtsinteresse zur Kenntnis: Sie zeigen sich bestens informiert über alle strategischen Schliche, mit denen Wellington Napoleon schlug, und der Frage, ob es moralisch zu rechtfertigen sei, dass Brutus seinen Adoptivvater ermordete, um die Republik zu retten, können sie interessante Aspekte abgewinnen.

Eine Hilfe waren meine Geschwister beim Schreiben dieses Buchs nicht. Immer wieder drang ich in sie: «Erzählt doch mal, an was ihr euch erinnert, als ich damals nach Nigeria kam!» Na ja, sie hätten sich halt sehr gefreut. Irgendwas Charakteristisches? Hat euch irgendwas überrascht? Eigentlich nicht, und so genau könnten sie sich jetzt, mehr als zwanzig Jahre später, auch nicht mehr erinnern. Dass ich geraucht habe, das sei ihnen aufgefallen: «Wann hörst du endlich damit auf?»

Ob sie denn gar nicht nervös gewesen sei, fragte ich Ikunna, als sie erfahren habe, dass sie einen Bruder habe und den in München besuchen solle?

Nervös? Nein, im Gegenteil, beglückt sei sie gewesen, schließlich habe sie damals noch unter dem Schock gestanden, gerade zwei Brüder verloren zu haben, da sei es ihr wie eine Himmelsfügung erschienen, dass ein weiterer Bruder auftauchte.

Aber, entgegnete ich, es hätte ja sein können, dass dieser neue Bruder ihr unsympathisch gewesen wäre.

«Oh nein», sagte sie und schüttelte lachend den Kopf, als wäre ich rettungslos naiv: «Wir haben dieselben Gene, warum solltest du mir unsympathisch sein? In Igbo gibt es ein Sprichwort: Das Kind einer Schlange kann nur länglich sein. Übertragen hieß das: Es war klar, dass du, als Kind unseres Vaters, in Ordnung bist.»

«Du musst mir die übertragene Bedeutung nicht erklären, ich verstehe schon, ich finde das Sprichwort nur nicht so richtig überzeugend, wenn es sich auf mehr als Äußerlichkeiten bezieht. Bei Shakespeare gibt es oft sehr gegensätzliche Geschwister, der eine Bruder ist bösartig, der andere gütig, genau wie in der Wirklichkeit.»

Nun war Ikunna doch etwas überrascht. Von dieser Seite hatte sie die Sache noch nie betrachtet.

Im Mai 2016 kam mich Ijeure besuchen, meine jüngste Schwester. Ich hatte sie zuletzt bei meiner Nigeria-Reise gesehen, damals war sie acht oder neun Jahre alt gewesen. Inzwischen Anfang dreißig, verheiratet, war sie Mutter zweier Kinder und Hutdesignerin, wobei Hüte im gesellschaftlichen Leben Nigerias eine größere Rolle als im modisch abgerüsteten Deutschland spielen. Ijeures Hüte kannte ich von ihrer Facebook-Seite, sie waren extravagant und alles andere als unauffällig. Ein Pfauenrad ist nichts dagegen. Der nigerianische Stil ist nicht leise. Auch Ijeure nicht. Ikunna hatte mich gewarnt: Unsere jüngste Schwester könne einem manchmal den letzten Nerv rauben, denn sie sei sagenhaft unpünktlich, verbringe täglich zwei Stunden im Bad für Haare / Make-up, und dieser Prozess lasse sich nicht abkürzen. Außerdem sei es schwierig, wenn man um 12 Uhr aufbrechen wolle, sie dazu zu bewegen, sich um 10 ins Bad zu verfügen. Sie könne mit Zeit nicht umgehen, man finde sich besser gleich damit ab.

Ijeure hatte einmal ihre Schwester in England besucht, davon abgesehen war dies ihre erste Reise ins Ausland. Also versuchte ich ihr nahezubringen, dass Reisen eine psychische Herausforderung sei, seelisch anstrengend, irgendwann sei man erschöpft, sehne sich nach den eigenen vier Wänden, wolle nur noch seine Ruhe, deshalb sei mein Ratschlag, die Reise zu verkürzen: Statt der von ihr ins Auge gefassten drei Wochen wären zwei für alle Beteiligten eine prima Lösung. Natürlich kam ich mir ein bisschen lieblos vor, als ich ihr das schrieb, aber als älterer Bruder muss man seine Geschwister an der eigenen Lebenserfahrung teilhaben lassen. Ijeure ging mit keinem Wort auf meine Mail ein (so verfuhr sie generell mit Meinungsverschiedenheiten), sondern buchte ihren Flug genau so, wie sie es sich in den Kopf gesetzt hatte.

Am Flughafen in Tegel holte ich sie ab. Sie war eine imponierende Frau geworden, von kompromissloser Extravaganz, eine raumfüllende Erscheinung im Sinne des afrikanischen Schönheitsideals (nur die Männer, das war mir auch schon bei meiner Nigeria-Reise aufgefallen, hatten schlaksige Figuren), ihr Gesicht aber erkannte ich sofort wieder. Auf ihrem Gepäckwagen schob sie zwei absurd große Koffer vor sich her; das sah eher nach neun als nach drei Wochen aus. Von ihren Facebook-Fotos wusste ich, dass sie eine sehr modische Frau war, fast täglich postete sie Fotos von sich, auf denen sie ihre Hutkreationen vorführte; ihre Auftritte waren theatralische Inszenierungen, farbenfroh und üppig, in ihrer Modelliertheit überwirklich und das genaue Gegenteil des deutschen Natürlichkeitskultes. Der Make-up-Einsatz war ressourcenintensiv. Als sie aus der Sicherheitsschleuse heraustrat, war sie vom langen Flug zwar noch etwas zerknautscht, aber mir war klar, dass sie sich verwandeln würde, sowie sie an den Inhalt ihrer Koffer käme.

Kaum hatte ich ihr Gepäck in den Bus gehievt, setzte sie mir mit zwei Fragenkomplexen zu. Es war eindeutig, sie wollte keine Zeit verlieren: warum ich nicht verheiratet sei und warum ich nicht an Gott glaubte. Die Wahrheit ist, ich glaube an Gott, aber wenn man mir so kommt, behaupte ich prinzipiell das Gegenteil. Wir fuhren durch Berlin ... Dies war ein fremdes Land für sie, ich wollte sie auf dies und das, was man durchs Fenster sehen konnte, hinweisen, aber nichts interessierte sie. Sie war nicht gekommen, um Berlin, sondern um ihren Bruder kennenzulernen. Warum in Gottes Namen ich, sagte sie gerade wieder, immer noch nicht verheiratet sei, worauf ich denn warte. «Die perfekte Frau? Die gibt es nicht, nobody is perfect», befand sie apodiktisch. Kein Zweifel, sie war mit einer Mission nach Deutschland gekommen, der Besuch der Museumsinsel stand nicht oben auf ihrer Prioritätenliste. Schon rief sie auf dem Smartphone Fotos ihrer Freundinnen auf. «Gefällt sie dir?» Mein Gott, war das peinlich, die anderen Passagiere konnten uns ja hören. Ich sprach leiser in der Hoffnung, dass Ijeure ihre Stimme dann ebenfalls senken würde. *Was sollten denn die Leute denken?*

Ijeure folgte einer binären Logik: «Bist du so gemein, dass die Frauen weglaufen, oder so schwach, dass sie dich ausnutzen?» Weder in der einen noch in der anderen Alternative erkannte ich mich wieder – wobei ich es verblüffend fand, wie Ijeure die Vielfalt emotionaler Verworrenheiten auf zwei Grundtypen reduzierte: Entweder war der Mann zu gut und folglich dem Bösen in der Frau ausgeliefert, oder er war zu böse und daher für eine gute Frau eine Zumutung. Ich allerdings fand keineswegs, dass es bei mir und den Frauen über das Normalmaß an Unglück hinaus schlechtlief, und dozierte also ein wenig, dass die Dinge doch komplexer seien (man sagt ja ständig, wenn man anderer Meinung ist, die Dinge seien *komplexer*), doch Ijeure hatte das Lächeln der Überlegenen im Gesicht, das Lächeln der Gläubigen, die sich von den Klügeleien eines Atheisten nicht ins Bockshorn jagen lassen. Am Ende sagte sie nur trocken: «Muss es eine Deutsche sein?»

«Ijeure, wie kommst du überhaupt darauf, dass ich heiraten will?»

Wir schwiegen ein bisschen, ein trotziges Schweigen, während wir durch den Wedding fuhren. Jetzt war sie das erste Mal in ihrem Leben in Berlin, aber von der Stadt bekam sie nichts mit, weil sie mit meiner Verheiratung beschäftigt war.

Weitere Bilder schöner Frauen wurden hochgeladen, die meisten davon Showfotos, auf denen die Damen Ijeures Hutkreationen vorführten. Sie sahen, zugegeben, ziemlich gut aus. Ijeure schüttelte den Kopf, sie war jetzt wirklich aufgebracht: «Ich kann das meinen Freundinnen gegenüber bald nicht mehr erklären. Die glauben schon, ich würde das absichtlich hintertreiben, weil ich ihnen meinen Bruder nicht gönnen will.» So also lagen die Dinge: Solange ich nicht verheiratet war, hatte man mich in Nigeria noch auf der Rechnung. Wir schwiegen, beide verstimmt.

Dann meldete sie sich, wir waren noch nicht in meiner Wohnung angekommen, mit einer anderen Frage zurück: «Warum bist du nicht zu Papas Beerdigung gekommen?» Ich sagte, dass wir beide ein sehr unterschiedliches Verhältnis zu unserem Vater hätten. «Fühlst du dich nicht als Teil von Nigeria?» Ich versuchte zu erklären, dass Nigeria ein fremdes Land für mich sei; Heimat sei doch da, wo man aufgewachsen sei und sich zu Hause fühle. Sie nickte, aber eher resigniert, eher so, wie man einer ausgefuchst sophistischen Argumentation Anerkennung zollt im Bewusstsein, dagegen ohnehin keine Chance zu haben. Dann sagte sie triumphierend: «Papa und du, ihr seht euch total ähnlich!» Ich nickte. Darauf sie: «Blut lügt nicht!» Sie sagte das mit einem Gesichtsausdruck, dass ich nicht überrascht gewesen wäre, wenn ich jetzt von ihr eine Kopfnuss verpasst bekommen hätte wie ein verstockter Schüler, der das kleine Einmaleins immer noch nicht draufhat.

Diesen Satz würde sie in den nächsten Wochen oft wiederholen. «Blood does not lie!» Je länger ich über den Satz nachdachte, desto unheimlicher wurde er mir. Wenn eigens betont wird, dass Blut nicht lügt, schwingt da nicht mit, dass stattdessen etwas anderes lüge? War es in Ijeures Augen ich, der die Wahrheit, Sohn meines Vaters zu sein, leugnete? Doch damit käme ich nicht durch, die physiognomische Ähnlichkeit verrate mich. «Blood does not lie!»

Schließlich hatten wir meine Wohnung erreicht. Weil die Koffer zu schwer waren, als dass man sie die Treppe hätte hochschleppen können, holte ich aus dem Keller einen weiteren leeren Koffer, und wir verteilten Ijeures Zeug auf drei. Tatsächlich: alles Klamotten. Und während ich noch grübelte, wie anstrengend die nächsten drei Wochen werden würden, wenn wir ständig Meinungsverschiedenheiten wie eben im Bus austrügen, schien das für Ijeure unter Geschwistern völlig normal zu sein und kein Anlass zur Sorge. Und ich erinnerte mich, dass ich Einzelkind, das ich war, früher manchmal dachte, dass das Tolle an Geschwistern sei, dass man sich nur mit ihnen so richtig extrem zoffen könne, ohne Gefahr laufen zu müssen, den anderen darüber zu verlieren. Brüder, die sich ohne Erbarmen Abreibungen verpassten, hatte ich zu Schulzeiten immer beneidet. Ijeures unverblümte Präsenz machte klar: Ich war kein Einzelkind mehr.

Ijeure war hungrig, und ich kochte. Als ich die Zwiebeln schnippelte, schaute sie voller Anerkennung zu. Dann rief sie via Skype ihren Mann an und richtete die Kamera auf den Küchenblock. «Mein Bruder kocht für mich!», rief sie, und ihr Mann mit seinen feinen Gesichtszügen schaute staunend, fast zärtlich zu, wie ich eine Paprika klein schnitt. Nicht als ob er meinem Beispiel künftig folgen wollte, aber beeindruckt war er schon – er war offenbar davon ausgegangen, dass Männer nicht mit den Händen, sondern mit dem Kopf arbeiteten.

Am nächsten Morgen wollte ich Ijeure die Stadt zeigen. Sie hatte zwar jede Menge Schuhe dabei, es waren aber ausschließlich High Heels: nicht gerade das ideale Schuhwerk, um eine Stadt zu erlaufen. Das sah Ijeure nicht anders, allerdings hatte sie angenommen, dass wir uns mit dem Auto fortbewegen würden. Wenn ich kein Auto hatte, dann eben mit dem Taxi. Regelrecht pikiert sah sie mich an, als ich ihr sagte, dass wir zu Fuß unterwegs sein würden. «Walka, walka», sagte sie in einem seltsam schnippischen Tonfall. Walka, walka? Was sollte das nun wieder heißen? Ich brauchte einen Moment, bis ich begriff, dass sie Pidgin English parodierte. Sie wollte wohl sagen: Nur Leute, die Pidgin English reden, gehen zu Fuß. Zu Fuß unterwegs zu sein war sozial eine Schmach. War sie nun extra ins reiche Deutschland gekommen, um sich auf Schusters Rappen fortzubewegen? Sie konnte ja nicht ahnen, dass Deutschland die Heimat des Wandervogels war.

Doch ihr Bruder war unerbittlich. Mit Kurzstreckentaxis kann man schlecht eine Stadt besichtigen, also wurden Sneakers gekauft. Die wollten zwar nicht recht zu ihren festlichen Kostümen, die die Blicke aller Passanten auf uns zogen, passen, aber damit musste sie leben.

Nächster Abend: Eine Weile lag Ijeure erschöpft auf dem Sofa («Du hast mich durch die Stadt gejagt!»), dann wurde erneut die Gretchenfrage gestellt, diesmal leicht abgewandelt: Wenn ich nicht an Gott glaubte, warum ich dann nichts Böses täte.

Man könne, entgegnete ich, auch wenn es keinen Gott gebe, sich korrekt verhalten.

«Warum wehrst du dich denn so gegen seine Existenz?»

Um einen Kompromiss bemüht, sagte ich: «Vielleicht gibt es Gott, vielleicht auch nicht, wir wissen es nicht.»

O doch, entgegnete sie, wir wüssten es sehr wohl, ob ich denn nicht die Bibel gelesen hätte, da gebe es jede Menge Beweise für seine Existenz, Evidenzen, Wunder, die Menschen widerfahren seien.

Wie der klassische Teufel mit seiner Zersetzungskunst fragte ich jetzt, ob denn dann alle Völker, die nicht ans Christentum glauben, im Irrtum lebten. Ob dann auch, jetzt wurde ich gemein, ihre afrikanischen Vorfahren, die vor den ersten Missionaren aus Europa gelebt hatten, alle die ewige Verdammnis erwarte. Und was die Beweise in der Bibel angehe, ob ihr nicht aufgefallen sei, dass die vier Evangelien die Geschichte durchaus unterschiedlich und abweichend voneinander erzählten.

Ijeures Reaktion war ein lautes Lachen, als könne man sich zu so viel vorsätzlicher Torheit gar nicht mehr verhalten. Ich sei halt verstockt. Ich wolle alles besser wissen, das sei überhaupt mein Problem! Gott habe, sagte sie schmunzelnd, mir leider zu viel Intelligenz mit auf den Weg gegeben, um die Wahrheit zu erkennen; hätte ich einen niedrigeren IQ, käme ich erst gar nicht auf die Idee, so absurde Gedankenpirouetten zu drehen. «Warum», fragte sie schließlich, «wachst du morgens auf? Ist es nicht, weil Gott dich weckt?» In diesem Moment musste ich an das berühmte Wiegenlied denken, dessen Zeile «Morgen früh, wenn Gott will, wirst du wieder geweckt» mich als Kind gruselte, und ich war schon etwas weicher gestimmt.

Wenn ich mehr gläubige Freunde um mich hätte, wäre alles anders, schloss Ijeure.

Das ging natürlich gar nicht: «Ich möchte doch nicht aus Gruppendruck gläubig sein.» Wieder lachte sie über meinen Trotz. Der Ungläubige ist stets der Trotzige, der sich gegen die offensichtliche Wahrheit sträubt.

«Nach der Apokalypse des Johannes müsste die Welt längst untergegangen sein, aber sie dreht sich noch immer!»

«So ein Unsinn, wo soll das denn stehen?»

«Du berufst dich ständig auf die Bibel, aber kennst sie gar nicht – interessant!»

«Zeig mir die Stelle, zeig mir die genaue Stelle, das will ich mit eigenen Augen sehen!»

Ich griff zur Bibel, leider fand ich auf die Schnelle die Stelle nicht. Ijeure war null überrascht. Der Punkt ging an sie.

Jetzt wechselte sie von der Gottesfrage zurück zur Heiratsfrage. Wir schenkten uns nichts. Der Sinn des Lebens sei es, Kinder zu kriegen: «Sonst bleibt nichts von dir, wenn du einmal tot bist.»

«Na ja», sagte ich selbstgefällig, «vielleicht bleiben ja ein paar Texte von mir. Bücher überdauern erstaunlich lange. Die Bibel, auf die du so schwörst, gibt es auch schon seit 2000 Jahren!»

Nach einer kleinen Pause ging sie wieder in die Offensive. Dass ich noch nicht verheiratet sei, liege daran, dass ich mich auf deutsche Frauen versteift habe; das könne ja nichts werden, denn nigerianische Frauen seien die besseren Ehefrauen und wüssten meinen Wert gewiss auch besser zu schätzen. Sie müsse es noch einmal sagen: So einige ihrer Freundinnen würden sich die Haare raufen, weil sie einfach nicht begriffen, warum sie, Ijeure, sie noch nicht mit ihrem Bruder verkuppelt habe.

Dann legte sie eine kurze Verschnaufpause ein, um ein wenig konzilianter fortzufahren: «Du bist aber auch zu kompliziert. Du willst die perfekte Frau! Aber niemand ist perfekt. Das solltest du endlich einsehen. Niemand – ist – perfekt!»

«Habe ich auch nie behauptet!»

«Warum nimmst du dann nicht meine Freundin?»

«Ich kenne sie gar nicht!»

«Sie ist sehr hübsch.»

«Es geht nicht um hübsch, man sollte gemeinsame Interessen haben.»

«Was für gemeinsame Interessen zum Beispiel?»

«Zum Beispiel: Bücher.»

«Sie liest.»

«Ijeure, bitte! Ich habe dich noch nie mit einem Buch in der Hand gesehen, aber von deiner Freundin sagst du: ‹Sie liest.›»

«Wenn du ohne Kinder stirbst, wird nichts von dir bleiben. Du kannst dann zwar jeden Abend deinen Wein auf deinem Balkon trinken und deine Zigaretten rauchen, aber alles ist sinnlos.»

«Trotzdem wäre es nicht übel, wenn man sich, bevor man stirbt, ganz gut versteht, oder?»

«Ach», sagte sie gottergeben. Dann berichtete sie geradezu schwärmerisch, wie sie sich jeden Tag, den der liebe Gott werden lasse, mit ihrem Ehemann zanke. Das gehöre dazu, sei überhaupt kein Einwand!

Da hatte sie wieder recht.

Wenn ich morgens zur Arbeit musste, rief sie theatralisch aus: «Nein, geh nicht, ich werd dich vermissen, ich werd sterben!» Ich sagte: «Jetzt übertreib mal nicht», und sie: «Sei nicht so gefühllos.» Kurz, wir stritten und wir liebten uns. Es ging, das lernte ich, nicht darum, dem anderen möglichst wenig zuzusetzen, eher im Gegenteil: Nur Reibung erzeugt Wärme. Geschwisterliche Nähe verschlang viel Energie, aber es gab offensichtlich keine Energieknappheit.

Einmal, sie war allein shoppen gewesen (spürte sie, dass ich ihren konsumistischen Zugang zu meiner Heimat insgeheim missbilligte?), kam sie am Abend nicht zurück. Das Essen war fertig, es wurde 21 Uhr, ans Handy ging sie nicht. Ich wurde panisch. Zwar war es extrem unwahrscheinlich, dass ihr in der Mall of Berlin etwas zugestoßen war, und die U-Bahn hatte sie auch raus, aber plötzlich hatte ich die schlimmsten Szenarien vor Augen. Ich wusste, dass es lächerlich wäre, die Polizei zu rufen. Sollte ich Ikunna um Rat bitten? Ich würde sie nur in unnötige Sorge versetzen. Ich versuchte, mich zu konzentrieren, um eine harmlose Erklärung zu finden, warum Ijeure noch nicht zu Hause war, aber sosehr ich mich anstrengte, ich fand sie nicht. Es wurde 21.30 Uhr, Ijeure war nicht zu erreichen, das hatte es noch nie gegeben.

Dann endlich das erlösende Geräusch: Der Schlüssel drehte sich im Schloss der Haustür. Erleichtert fiel ich Ijeure um den Hals: «Bin ich froh, dass du zurück bist!» Hochzufrieden entgegnete sie: «Siehst du, du hast dir Sorgen um mich gemacht, das heißt, dass du mich liebst!»

Dann der erste Sonntag. Kirchgang. Ijeure wollte in den Berliner Dom. Sie hatte ihn bis dahin nur von außen gesehen, aber er hatte ihr Eindruck gemacht. Um halb elf würde der Gottesdienst beginnen. Mit der Tram würden wir zwanzig Minuten brauchen, darum sagte ich zu ihr: «Um 10 müssen wir los, du solltest also um acht ins Bad gehen.» Es war neun, als sie sich endlich ins Bad zurückzog. Im Zehn-Minuten-Rhythmus erinnerte ich sie an die verstreichende Zeit. Natürlich hatten bei mir längst meine schlechtesten Charaktereigenschaften das Kommando übernommen; ich wusste, wir würden es nie pünktlich zum Gottesdienst schaffen, und dachte finster: Sie hat es nicht anders verdient. «Ijeure, in 15 Minuten müssen wir los!» – «Ijeure, dir ist klar, dass wir in zehn Minuten gehen müssen …?» – «Ijeure, du willst in den Gottesdienst, nicht ich. Der dauert hier auch nicht wie bei euch drei Stunden, sondern schlanke 50 Minuten. Wenn wir zu spät kommen, haben wir die Hälfte verpasst. Noch fünf Minuten!»

Es war 10.25 Uhr, als sie aus dem Bad kam. Jetzt könnten wir los, erklärte sie zufrieden. Das habe keinen Sinn mehr, sagte ich, bis wir da seien, sei der Gottesdienst zur Hälfte rum. Dann müssten wir halt ein Taxi nehmen, das gehe gewiss viel schneller. Dazu war nun ich nicht bereit. Warum sollte ich ein Taxi bezahlen, nur weil meine Schwester nicht in der Lage war, sich rechtzeitig fertig zu machen?

Wir blieben zu Hause. Die Stimmung war auf dem Tiefpunkt. Zwei Tage sprachen wir kein Wort miteinander. In unserer Fähigkeit zum Beleidigtsein waren wir echte Blutsverwandte, keine Frage.

Am dritten Tag, ganz erledigt von unserer Verbunkerung, beschlossen wir, den Belagerungszustand abzubrechen. Der Stimmungswandel erfolgte noch in derselben Sekunde. Ijeure erklärte, dass sie mich künftig im Drei-Jahres-Rhythmus besuchen wolle, ich müsse nicht erschrecken: Sie bleibe dann auch nur zwei Wochen. Und zur Hochzeit käme sie natürlich, es sei noch nicht zu spät, aber ich solle mich ranhalten.

Der nächste Sonntag. Als wir die Stufen des Doms erreichten, waren wir zehn Minuten zu spät. Ijeure setzte sich auf die Treppe, zog ihre Sneakers aus, die goldschimmernden High Heels an, und unter den Blicken der Gemeinde zogen wir ein in den Dom. Selten war Gottes Schöpfung so farbenfroh.

Als ich Ijeure nach drei Wochen wieder zum Flughafen brachte, war mir klar: Nur Geschwister können sich so streiten und so versöhnen.

Ich muss mich beugen: Blut ist dicker als Wasser, es wäre sinnlos, das weiter zu bestreiten.

Seit Ijeure wieder zurück in Nigeria ist, bekomme ich regelmäßige Anrufe und E-Mails von ihr. «Ich vermisse dich so sehr!», sagt sie dann. Oder: «Ich vermisse dich viel mehr, als du mich vermisst!» – «Stimmt gar nicht, Ijeure», antworte ich. Ob es immer noch ohne Unterlass regne, will sie wissen. Und was «unser Buch» mache. Einmal schrieb sie tatsächlich: «How is our book?» Mannomann.

Gegen Nigeria, dachte ich da, ist einfach kein Kraut gewachsen.

EPILOG

Wie gerne sangen wir als Kinder die «Drei Chinesen mit dem Kontrabass». Durch sämtliche Vokale hindurch: «Dre Chenesen met dem Kentrebess seßen ef der Streße end erzehlten sech wes, de kem de Peleze, ne, wes est denn des? Dre Chenesen met dem Kentrebess.»

War es vielleicht so?

Saßen da vielleicht drei Chinesen mit dem Kontrabass?

Ein bisschen komisch sieht das schon aus: Kontrabass, Chinesen – durchaus gewöhnungsbedürftig. Und dann erzählen die sich auch noch die ganze Zeit was, das weckt die Neugierde wie das Misstrauen. Klar, dass da erst mal die Polizei vorbeischaut, im Grunde gutmütig, gespielt von Louis de Funès, aber Ordnung muss sein: «Na, was ist denn das?»

Es stellt sich dann schnell heraus, dass es nur drei Chinesen mit einem Kontrabass sind, die sich was erzählen, was, wegen der Vokale, ein bisschen komisch klingt, aber eigentlich gewöhnt man sich dran und findet es am Ende ziemlich nett.

INHALT

TEIL I

-

TEIL II

-

TEIL III

-

TEIL IV

-